사주 음양오행을
디자인하다

사주 음양오행을 디자인하다

초판 1쇄 발행 2020년 5월 4일

지은이 최제현, 김동은
펴낸이 장길수
펴낸곳 지식과감성#
출판등록 제2012-000081호

디자인 박예은, 김지유
편집 박예은, 김민경
교정 박솔빈, 김민경
마케팅 고은빛

주소 서울시 금천구 벚꽃로298 대륭포스트타워6차 1212호
전화 070-4651-3730~4
팩스 070-4325-7006
이메일 ksbookup@naver.com
홈페이지 www.knsbookup.com

ISBN 979-11-6552-146-2(03180)
값 20,000원

ⓒ 최제현·김동은 2020 Printed in Korea

잘못된 책은 구입하신 곳에서 바꾸어 드립니다.
이 책의 전부 또는 일부 내용을 재사용하려면 사전에 저작권자와 펴낸곳의 동의를 받아야 합니다.

이 도서의 국립중앙도서관 출판예정도서목록(CIP)은 서지정보유통지원시스템
홈페이지(http://seoji.nl.go.kr)와 국가자료공동목록시스템(http://www.nl.go.kr/kolisnet)에서
이용하실 수 있습니다. (CIP제어번호 : CIP2020017573)

홈페이지 바로가기

☯ 사주와 한의학을 접목시킨 건강 지침서 ☯

사주 음양오행을 디자인하다

최제현
김동은
공저

한 번 밤이 오면 한 번 낮이 되는 것이 음양오행이다.
오늘 불행하다고 해서 실망할 이유가 없다.
곧 다시 행복해지기 때문이다.

지식과감정#

목차

프롤로그 7

1장 음양오행의 원리　　　　　　　　11

　1) 음양오행의 이해　　　　　　　　12
　2) 음양의 성질　　　　　　　　　　18
　3) 음양의 형태　　　　　　　　　　27
　4) 음양의 형상과 기운　　　　　　　33
　5) 형태적인 음양과 본질적인 음양　　38
　6) 음양의 한난조습　　　　　　　　41
　7) 운명의 인과법칙　　　　　　　　48
　8) 사단과 오행　　　　　　　　　　52
　9) 음양에 따른 오행의 변화　　　　　59
　10) 음양오행의 기원　　　　　　　　64
　11) 태극도설과 주역　　　　　　　　67

2장 오행의 성질　　　　　　　　　　75

　1) 목(木)의 성질　　　　　　　　　76
　2) 화(火)의 성질　　　　　　　　　82
　3) 토(土)의 성질　　　　　　　　　88
　4) 금(金)의 성질　　　　　　　　　96
　5) 수(水)의 성질　　　　　　　　　102

3장 오행의 음양 109

1) 목(木)의 음양 115
2) 화(火)의 음양 146
3) 토(土)의 음양 173
4) 금(金)의 음양 196
5) 수(水)의 음양 220

4장 허자이론과 공망이론 245

◐ 음양오행을 마치며⋯ 250

5장 한의학과 음양오행 253

1) 한의학의 이해 254
   ① 한의학과 음양오행
      (1) 음(陰)이란
      (2) 양(陽)이란
      (3) 오행(五行)이란
      (4) 음양이론
   ② 한의학의 청진기
   ③ 한의학의 신경정신 치료
   ④ 질병으로부터 자신을 지키는 방법
   ⑤ 명의(名醫)

2) 사상의학(四象醫學)   273
   ① 사상체질(四相體質)이란?
      (1) 외형(外形)
      (2) 성정(性情)
      (3) 질병(疾病)
      (4) 음식
3) 한의학과 서양의학의 차이   282
4) 주요 병증과 한의학적 치료 과정   284
   ① 췌장(당뇨)
   ② 고혈압
   ③ 비만(肥滿)
   ④ 중풍
   ⑤ 신부전증
   ⑥ 위암
   ⑦ 대장암
   ⑧ 간경변(간경화)
   ⑨ 간암(肝癌)
   ⑩ 폐결핵
   ⑪ 폐암(肺癌)

◉ 음양오행과 한의학을 마치면서⋯   383

| 프롤로그

인(仁) 어진 마음

비 오는 바다를 바라보던 소년이 여우에게 물었다.
바다는 왜 비에 젖지 않는 거야?
여우가 말했다.
"그건 바람 때문이야. 바람이 비를 파도로 변하게 하기 때문이지."
소년은 의아한 표정으로 다시 여우에게 물었다.
파도는 바다가 만드는 것이 아니었어?

여우가 웃으면서 말했다.
"바다는 바람 없이는 아무 곳에도 갈 수 없어. 바람이 파도에게 생명을 주어 움직일 수 있는 거야. 정말 중요한 것은 잘 드러나지 않아. 밤하늘에 태양이 보이지 않는다고 태양이 사라진 것이 아니라 드러나지 않았을 뿐이듯이 말이야."

소년은 물끄러미 바다를 바라보면서 여우에게 물었다.
"그럼 바람이 없으면 바다는 아무 데도 가지 못하는 거야?"

여우는 소년에게 미소 지으며 밤하늘을 가리켰다.
"어둠이 별빛을 만드는 건 어둠이 별빛을 사랑해서야.
바람도 바다를 사랑하기 때문에 바다가 비에 젖지 않고 자유롭게 움직일 수 있는 거야.
사랑은 멈추지 않는 것이거든….
그래서 바다에는 늘 파도가 있는 거야."

소년은 여우에게 들뜬 표정으로 다시 물었다.
"바람은 왜 바다를 사랑하게 된 거지?"

여우는 소년의 손을 잡으며 말했다.
"바람에는 원래부터 사랑이란 씨앗이 들어 있어. 바다를 만났을 때 바람 속의 씨앗이 꽃이 된 거야. 우리 안에는 누구나 꽃처럼 사랑이란 작은 씨앗이 들어 있어. 그것을 꺼내기만 하면 바람처럼 사랑할 수 있어. 하지만 모두가 그것을 꺼내 쓰지는 못해."

다시 소년은 여우에게 말했다.
"바람이 바다를 떠나면 바다는 어떻게 되지?"

여우는 슬픈 표정으로 말했다.
"맞아. 영원한 것은 없어, 언젠가 바람이 떠나면 바다는 죽게 될 거야."
소년은 걱정스럽게 다시 물었다.
"바람이 바다를 떠나지 않게 할 수는 없어?"

여우가 다시 말했다.
"성장이 멈춘 사랑은 생명이 다한 거야. 활짝 핀 꽃은 시들기 마련이지. 언젠가는 바람의 사랑도 이 비처럼 그칠 거야. 하지만 바다는 바람의 따뜻한 기억으로 인해 오랫동안 행복할 거야."

비가 멈추고 하늘에는 다시 별이 빛나기 시작했다.
여우가 소년에게 미소 지으며 부드럽게 말했다.
"누군가를 사랑한다는 것은 그에게 자유를 주는 일이야. 자유란 서로를 성장시키며 존경과 감사의 마음도 만들어 내지. 우리는 바람과 바다처럼 한 순간도 멈추지 않고 사랑해야 행복할 수 있어. 진정한 사랑은 우리 마음이 시키는 대로 따라가면 되는 거야."

여우가 소년의 손을 잡으며 말했다.
"이제 집으로 돌아가야 할 시간이야."
소년과 여우는 어둠 속으로 사라졌다.

(최제현의 인문학 인(仁) 중에서…)

1장

음양오행의 원리

1장 음양오행(陰陽五行)의 원리

1) 음양오행(陰陽五行)의 이해

道生一 (도생일)
최초 도가 하나를 낳고
一生二 (일생이)
하나가 둘을 낳고
二生三 (이생삼)
둘이 셋을 낳고
三生萬物 (삼생만물)
셋이 만물을 낳는다.
만물부음이포양 (萬物負陰而抱陽)
만물은 음(陰)을 등에 업고 양(陽)을 가슴에 안았다.
충기이위화 (沖氣以爲和)
기(氣)가 서로 합(合)하여 조화(調和)를 이룬다.
                        -《도덕경》제42장 부음포양(負陰抱陽)

대자연에서 부음포양(負陰抱陽)이란 음양(陰陽)의 위치가 변하는 것일 뿐 음양(陰陽)의 본질이 바뀌는 것이 아니다.

단지 음양(陰陽)의 본성(本性)이 겉으로 드러나는지 속으로 감춰져 있는지의 문제인 것이다.

음양(陰陽)의 근본원리는 역(易)과 불리불잡(不離不雜)이다.

늘 움직이고 변화하되 섞이지 않고 떨어지지도 않는 원리를 가지고 있다.

음양(陰陽)은 만물의 시작이자 끝이며 다시 시작이고 끝이다.

시간의 흐름에 따라 형상(形象)만 바뀔 뿐 그 안의 천성(天性) 혹은 본성(本性)은 그대로이다.

따라서 음양(陰陽)은 변화를 동반하지만 그 변화가 본질의 변화가 아닌 자리의 변동일 뿐이란 의미이다.

밤이 지나고 아침이 오는 것은 밤의 본성이 사라진 것이 아니며 밝음이 지나고 어둠이 시작되는 것도 밝음의 본질이 변한 것이 아닌 시간의 흐름에 따른 위치의 변화일 뿐이다.

제자가 큰스님에게 물었다.

"큰스님 금불상은 고귀한 것이고 금돼지는 천한 것입니까?"

큰스님은 웃음 지으며 말씀하셨다.

"아니다. 금불상도 원래는 금돼지였는데 금돼지를 녹여서 금불상이 된 것이란다. 금불상도 금돼지도 모두 본래는 금(金)이었다. 생긴 형상(形象)에 집착하면 본질을 보지 못하게 되니 항상 본성을 헤아릴 줄 알아야 한다."

범소유상 개시허망 (凡所有相 皆是虛妄)
약견제상비상 즉견여래 (若見諸相非相 卽見如來)
《오감(五感)에 의해 보이고 느껴지는 모든 형상(形象)은 허망한 것이다. 이 모든 형상(形象)은 항시 변하기 때문에 집착하지 말고 본래 형상(形象)의 본질을 봐야 한다. 그러면 진실한 법상(法象)을 볼 수 있다.》

모든 만물은 영원히 지속되는 것이 아닌 인연(인과관계)에 의해 임시적으로 만들어진 가유(假有)적인 존재이다. 모든 형상은 시간에 따라 변화되니, 임시적이고 가합(假合)적인 존재를 영원하다고 믿는 어리석음을 범하지 말라는 것이 불교경전의 핵심인 대승경전《금강경》의 말씀이다.

세상에 존재하는 모든 만물은 부음포양(負陰抱陽)의 원리에 의해 변화되는 존재이며 동일한 것은 영원히 존재할 수 없다는 이치를 설명하고 있다.
그렇다면 형상은 변화되는데 본질이 보존되는 이유는 무엇일까?
작년 봄이 올해 봄과 형태가 다르고 지난해 핀 꽃이 오늘 핀 꽃과 같지 않다고 다른 봄이고 다른 꽃이라 할 수 있는가?
모양과 느낌이 다를 뿐 자연의 순환 속에서 꽃과 봄의 본질은 모두 같다.

이를 자연의 항상성이라고 한다.
형상과 본질이 다른 것은 시간의 흐름 때문이다.
만일 시간이 흐르지 않고 멈춰 있다면 형상과 본질은 같을 것이다.
그렇게 되면 모든 만물은 영원히 늘어나지도 줄어들지도 않고 늙고 병(病)들거나 태어나는 일도 발생되지 않을 것이다.
그러나 현실에서는 시간과 공간이 서로 매 순간 사건사고를 만들며 형상과 본질의 차이를 만들어 가고 있다.

우리 인생이 생로병사(生老病死)를 거치며 사라지는 것은 바로 시간의 흐름 때문이다.
그러나 생로병사(生老病死)는 시간의 흐름으로 인한 가유(假有)적인 형태일 뿐 본질은 아니다.
죽음을 '돌아가셨다'로 표현한 것은 본질로 돌아간다는 의미를 내포하고 있는 것이다.
지난해 핀 꽃도 지금 꽃향기에 취해 기웃거리는 나비도 모두 임시적이고 가합(假合)적인 존재이지만 그 속에 모두 항상성이 포함되어 있다.

《장자》편에 나오는 '호접지몽(胡蝶之夢)' 이야기는 사물과 자아를 구분 짓는 일이 무의미하다고 하였다.
장자가 어느 날 꿈속에서 자신이 나비가 되어 꽃밭을 날아다니는데 꿈에서 깨어 보니 나비가 아닌 사람이었다. 그 순간 장자는 '나 장자가 나비의 꿈을 꾼 것인가, 나비가 장자라는 인간이 되는 꿈을 꾸고 있는 것인가?' 하는 의문을 품게 되었고, 이로부터 꿈과 현실(가유(假有)와 본질)을 구분 짓는 것 자체가 의미 없음을 깨닫게 되었다.
무아지경(無我之境)이라고도 하는데 아상(我相)을 버리면 도달할 수 있는 열반의 세계이다.

※ 아상(我相) : 불변하는 실체적인 자아가 있다는 그릇된 관념과 이를
　중심으로 형성된 가합(假合)적인 관념

색(色)이 공(空)이고 공(空)이 곧 색(色)이며 색(色) 속에 공(空)이 있고 공(空) 속에도 색(色)이 있으며 무(無)에서 유(有)가 있고 유(有)에서도 무(無)가 있으니 유무(有無)는 '없음, 있음'이 아닌 그저 대비이고 대상의 변화일 뿐인 것이다.

음양(陰陽)도 원래는 하나에서 분화되어 둘이 된 것이다.
음양(陰陽)은 변화를 만들어 순환을 형성한다.
순환과정이란 역(易)의 원리이며 역(易)이란 한 번씩 바뀌는 근원이치이다.
음양(陰陽)은 역(易)이라는 원리를 통해 무한의 에너지(氣)를 생성하며 만물의 생성사멸(生成死滅)을 주관한다.
밤과 낮이 한 번씩 변화하는 것은 역(易)에너지의 순환과정이다.
음양(陰陽)이 드러난 형태는 대비와 보완을 이루며 진행되는데 이를 오행(五行)의 생극제화(生剋制化)라 한다.
음양오행(陰陽五行)과 생극제화(生剋制化)는 만물의 근원이며 사주의 모체(母體)이기도 하다. 어떤 법칙(法則)도 이 원리보다 상위의 개념은 없다.

따라서 이 원리에 위배되면 모두 무효이다.

합충(合沖)도 생극(生剋)의 원리에서 벗어나면 무효이고 십성(十星)도 오행(五行)의 원리와 대립되면 버려야 한다.

하물며 십이운성(十二運星)이나 십이신살(十二神殺)은 논할 가치조차 없을 것이다.

하지만 합충(合沖) 십성(十星) 십이운성(十二運星) 신살(神殺) 등도 음양오행(陰陽五行)과 생극(生剋)의 원리에 맞는다면 체용(體用)하여 사용하는 것은 도움이 될 수 있다.

이는 인간의 삶이 너무도 다양하고 복잡하기 때문에 단순히 음양오행(陰陽五行)만으로 해석하기에는 충분히 표현되지 않기 때문이다.

단 음양오행(陰陽五行) 외의 모든 해석요소는 보조적으로 사용해야 한다.

주객(主客)이 전도되는 해석은 지양해야 하며 점술적 해석도 버려야 할 폐해이다.

쉬운 해석은 깊이가 없다.

음양오행(陰陽五行)은 개념을 이해하기가 다소 난해할 수 있다.

그래서 이 책에서는 점술적이고 비논리적인 요소를 모두 배제하고 음양오행(陰陽五行)의 과학적인 근거와 논리를 바탕으로 음양(陰陽)의 개념을 간결하게 표현하였다.

음양오행(陰陽五行)의 정확한 개념과 이해가 없이는 사주의 깊이가 만들어질 수 없고, 깊이가 없는 사주는 정확한 해석을 할 수 없다.

사주의 기본은 음양오행(陰陽五行)과 생극(生剋)의 원리이다.

2) 음양(陰陽)의 성질

음양(陰陽)의 성질을 크게 3가지로 구분하면
'상대성(相對性)', '일원성(一元性)', '역동성(力動性)'이다.

① 음양(陰陽)의 상대성(相對性)

'음양(陰陽)은 짝(상대)으로 존재한다.'
음양(陰陽)은 홀로 존재하는 것이 아닌 짝(상대)을 이루어 항상 대비되는 형태로 근거한다.
하늘과 땅, 뜨거움과 차가움, 바다와 육지, 남자와 여자, 밝음과 어둠, 습기(濕氣)와 조기(燥氣) 등 마치 거울처럼 상대성이 존재한다.
삼라만상(森羅萬象)의 근원인 무극(無極)에서 태극(太極)으로 태극(太極)이 다시 양의(兩儀)로 분화되었기 때문이다.
2진법(二進法, binary notation)의 정(正)과 반(反)이 합(合)하는 무한(無限)의 원리로 새로운 분화를 거듭하여 삼라만상의 항상성이 유지되는 것이다.
'나'라는 개념은 '너'가 있기에 존재가 가능한 것이다.
어둠이 없다면 밝음의 개념은 만들어지지 않는다.

음양(陰陽)의 관계는 반대의 개념이 아니라 상대적인 개념이다.
반대와 상대는 전혀 다른 의미를 지니고 있다.
반대는 대립하고 보완되지 않는 적대적 관계이지만, 상대는 대립이 아닌 구분되어지고 보완되며 상대의 기운을 깊숙이 받아들이는 관계를 의미한다.

반대가 멈춤이라면 상대는 성장이다.
반대가 죽음이라면 상대는 생명이다.
반대가 미움이라면 상대는 사랑이다.
반대가 수축이라면 상대는 팽창이다.

음양(陰陽)은 반대적인 개념이 아니라 상대적인 개념이다.
낮과 밤이 있으니 곡식이 성장하는 것이고 여자와 남자가 있으니 새 생명이 탄생하는 것이다.

삼라만상의 우주와 대자연은 역동성을 지니고 있는데 이를 움직이는 근원 에너지가 바로 상대성이고 음양(陰陽)이다.
모든 만물의 기운은 상대적 개념을 가지며 역동성을 만들어 내고 일원성을 유지하며 자연의 순환과정을 만들어 낸다.
음양의 상대성(相對性)이 존재하지 않는다면 만물은 성장할 수 없다.
시간의 흐름에 따라 만물이 성장하는데 상대성은 시간을 이용하여 성장의 변화를 만들어 낸다.
저녁과 새벽의 찬 기운은 만물을 수축하게 만들고 아침과 점심의 따뜻한 기운은 만물을 팽창하게 만들어 과일을 익어 가게 만든다.
만일 차가움과 뜨거움이 없었다면 수축운동과 팽창운동이 일어나지 않았을 것이며 과육은 성장하지 못했을 것이다.
밤과 낮, 어둠과 밝음, 차가움과 뜨거움, 습기와 건기 등 음양의 상대성은 만물을 성장시키는 원동력이 되는 것이다.

※ 삼라만상(森羅萬象) : 우주 속에 존재하는 온갖 사물과 현상. 삼라(森羅)는 넓게 퍼져 있는 숲처럼 늘어선 모양

② 음양(陰陽)의 일원성(一元性)

'모든 존재는 음양(陰陽)을 내포하고 있다.'
음양(陰陽)은 분리된 것처럼 보이지만 분리될 수 없는 존재인 불리불잡(不離不雜)의 형태를 보인다.
어둠과 밝음은 대비되지만 형태가 뒤바뀔 뿐 시간과 공간 속의 변화이며 그 본질은 같다.
나무에 의해 만들어진 음(陰)의 응달과 양(陽)의 양달도 대지의 입장에서는 같은 것이다. 시간에 따라 햇빛이 응달과 양달을 변화시키기 때문이다.
즉 음양(陰陽)의 변화는 시간에 따라 일시적으로 변동되는 가유(假有)적인 현상이다.
따라서 응달이나 양달이나 그 본질은 함께 존재한다.

막대자석을 반으로 쪼개도 S극과 N극은 또 생성되고 그것을 또 반으로 나눠도 영원히 S극과 N극은 존재하게 된다.
즉 아무리 나누려 해도 나눌 수 없는 근원적 존재, 그렇지만 떨어져 있지도 못한 존재가 바로 음양(陰陽)이다.
하나는 둘이고 둘은 다시 하나가 된다.

불교에서는 이를 색(色)과 공(空)이라 하고
도교에서는 이를 유(有)와 무(無)라 하며
유가에서는 이를 음(陰)과 양(陽)이라 한다.

《반야심경》의 색즉시공 공즉시색(色卽是空 空卽是色)은 색(色)과 공(空)이 다르지 않으니 색(色)과 공(空)은 따로 떨어질 수 없는 관계란 의미인데, 이것이 음양(陰陽)의 관계이다.
색(色)은 존재하는 모든 세계이고 오감(五感)으로 느낄 수 있는 감각의 세상이다.
공(空)은 색(色)으로 존재하는 모든 세계를 영원히 존재하는 것이 아닌, 가합(假合)적인 형상으로 나타난 세계에 불과하다고 본 것이다. (가합(假合)=임시적)
가합(假合)적인 형상은 시간에 따라 인과관계에 의해 만들어진 상(傷)이기 때문에 집착하지 말라는 것이며 색(色)과 공(空)은 다르게 존재하는 것이 아닌 함께 동시에 존재하는 것이다.

마치 빛과 그림자처럼 한 몸이 되어 움직이는 것이다.
이것은 실체와 비실체의 관계이기도 하다.
우리가 늘 고민하고 걱정하고 불안정하게 만드는 실체도 알고 보면 비실체적인 것이다. 따라서 인간의 마음도 실체와 비실체 사이에서 늘 갈등하고 번뇌하며 고통의 원인을 만들어 내지만 그것은 일시적인 것일 뿐 영원하지 못하다.
이는 마치 천둥 번개 같은 것으로 일시적인 현상인데도 불구하고 영원히 천둥 번개가 발생하는 것처럼 비실체적인 공포와 걱정이 생기는 현상과 비슷하다.
만일 공(空)과 색(色)(실체와 비실체)을 함께 아는 지혜가 있다면 삶은 그만큼 더 안정될 수 있을 것이다.
모든 불행한 사건사고의 근원에는 불안정함이 근거하고 있는 경우가 많다.
불안정함은 마음의 균형이 무너졌을 때 발생한다.
영원히 내려치는 천둥 번개가 없다는 것을 인식하고 받아들이는 순간 마음속이 맑아지는 것처럼 인간의 마음은 실체와 비실체 사이에서 늘 갈등하고 번뇌하는 구조로 되어 있다.
그러므로 인간은 늘 깨어 있고 자신을 수행해야 한다.

③ 음양(陰陽)의 역동성(力動性)

'음양(陰陽)은 늘 변화하며 잠시도 멈춤 없이 움직인다.'

음양(陰陽)의 역동성(力動性)은 시간이 개입하여 만든 일종의 순환운동성이다.
그리고 그 궁극의 목적은 균형(balance)이다.
역동성(力動性)이란 내적 에너지가 밖으로 표출되는 형태이며 스스로 움직이는 상태를 의미한다.
그러나 음양(陰陽)의 역동성(力動性)은 한 가지 더 중요한 특징이 있다.
그것은 '순환운동성'이다.

음양(陰陽)의 역동성(力動性)은 시간이란 순차적인 질서를 지니고 있어 한 방향으로만 일정하게 흐른다.
이를 순환방향성이라고도 하며 지구가 태양 주위를 회전(자전, 공전)하는 것과 같은 원리이다.

만물의 모든 에너지의 근원은 지구와 태양의 자전과 공전에서 시작된다.
시간과 방향성은 매우 중요한 연관관계를 지니고 있다.
그것이 계절을 만들고 하루를 만들며 만물을 일정한 속도로 성장시키기 때문이다.

어둠은 밝음을 불러오고 밝음은 다시 어둠을 불러온다.
봄은 여름으로 이어지고 여름은 가을로 이어지며 가을은 겨울이 된다.
아침 점심 저녁 밤으로 이어지는 하루도 음양(陰陽)의 역동성(力動性)으로 발생되는 순환과정이다.
끝없는 순환과정을 거치면서 성장사멸(成長死滅)하며 삼라만상의 항상성을 유지하는 것이다.
하지만 지난해 존재했던 봄이 지금의 봄이라 할 수 없고, 지금의 봄이 내년 봄과 같지 않다.
그것은 본질은 같지만 형태는 시공간에 의해 변하기 때문이다.
지금의 꽃이 내년에 다시 핀다고 해서 내년의 꽃이 지금의 꽃이라고 할 수 없는 이치이다.
총질량은 보존되지만 질량의 형태는 늘 바뀐다.
이를 물리학에서는 '질량보존의 법칙'이라고 한다.

종교철학에서 말하는 윤회(輪回)의 개념도 이와 같은 맥락이다.
다시 같은 모습으로는 태어나지 못하지만 내가 지니고 있었던 기운(질량)은 삼라만상 어디엔가 다른 형태로 분산되어 존재한다는 것이다.
따라서 지구라는 공간의 제약을 받는 지구 안의 모든 생명체는 같은 에너지의 총량으로 순환한다.

만들어진 것은 반드시 사멸하고 살아있는 것은 결코 죽음을 피할 수 없다. -부처

음(陰)과 양(陽)이라는 존재 자체가 역(力)을 만들고 그 역(力)은 다시 새로운 역(力)을 만드는 과정의 연속이다.
역(力)은 역(易)의 근본이 된다.

※ 질량보존의 법칙[law of conservation of mass: 質量保存法則] : 모든 물질의 질량은 화학반응이 일어나기 전후 같다는 법칙이다. 질량불변의 법칙이라고도 하며, 1774년 라부아지에 화학자가 발견하였으며, 물리학의 기초 원리가 되었다. 즉 화학반응 이후에도 원물질을 구성하는 성분이 생성물질을 구성하는 성분으로 변할 뿐, 물질 자체가 소멸하거나 무(無)에서 새로운 물질이 생기지 않는다는 것이다.

◆ 음양(陰陽)의 3요소

구분	상대성(相對性)	일원성(日元性)	역동성(力動性)
기본 성질	대비 보완, 짝(상대)으로 존재	불리불잡 (不離不雜) 음양(陰陽)은 하나임. 아무리 분리해도 함께 존재	일음일양지위도 (一陰一陽之謂道) 생생지위역 (生生之謂易) 에너지의 근원은 변화에서 생성
기본 형태	음(陰)과 양(陽)으로 존재, 빛과 그림자, 어둠과 밝음	음(陰) 속에 양(陽)이 존재, 양(陽) 속에 음(陰)이 존재	음(陰)과 양(陽)의 일정한 변화를 통해 에너지를 생성
기본 목적		* 항상성 유지 * 균형의 완성 * 생명의 유지 * 대자연의 순환	

◆ 사주와 한의학

1. 한의학이 본 음양(陰陽)의 특성(特性)

한의학에서는 신체를 음(陰)과 양(陽)으로 구분하고, 신체의 내부를 음(陰), 신체 외부를 양(陽)으로 보았다.

1) 양(陽)은 신체의 윗부분이며 단전(丹田) 위, 가슴 상부, 팔다리의 바깥, 등(背), 신체의 외부에 해당하는 부분.

2) 음(陰)은 신체의 아랫부분이며 단전(丹田) 아래, 가슴 하부, 팔다리의 안, 배(腹), 신체의 내부에 해당하는 부분.

2. 한의학적 음양(陰陽)의 4대 요소

1) 음양의 상호대립성(陰陽의 相互對立性)
모든 사물은 양면(兩面)의 형태로 서로 대립되는 모양을 취하고 있으며 해와 달, 낮과 밤, 음(陰)과 양(陽), 밝음과 어둠 등이 있다.

2) 음양(陰陽)의 상호의존성(陰陽의 相互依存性)
모든 것은 한 가지로만 존재할 수 없고 대비되는 형태로 이루어져 있다.
인체의 기능은 양(陽)에 속하고 물질은 음(陰)에 속하는데, 이것은 서로 공존하는 상태로 물질이 없으면 기능도 존재할 수가 없다.

3) 음양(陰陽)의 상호소장성(陰陽의 相互消長性)
음(陰)과 양(陽)은 상호 보완과 대립 형태로 성장과 사멸을 반복하면서 항상성을 유지한다.

4) 음양(陰陽)의 상호전화성(陰陽의 相互轉化性)
사물의 발전 과정은 음(陰)이 양(陽)이 되고 양(陽)이 음(陰)이 되는 일정한 변화 속에 있다.

오행(五行)은 우주 만물의 변화 형상을 5가지로 상징해서 설명하는 이론으로 목, 화, 토, 금, 수(木, 火, 土, 金, 水)이고 이것은 크게 상생(相生)과 상극(相剋)의 2가지 개념(槪念)이라고 할 수 있다.

3) 음양(陰陽)의 형태

음양(陰陽)의 개념이 처음 등장한 것은 자연현상의 변화를 보는 과정에서 발생된 것으로 추론된다. 사계절에 따른 변화를 인식하고 이를 농사에 이용하면서 절기(節氣)에 따라 역법(曆法)을 만들고 생산성 향상과 더불어 음양오행(陰陽五行) 학문은 크게 발전하기 시작한 것으로 사료된다.
처음 음양(陰陽)의 개념은 기(氣)의 순환이 아닌 현상으로 인지했을 가능성이 높다.
하루를 아침 점심 저녁 밤의 형태로 구분하면서 한난조습(寒暖燥濕)의 개념이 생겼고, 사계절을 봄여름가을겨울로 구분하면서 곡식의 성장과 죽음 등 기(氣)의 순환의 개념이 생성되었을 것이다.
시간과 공간이 만나 기(氣)의 순환을 통해 새로운 생명을 만들고 죽이며 다시 만드는 과정을 수없이 반복하는 것을 보면서 죽음의 개념을 '순환'으로 이해했을 것이다.

그러던 것을 약 B.C. 4000년 전, 하도(河圖)와 낙서(洛書) 시대가 열리고 춘추시대를 거쳐 음양오행(陰陽五行)의 개념은 현상에서 기(氣)의 순환 형태로 크게 발전하게 된다.
보이지 않는 것에 대한 연구가 깊이 있게 이루어진 제자백가 시대가 열린 것이다.
실제 태양은 빛에너지 형태로 밝음을 그 모습으로 하고 있지만 그 밝음 속에는 생명을 키워 내는 무수한 열에너지가 존재한다.

◎ 하도(河圖)와 낙서(洛書)

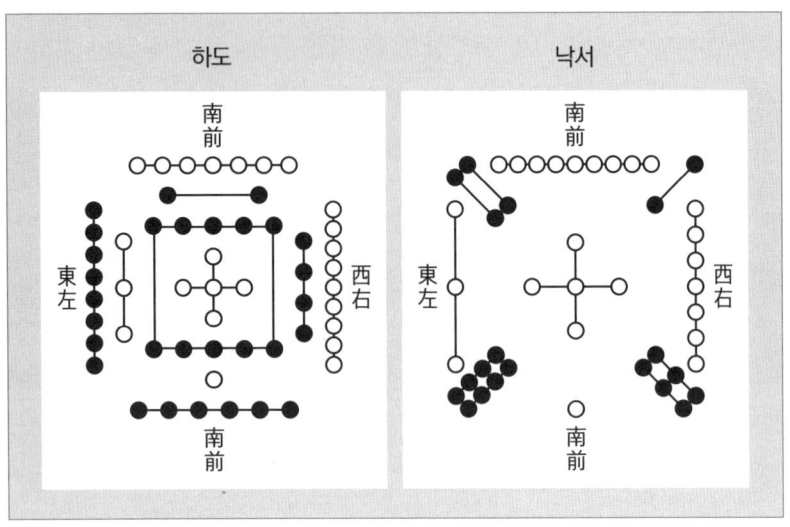

※ 음양의 개념이 처음 도입된 시대를《하도(河圖)》와《낙서(洛書)》시대라 한다. 제자백가가 활동하는 춘추시대의 모태가 된 시기이기도 하다.《하도(河圖)》는 복희(伏羲)가 황하(黃河)에서 얻은 용마의 그림으로, 이것에 의해 복희는《역(易)》의 팔괘(八卦)를 만들었다고 하며,《낙서(洛書)》는 낙수에서 출현한 신귀(神龜)의 등에 각각 쓰여졌다고 한다. 하도(河圖)는 생(生) 낙서(洛書)는 극(剋)의 기운을 지니고 있으며 이를 통해 우(禹)는 천하를 다스리는 대법(大法)으로서의《홍범구주(洪範九疇)》를 만들었다고 한다.《홍범구주(洪範九疇)》는 오행의 개념을 정립한 최초의 고서이다.

음양(陰陽)은 파동 혹은 진동의 형태로 발산과 수축운동을 무한 반복하고 있는 상태이다.
양(陽)은 발산하고 음(陰)은 수축한다.
아침 점심 저녁 밤과 봄여름가을겨울이 발산과 수축 과정을 통해 성장과 사멸을 반복하면서 항상성을 유지하고 있다.
한번 양(陽)이면 한 번 음(陰)이 되는 순환 과정이 무한 반복되는 현상이 생극(生剋) 작용이다.
이처럼 단순한 음양(陰陽)의 원리를 인간의 운명에 적용한 것이 철학이고 사주명리이다.
양(陽)의 발산과 음(陰)의 수축운동은 모든 만물을 생장·사멸시키며 생명의 항상성을 유지시키는 일을 담당한다.

사주명리는 음양(陰陽)의 원리를 통해 인간의 운명을 연구하는 학문이다. 하지만 단순한 음양(陰陽)의 원리만으로는 복잡하고 다양한 인간의 삶을 표현하기에 부족하므로 오행과 더불어 오행에 관련된 천간지지(天干地支) 22글자를 만든 것이다.
인간은 규정지을 수 없는 존재라는 실존주의 철학의 인용처럼 인간의 다양성을 해석하기 위해 불가피하게 음양(陰陽)을 핵분열시켰지만 그 근본 이치는 음양(陰陽)임을 잊지 말아야 한다.

음양(陰陽)의 형태를 유가(儒家)에서는 역(易), 불가(佛家)에서는 공(空), 도가(道家)에서는 무(無)로 설명하였다.
역(易), 공(空), 무(無)는 에너지의 형태이다.
풀어 설명하면 유가(儒家)에서는 음양(陰陽), 불가(佛家)에서는 인연법(因

緣法), 도가(道家)에서는 유무(有無)법에 따른다.

먼저 역(易)은 변화를 의미하며 지금 그것이 잠시 후 그것이 아니지만 그것과 형태가 다를 뿐 결국 본질은 그것이며, 공(空)은 색(色)과 구분되지만 색(色)의 본질은 공(空)과 구분될 수 없다는 것이고, 무(無)는 없다는 것이 아니라 유(有)의 대비일 뿐 유무(有無)의 본질(本質)은 같다는 것이다.

그러므로 음양(陰陽)을 상(相)으로 표현하거나 구분하는 것은 불가능한 일이다.
에너지의 형태로 존재하기 때문에 단순히 상(相)에 집착하면 그 본질을 이해하기 어렵다.
남자라는 상(相)에 집착하면 남자 안에 숨겨져 있는 음(陰)을 간과할 수 있기 때문이다.
실제 남성에게도 여성 호르몬이 나오고 여성에게도 남성 호르몬이 나오는 것은 의학적으로도 입증되었다.
음양(陰陽)은 함께 존재하지만 보여지는 형태가 양(陽)으로만 표현되기 때문에 착오에 빠지기 쉬운 것이다.
태양이 떠 있는 시간 동안 별이 보이지 않지만 별은 분명히 태양과 함께 존재하는 이치이다.
보이지 않는 것에 대한 이해가 있을 때 음양오행(陰陽五行)의 개념은 더욱 명확해진다.
모든 사물의 형태는 드러남과 드러나지 않음이 있는데, 이를 단순히

'있음'과 '없음'으로 판단해서는 안 되며 '있음'과 '없음'은 변화의 과정으로 이해해야 한다.

밤이 아침이 되었다고 밤이 없음이 아니다.
밤은 아침에 의해 변화되었을 뿐이다.

아래 도표처럼 음양은 변화의 과정을 거치면서 한 방향으로 흘러가는 것을 볼 수 있다.
이것을 자연의 순환질서라고 한다.
시간의 흐름에 따라 한난조습(寒暖燥濕)은 사계절과 하루의 형태로 변화되는 것이다.

◎ **음양도(陰陽圖)**

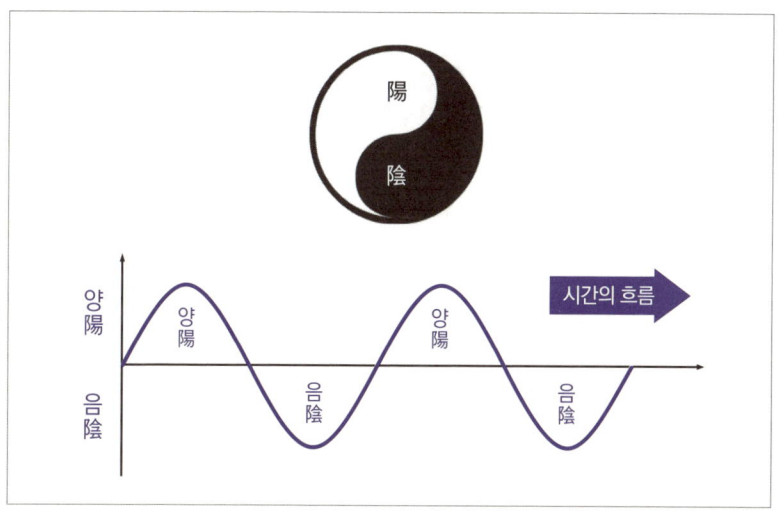

※ 음양도(陰陽圖)는 태극의 형태로 상대성 일원성 역동성의 3가지 특징을 지니고 있다.

형태적인 음양도(陰陽圖)는 3가지 특성을 지닌다.

1) 상대적 또는 대립적 속성과 그 상호 간의 의존성이 있으며 상호 보완적이다.
2) 무한 에너지를 이용하여 음(陰)은 양(陽)으로 양(陽)은 음(陰)으로 바뀐다.
3) 음양(陰陽)은 항상 상대적 균형을 유지하며 항상성을 그 목적으로 한다.

◆ 사주와 한의학

<오행(五行) 사상과 한의학적 응용>

우주 삼라만상(대자연)을 구성하고 있는 요소를 '오행'의 근원으로 삼았다.
오행은 목(木), 화(火), 토(土), 금(金), 수(水)의 5가지를 말한다.
오행은 각각 다른 특성을 지니고 있고, 그러한 특성으로부터 그들 상호 간에 서로 조장(助長) 자생(資生) 제약(制約) 억제(抑制)하는 관계가 발생한다.
인체에서도 각 오장육부의 계통 및 기능들이 생리 병리적으로 서로 밀접한 연관성을 가지고 있다.

4) 음양(陰陽)의 형상과 기운

음양(陰陽)은 유형(有形)적인 것과 무형(無形)적인 것으로 구분할 수 있다. 유형(有形)적인 것은 오감(五感)으로 느낄 수 있는 가유(假有)적인 형상이고, 무형(無形)적인 것은 오감(五感)으로 느낄 수는 없지만 존재하는 모든 에너지 형태를 의미한다.

그래서 음양(陰陽)은 형상(形象)과 기운(氣運)으로 구분할 수 있으며 형상(形象)과 기운(氣運)은 상호 공존하고 대비되며 보완되는 관계이다.

한 여성이 있다고 가정해 보자.

겉모습은 여성스럽고 아름다워 음(陰)의 형상(形象)이지만 성격은 추진력과 강한 의지력이 있어 양(陽)의 형상(形象)일 수 있다.

반대로 양(陽)의 기운이 절정인 뜨거운 한낮에도 갑자기 소나기가 내리면 양(陽)의 형상은 다시 음(陰)의 형상(形象)으로 바뀔 수 있다.

즉 음양(陰陽)은 수시로 바뀔 수 있고 음(陰)안에도 양(陽)이 존재하고 양(陽) 안에도 음(陰)이 존재한다.

유불선(儒佛仙)과 사주명리학은 모두 음양(陰陽)의 원리라는 공통분모를 가지고 있는 학문이다. 이 모두가 가리키는 것은 변화와 균형이다.

음양(陰陽)은 한마디로 시간의 흐름에 따라 일정한 방향으로 움직이는 변화이다.

계절의 변화와 온도의 변화를 떠올려 보자.

계절은 봄여름가을겨울로 4계절이 매년 순환되며 온도는 낮과 밤으로 매일 바뀐다.

이 변화의 궁극의 목적은 무엇일까?

그것은 일정하고 지속 가능한 '항상성'이다.

만물은 음양(陰陽)의 에너지에 의해 움직이며 그 에너지는 생극(生剋)에서 발생된다.
따라서 음양오행(陰陽五行)의 생극(生剋)은 만물을 움직이는 근원 원리가 된다.
유학(儒學)의 사서삼경(四書三經) 중 《역경(易經)》에서는 '일음일양지위도(一陰一陽之謂道)', '생생지위역(生生之謂易)'이라고 하여 음양(陰陽)의 생극(生剋)을 표현하였다.
한 번은 음(陰)이고 한 번은 양(陽)인 것이 만물의 이치이며 이것은 한시도 쉼 없이 항상 지속된다.

※ 음양(陰陽)의 역동성(力動性) : 음양(陰陽)은 늘 변화한다.

불교 최고의 대승경전 《반야심경(般若心經)》에서는 **'색불이공 공불이색 색즉시공 공즉시색(色不異空 空不異色 色卽是空 空卽是色)'**으로 음양(陰陽)의 생극(生剋)을 설명하였다.
가유(假有)와 본질(本質)이 색(色)과 공(空)의 형태로 존재한다는 의미이다.

※ 음양(陰陽)의 일원성(一元性) : 모든 만물에는 음양(陰陽)이 함께 존재한다.

도가도 비상도 명가명 비상명(道可道 非常道, 名可名非常名)

선학(仙學)의 최고 경전 《도덕경(道德經)》에서는 실체 현상과 비실체 현상을 유무(有無)라는 도(道)의 형식으로 이해하였고 이를 유학(儒學)에서는 음양(陰陽)의 생극(生剋)으로 받아들였다.

무(無), 없다는 것은 존재하지 않는 것이 아닌 유(有)의 상대적 개념일 뿐이며, 무(無)에는 무한(無限)의 유(有)가 포함되어 있다.

유(有)는 인위적이며 늘 변화하기 때문에 변화의 무한정성을 지니고 있어 늘 불안정하다.

하지만 무(無)는 자연적이며 본성(本性) 본질(本質)에 가깝기 때문에 안정적이다.

형상(形象)은 변화성, 법상(法象)은 불변성을 지니고 있다.

법상(法象)은 불변성, 사계절의 원리, 밤과 낮의 원리, 삶과 죽음의 이치 등 근원적이고 본래적인 법칙이다.

사주명리의 기본 원리도 이와 다르지 않다.

사주에서는 음양(陰陽)의 형상(形象)과 기운(氣運)을 체용(體用)으로 구분하고 성패(成敗)와 길흉(吉凶)에 이용하기도 한다.

※ 음양(陰陽)의 상대성(相對性) : 모든 만물에는 음양(陰陽)의 형태로 상대성이 존재한다.

◆ 음양(陰陽)의 유형(有形)과 무형(無形)

구분	유형(有形)	무형(無形)
형태	드러나다	드러나지 않다
현상	보이지만 본질이 아니다	보이지 않지만 본질이다
목적	음양의 항상성	음양의 항상성

학이불사즉망 사이불학즉태(學而不思則罔, 思而不學則殆) -《논어》
"배우기만 하고 깊이 생각하지 않으면 얻는 것이 없고 생각만 하고 배우지 않으면 위태롭다."

◆ 사주와 한의학

《한의학의 오행학설(五行學說)》

우주의 모든 만물은 목(木)·화(火)·토(土)·금(金)·수(水) 다섯 가지 물질의 운동과 변화로 이루어져 있다.
이러한 운동과 변화는 서로의 도움과 견제를 통해 항상성을 유지하며 이를 가리켜 오행(五行)이라고 한다.
오행(五行)은 만물을 구성하는 기본 물질이다.
한의학에서 오행(五行)은 정상적인 관계에서 상생(相生)과 상극(相剋)을 설명하고, 비정상적인 관계에서는 상생(相生), 상극(相剋), 상모(相謀)를 설명한다.
이를 크게 2가지로 나누면 상생(相生)과 상극(相剋)이다.

A 상생(相生)
생(生)은 자라나게 하는 것, 도와주는 것을 의미한다.
상생(相生)의 순서는 목생화, 화생토, 토생금, 금생수, 수생목
(木生火, 火生土, 土生金, 金生水, 水生木)으로 구성되어 있다.
한의학에서는 수생목(水生木)을 물에서 나무가 성장하는 것을 의미하며, 수(水)는 신장(腎臟)이고 목(木)은 간(肝)이며, 신장(腎臟)은 간(肝)을 돕기 위해 마치 엄마의 역할을 하는 것이다.

B 상극(相剋)

상극(相剋)은 상호 간 억제, 견제한다는 의미이다.
상극(相剋)의 순서는 목극토, 토극수, 수극화, 화극금, 금극목
(木剋土, 土剋水, 水剋火, 火剋金, 金剋木)이다.

상생(相生)과 상극(相剋)은 매우 밀접하게 관련되어 있다.
생(生)이 없으면 성장이 되지 않고, 극(剋)이 없으면 정상적인 변화와 발전이 이루어지지 않는다.
또한 생(生)이 있는 가운데 극(剋)이 있고, 극(剋)이 있는 가운데 생(生)이 있어야 상호 협조가 유지되어 끊임없는 운행(運行)이 이루어지는 것이다.

5) 형태적인 음양과 본질적인 음양

음양(陰陽)은 형태적인 모습과 본질적인 성질이 함께 존재한다.
형태적인 모습은 겉으로 보여지는 성향이고 본질적인 성질은 내면에 감춰진 실체적인 성향이라고 할 수 있다.
삶의 만족도는 이 두 성질이 일치되는 경우와 불일치되는 경우에 따라 크게 달라지는데, 형태적인 모습과 본질적인 성질이 일치되었을 때 직업적 심리적으로 안정감을 느끼며 그 반대의 경우 직업의 변동성이 커지고 심리적으로도 불안정성을 느끼게 된다.
인간은 사회적 동물이다. 따라서 형태적인 요소도 매우 중요하게 작용되며 형태적인 모습에 만족감을 느끼지 못하면 삶의 질은 떨어질 수밖에 없다. 또한 본질적인 요소는 형태적인 만족감에서는 느낄 수 없는 자존감이나 행복감을 만들어 준다.
그래서 가장 이상적인 모습은 형태와 본질이 같은 방향으로 향해 있을 때이다.

A란 사람과 B란 사람이 의사라는 직업을 가졌다.
A는 의사 업무가 스트레스로 작용하고 B는 의사 업무가 매우 즐겁다고 가정한다면, A와 B는 비슷한 환경에서 비슷한 일을 하지만 삶의 만족도는 크게 다른 것이다.
이 차이는 A와 B가 형태적인 음양(陰陽)과 본질적인 음양(陰陽)이 다르기 때문이다.
A는 형태적인 음양(陰陽)과 본질적인 음양(陰陽)이 다르고, B는 형태적

인 음양(陰陽)과 본질적인 음양(陰陽)이 같다.

대부분 삶의 질은 음양(陰陽)에서 결정되는 경우가 많은데 직업적인 부분이 특히 크다.

사주 해석에서도 형태적인 음양(陰陽)과 본질적인 음양(陰陽)은 매우 중요하다. 우리가 지금까지 알았던 오행의 특성은 형태적인 모습에만 치우쳐져 있었다.

즉 보여지는 형태에 집착하다 보니까 정작 본질적인 형상은 무시하게 된 것이다.

경금(庚金)은 양금(陽金)이고 신금(辛金)은 음금(陰金)이라는 것은 형태적인 모습이다. 본질적인 성향으로 보면 경금(庚金)도 음(陰)적으로 작용할 수 있고 신금(辛金)도 양(陽)적으로 작용할 수 있다.

앞서 언급했던 음양(陰陽)의 일원성과도 맥을 같이 한다.

음양(陰陽)은 역(易)에 의해 변화될 수 있으며 그 변화는 임시적인 상태란 것이다. 따라서 형태적인 음양과 본질적인 음양도 임시적이고 가유(假有)적인 상태로 운(運)에 의해 변화될 수 있다.

가장 이상적인 상태는 형태적인 음양과 본질적인 음양이 같을 때이다. 즉 겉모습과 속마음이 같을 때 인간은 행복감과 만족감을 느끼게 된다. 의사를 해야 할 사람은 의사를 하고 장사를 해야 할 사람은 장사를 하고 예술을 해야 할 사람은 예술을 하는 것이 가장 이상적인 상태인 것이다.

'물고기는 물속이 편하고 원숭이는 나무 위가 편하다' -《장자》
모든 만물이 각자의 본성을 지니고 있고 그 본성대로 살아가는 것을

'순리'라고 하였다.

순리(順理)라는 어원의 의미는 거스름이 없는 이치(원리)이다.

순리와 자연을 동일시하는 이유도 자연은 4계절의 순환 질서를 변함없이 따르기 때문이다.

《중용(中庸)》에서는 본성(本性)을 따라가는 것이 천명(天命)이라 하였고 이를 천명지위성(天命之謂性)이라 하였다.

우리는 늘 자신에 대해 잘 아는 것처럼 행동하지만 실제 자신의 본성에 대해서는 무지한 경우가 많다.

그래서 자신을 객관적으로 볼 줄 아는 안목을 수련하는 것이 매우 중요하다.

이를 수도지위교(修道之謂敎)라 하였다. -《중용》

◆ 금(金)의 형태적인 음양(陰陽)과 본질적인 음양(陰陽)

구분	음(陰)	양(陽)
경금 (庚金)	경금(庚金)은 형태적으로 양금(陽金)에 해당한다. 경금(庚金)이 수(水)를 만나 금생수(金生水)가 되면 비록 양금(陽金)일지라도 음(陰)적인 성향이 나온다. 자신이 설기(洩氣)된다는 것은 자기 기운이 약화된다는 것을 의미하며 음(陰)적으로 작용한다.	경금(庚金)은 본질적으로 음양금(陰陽金)의 성질을 모두 지니고 있다. 경금(庚金)은 생(生)을 받거나 근(根)이 있으면 양(陽)적인 성향이 나타나며 주변에 목(木)이 있어 금극목(金剋木)할 때도 양(陽)적으로 능동적 적극적 주체적으로 행동한다.
신금 (辛金)	신금(辛金)은 형태적으로 음금(陰金)에 해당한다. 신금(辛金)은 수(水)를 만나면 음(陰)적인 성향이 더욱 강해진다.	신금(辛金)은 본질적으로 음양금(陰陽金)의 성질을 모두 지니고 있다. 신금(辛金)이 금극목(金剋木)하거나 생(生)을 받거나 근(根)이 있으면 양(陽)적인 성향이 나타난다.
공통	형태적인 음양(陰陽)과 본질적인 음양(陰陽)이 같을 때 삶의 질이 높아진다.	

6) 음양(陰陽)의 한난조습(寒煖燥濕)

天道有寒暖(천도유한난) 發育萬物(발육만물)
人道得之(인도득지) 不可過也(불가과야)

◆ 하늘의 이치는 따뜻함과 차가움이 있어 만물을 성장시키니 이를 마땅히 사람이 받아들이고 얻어야 하나 너무 과해서는 안 된다.
(과(過)해서는 안 된다는 의미는 따뜻함과 차가움이 적절히 균형이 되어야 한다는 의미이다.) -《적천수(適天髓)》

地道有燥濕(지도유조습) 生成品彙(생성품휘)
人道得之(인도득지) 不可偏也(불가편야)

◆ 땅의 이치는 건조함과 습함이 있어 만물의 특성(성질)을 결정하니 이를 마땅히 사람이 받아들이고 따라야 하나 너무 편중되어서는 안 된다.
(편중되면 안 된다는 의미는 너무 건조하거나 습(濕)해서는 안 된다는 의미로, 균형을 이루어야 한다는 것이다.) -《적천수(適天髓)》

음양(陰陽)의 기본원리는 역(易)이고 역(易)은 변화이며 변화는 한난조습(寒煖燥濕)을 만든다.
음양(陰陽)의 변화는 역(易)의 원리에 따라 한난조습(寒煖燥濕)이 형성되는데, 그것을 하루로 보면 아침 점심 저녁 밤이고 1년으로 보면 봄여름가을겨울 4계절이 되는 것이다.

사주는 궁극적으로 계절의 변화를 읽어 내는 학문이다.

계절은 방향성을 지닌 시간의 흐름이다.

봄에는 만물이 소생하고 여름에는 만물이 확장 팽창하며 가을에는 만물이 결실을 맺고 겨울에는 잠시 휴식하며 봄의 시작을 다시 준비한다. 이 일련의 과정을 음양오행(陰陽五行)의 순환과정이라고 할 수 있다.

그리고 그 순환과정은 춘하추동(春夏秋冬)이란 일정한 방향성을 지니고 있으며 춘하추동(春夏秋冬) 사이에는 계절과 계절을 연결시켜주는 토(土)의 완충작용이 함께 존재한다.

이것은 환절(換節)기능으로 계절의 방향성을 바꿔준다는 의미가 있다.

토(土)는 계절과 계절의 길목에서 다리 역할과 저장 기능을 동시에 수행한다. 그래서 토(土)를 '오행의 무대'라고도 한다.

◎ 춘하추동(春夏秋冬) 방향성

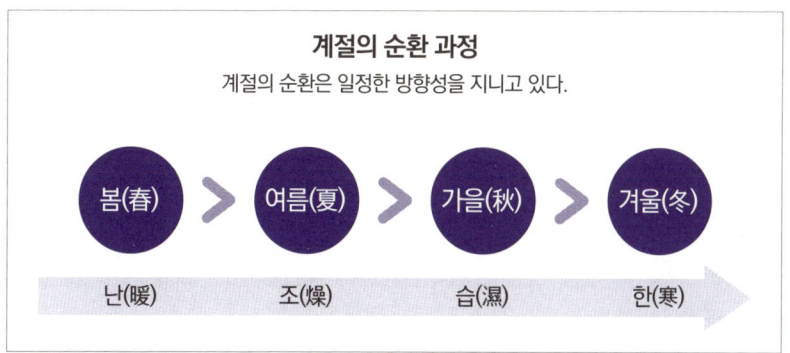

봄이 지나고 여름이 오는 것은 생명의 순환 과정 중 일부분이지만 이것의 궁극의 목적은 항상성이다.

항상성이란 생명을 유지시키는 것이다.

항상성이 유지되지 않으면 자연은 파괴되고 생명은 멸종할 것이다.

사주에서의 음양(陰陽)의 원리도 이 이치를 크게 벗어나지 못한다.

음양(陰陽)은 생극(生剋)이 가장 중요한 가치를 지니고 있다.

사주에서 생(生)이란 다음 계절로 흘러갈 수 있는 기(氣)의 흐름을 유지하고 새로운 에너지를 창출하는 핵심 요소이다.

따라서 사주에서 생(生)이 갖는 의미는 매우 크다.

사주팔자에서 최우선적으로 기(氣)의 흐름을 보는 것이 중요한 이유도 그 때문이다.

예를 들어 수(水)가 있는데 목(木)이 없다면 수(水)는 갈 곳이 없어 수생목(水生木)이 되지 못해 목(木)을 키울 수 없고(항상성 파괴), 수(水)에게 금(金)이 없어도 금생수(金生水)가 되지 못해 수(水)는 고여서 썩어갈 것이다.

이처럼 사주의 생(生)이란 사계절의 한난조습(寒煖燥濕)처럼 기(氣)의 흐름을 주관하며 성패(成敗)와 길흉(吉凶)을 담당하게 되는 것이다.
따라서 생극(生剋)을 통해 음양(陰陽)이 유지되고 오행이 순환할 수 있는 에너지를 갖게 되는 것이다.

◆ 사주의 기(氣)의 흐름

기(氣)의 순환과정	한난조습(寒煖燥濕) 과정	목적과 역할
오행의 순환	⇒木⇒火⇒土⇒金⇒水⇒	항상성 유지 (균형)
계절의 순환	봄여름가을겨울(春夏秋冬)	
하루의 순환	아침⇒점심⇒저녁⇒밤	

◎ 하루의 순환과정 한난조습(寒煖燥濕)

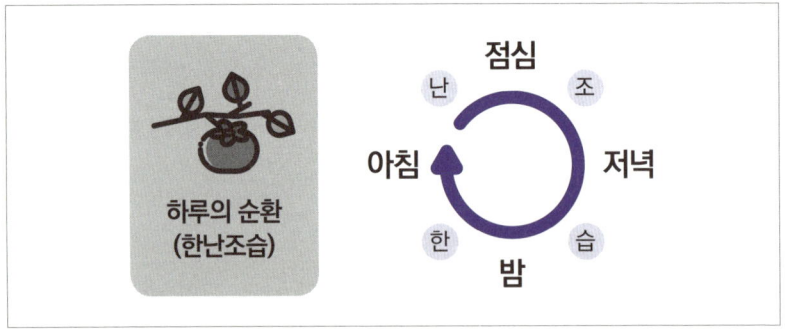

※ 하루는 아침 점심 저녁 밤으로 이어지고 한난조습(寒煖燥濕)을 형성하며 온도의 균형을 맞춘다.

◎ 1년의 순환과정 한난조습(寒煖燥濕)

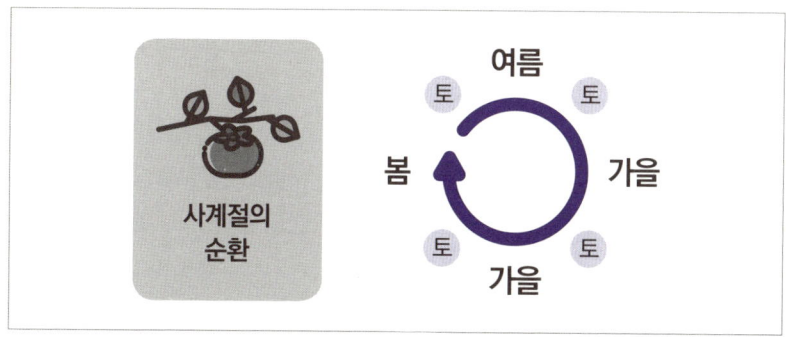

※ 1년은 봄여름가을겨울로 이어지고 계절의 순환으로 한난조습(寒煖燥濕)을 형성하며 온도의 균형을 맞춘다.

◎ 한난조습(寒煖燥濕)

1년은 봄여름가을겨울로 이어지고 한난조습(寒煖燥濕)을 형성하며 온도의 균형을 맞춘다. 한난조습(寒煖燥濕)은 온도와 습도의 항상성을 위해 시간의 흐름이 생성되는 것이다.

시간은 일정한 속도와 방향성을 지니고 있으며 그것이 오감에 의해 드러나는 행위가 하루이고 4계절이다. 그러나 우리 오감에 의해서 포착되지는 않지만 이 모든 순환과정을 만드는 기(氣)의 작용은 우리 눈에 보이지 않는다. 시간의 흐름을 자연의 변화현상이나 시계를 보지 않으면 알 수 없는 것처럼 말이다.

지구가 빠른 속도로 자전과 공전하지만 인간의 오감으로는 느낄 수 없는 것과 같은 이치이다.

◎ 과학적 상식 : 자전과 공전을 느낄 수 없는 이유

지구의 자전이나 공전은 일정한 속도(등속도)로 움직이기 때문에 오감으로 감지할 수 없다. 차를 타고 달릴 때 차 안에서는 속도감을 느낄 수 없는 이치와 같다. 지구도 큰 자동차 안이라고 생각하면 될 것이다. 중력이 작용하기 때문에 앉아 있는 자리만 느낄 수 있는 것이다. 단 차량의 가속도와 주변 환경의 변화(비포장길, 물리적 변화, 창문을 열어 바람을 느낌 등) 등에 의해 간접적으로 속도감을 느낄 수는 있다.

※ **등속도**(等速度) : 물체의 속력과 이동 방향이 모두 일정한 경우를 이르는 말

'상(象)은 하늘(天)에서 이루어지고 형(形)은 땅(地)에서 이루어진다. 재천성상 재지성형(在天成象, 在地成形)' -《주역》

◎ 음양(陰陽)의 도(道)는 혹은 법칙(法則)은 오행의 순환을 통해 표현되는데 이를 형(形)이라 한다. 음양(陰陽)은 기(氣)의 형태로 존재하기 때문에 형(形)으로 보이지 않는다.
우리가 오감으로 느끼는 모든 표현은 오행의 순환과정에서 상(象)이 형(形)으로 드러났기 때문에 인지할 수 있는 것이다.
상(象)이란 법상(法象)을 의미하며 우주만물의 법칙이다.
인지할 수 있는 상(象)은 형상(形象)이고 인지할 수 없는 상(象)은 법상(法象)이다.

눈에 보이지 않는 상(象)은 모두 법상(法象)이다.

사주는 형상(形象)과 법상(法象)을 함께 읽어내야 하는 학문이다. 봄이 되어 나무에 꽃이 피는 현상을 보는 것이 형상(形象)이라면 그 꽃을 피어날 수 있게 수생목(水生木)하고 목생화(木生火)하는 모든 원리는 법상(法象)인 것이다.

[정말 소중한 것은 눈에 보이지 않는다. 입상진의(立象盡意)]

법상(法象)은 눈에 보이지 않지만 자연과 우리의 모든 행동을 지배하는 원리이다.

위대한 만유인력의 법칙[Law of universal gravitation]도 사과나무에서 사과가 낙하하는 형상(形象)을 보고 법상(法象)을 발견한 것이다. 따라서 모든 자연법칙을 현상으로만 이해하고 판단하면 오류가 발생하게 되는 것이다. 결과는 어떤 원인으로 인해 생긴 시간의 변동성이다.

※ 법상(法象) : 우주 대자연의 운영 이치이며 기(氣)의 형태로 오감으로는 느낄 수 없다.

※ 형상(形象) : 사물의 생긴 모양이나 상태로 마음과 감각에 의하여 대상의 모습을 떠올리거나 표현함.

7) 운명의 인과법칙(因果法則)

모든 학문과 철학의 근거는 대자연법칙인 인과(因果)에 의해 형성되고 소멸한다.
원인은 결과를 만들고 결과는 다시 원인이 되는 순환과정을 통해 자연상태를 유지시킨다.
매일 일어나는 수많은 사건사고들은 시간과 공간이 만나 이루어지는 인과관계(因果關係)이다.
꽃이 피기 위해선 씨앗을 심는 원인이 있어야 하고 꽃이 지기 위해선 개화된 꽃의 결과가 있어야 한다.
원인과 결과는 시간의 흐름에 따라 변화와 반복의 과정을 겪는데 이를 '자연의 순환'이라고 할 수 있다.

형이상자위지자(形而上者謂之道)
형이하자위지자(形而下者謂之器)

-《주역》〈계사전〉

우리에게 매일 일어나는 대부분의 사건과 결과는 파도처럼 일어나는 작은 생각에서부터 잉태되는 것이다. 끊임없이 일어나는 생각의 본체는 무의식적 혹은 의식적 경험과 지식, 지혜 등 다양한 요소들이 여러 종류의 절차와 검증을 거쳐 밖으로 나오게 되며 이후 어떤 형태의 움직임을 할 것인지 계획과 구상이 만들어지고 행동의지를 촉발하게 된다.
계획과 구상에 의해 형성된 행동의지는 봄의 기운을 받은 새싹처럼 활동성으로 변화하기 시작한다.

그리고 이러한 행동의지는 검증 절차를 거쳐 자격을 얻은 것이기 때문에 오류가 일어날 가능성은 적다. 다만 활동 에너지가 매우 약해 실제 행동으로 이어지기에는 역부족 상태이다.

여기까지의 상태를 수생목(水生木)이라고 한다.

수생목(水生木) 상태는 아직 사건사고가 드러나지 않은 음(陰)의 영역이다. 겉으로는 무변화이지만 보이지 않는 곳에서는 변화를 위한 준비 작업이 느리게 진행 중인 상태이다.

수(水)는 고도로 응축된 정보체계를 지닌 물질이지만 아쉽게도 팽창과 확산하려는 기운이 없다.

오직 목(木)에 의해서만 자신의 정신과 마음을 표현할 수 있으며 목(木)이 없다면 수(水)는 독자적으로 움직일 수조차 없는 죽음인 상태이다.

또 목(木)은 매우 강렬한 발산의 기운을 가진 물질이지만 수(水)의 정보를 화(火) 없이는 독자적으로 가공할 능력이 없다. 발산의 기운은 성장, 발육, 실행 등의 에너지를 지니고 있는 활동의 에너지이다.

그래서 수생목(水生木)은 수(水)의 정보를 완벽하게 발현하지 못한 채 행동의지만 갖게 되는 것이다.

생각은 행동의지를 만들기도 하지만 반대로 억제하기도 한다. 행동의지를 행동으로 유도하는 것은 팽창·분화·확산하는 기운을 가진 화(火)이다.

수(水)의 고도로 응축된 에너지가 비로소 화(火)를 만나 목(木)을 통해 해체되어 결과가 만들어지는 것이다.

이를 목생화(木生火)라고 한다.

수생목(水生木)과 목생화(木生火)를 거친 기운은 다시 휴식기를 갖는다. 이를 화생토(火生土)라고 한다.

이 시기에는 특별한 변화가 일어나지 않지만 여러 에너지를 순차적으로 정돈 재배열하는 모습을 보인다. 그리고 토(土)에 의해 정돈된 에너지는 다시 한번 금(金)에 의해 구분 차단되어 정제 과정을 거쳐 수(水)에게 전달된다.

이를 토생금(土生金)이라고 한다.

금(金)은 외부로부터 완전히 차단된 기운으로 화(火)의 정보를 온전히 수(水)에게 전달하며 임무를 마친다.

이를 금생수(金生水)라고 한다. 생각은 행동의지를 만들고 행동의지는 열정적 행동을 유발하며 열정적 행동은 경험을 축적하게 하고 경험은 다시 체화를 통해 습관을 만들어 지혜로 완성된다.

지나친 생각은 열정적 행동을 제약한다. -수극화(水剋火)

지나친 열정은 체화를 방해한다. -화극금(火剋金)

체화되지 못한 습관은 행동을 제한한다. -금극목(金剋木)

지나친 행동력은 지혜와 경험을 훼손한다. -목극토(木剋土)

경험은 논리적 생각을 제한한다. -토극수(土剋水)

이 세상 모든 만물은 음양(陰陽)으로 구성되어 있다.

음양(陰陽)은 천간(天干)과 지지(地支)로 구분되며 천간(天干)과 지지(地支)

는 무형(無形)과 유형(有形)으로 구분할 수 있다.

이를 《주역(周易)》에서는 건(乾)과 곤(坤)으로 표현하며 건(乾)은 단순히 하늘을 의미하는 것이 아닌 우리가 오감(五感)으로 느낄 수 없는 모든 영역을 말하며 곤(坤)은 단순히 땅을 의미하는 것이 아닌 유형적인 모든 물질, 우리 오감에 의해 느낄 수 있는 색(色)의 세계를 총칭하는 것이다.

따라서 사주에서의 음양오행(陰陽五行)을 단순히 천간 지지(天干地支)로 구분한다면 이는 올바른 해석방법이 아니다.

음양(陰陽)은 불리불잡(不離不雜)이다.
떨어질 수도 섞일 수도 없는 존재이다.
이것이 의미하는 것은 항상성 유지이다.

◆ **음양(陰陽)의 실체적 표현**

구분	사주 (四柱)	주역 (周易)	형상 (形相)	시공 (時空)	사람 (人)	정신 (精神)	자연현상
양 (陽)	천간 (天干)	건 (乾)	무형 (無形)	공 (空)	혼 (魂)	생각 (思)	오감(五感)으로 느낄 수 없는 세계, 에너지 형태
음 (陰)	지지 (地支)	곤 (坤)	유형 (有形)	색 (色)	백 (魄)	행동 (行)	오감(五感)으로 느낄 수 있는 세계, 물질의 형태

8) 사단(四端)과 오행(五行)

사주를 통해 인간의 운명을 분석하는 데 있어 가장 필요한 것은 인간에 대한 이해와 경험이다. 인간은 동물과 비교되는 몇 가지 특징이 있다. 그 특징을 이해하는 데 맹자의 사단(四端)은 본질적인 유용한 정보를 제공하고 있다. 사단(四端)이란 인간이 동물과 구분되는 4가지 특징인데,

측은지심(惻隱之心)
수오지심(羞惡之心)
사양지심(辭讓之心)
시비지심(是非之心)

으로 분류하였으며 4가지 마음을 각각 인(仁)·의(義)·예(禮)·지(智)라 하여 4덕(德)이라고 하였다.
여기서 중요한 것은 4단(端)이 이미 인간이 가지고 있거나 완성된 특성이 아니라 인간이 수행을 통해 가지거나 완성할 수 있는 요소라는 것이다.
사단에서 '단(端)'이란 시초 원인 근거 등의 의미를 함축하고 있다.
인간은 완성된 존재가 아닌 꾸준한 수행을 통해 4단(端)을 실현할 수 있는 존재이며 동물과 달리 그 씨앗, 근본을 지니고 있다는 것이다.
불가에서는 이를 부처의 마음 불심(佛心)이라고 하였고 유학에서는 군자의 마음이라고 하였다.

그러므로 단(端)이라 함은 선(善)이 발생할 가능성을 가진 시초를 말하는 것이다.

사주는 사람의 운명을 다루는 학문이다.

음양(陰陽)의 이치뿐 아니라 현상세계에서 일어날 수 없는 경험법칙도 필요하고 시대에 따라 변하는 정서, 사상, 패러다임까지도 인용할 수 있어야 한다.

그런 점에서 맹자의 사상은 매우 유용한 가치를 지닌다.

※ 선(善)은 단순히 착함, 선함이 아닌 뛰어남, 훌륭함의 의미를 가지고 있다.

《맹자》〈공손추편(公孫丑篇)〉에 나온다.

※ 성선설(性善說) : 인간이 마땅히 지켜야 할 보편적 가치를 유학에서는 성선설(性善說)에서 그 근거를 찾았다. 인간은 태어날 때 이미 하늘로부터 천성(天性)을 부여받는데 이것을 천명(天命)이라고 하였고 천명(天命)을 따르는 것을 도(道)라 하였다.

도(道)는 수양을 통해 완성되지만 그 기본 바탕에는 선한 천성(天性)이 있다고 생각했다. 맹자는 이를 인의예지(仁義禮智)로 정의하였고 이를 통해 인간은 가장 이상적이고 행복한 삶을 살 수 있다고 보았다.

"아이가 우물로 기어가는 것을 보면 누구든 본능적으로 곧장 달려가서 아이를 구해준다."

그것은 칭찬을 기대하거나 비난을 두려워해서도 아니다.
단지 그 순간에 측은지심(惻隱之心)이 생겨났기 때문이다.

◆ 인간의 본성 사단(四端)

사단(四端)	사덕(四德)	의미
측은지심 (惻隱之心)	인(仁)	타인의 슬픔, 고통, 불행 등을 공감하고 아파하고 동정하는 마음
수오지심 (羞惡之心)	의(義)	불의나 악한 행동을 하면 부끄럽고 수치스럽게 생각하는 마음
사양지심 (辭讓之心)	예(禮)	자신의 욕망을 통제하고 타인을 배려하고 양보하는 마음
시비지심 (是非之心)	지(智)	어떤 사건 행위에 대해 시시비비(是是非非)를 가릴 줄 아는 마음

※ 인의예지(仁義禮智)는 후천적, 인위적으로 만들어진 것이 아닌 태어나면서 하늘로부터 부여받은 마음의 씨앗인 것이다.

그 심어진 본성(本性)대로 몸과 마음을 수양하는 것을 천명(天命)이라 하였다.

◆ 사단(四端)과 오행(五行)

사단(四端)	사덕(四德)	오행(五行)	의미
측은지심 (惻隱之心)	인(仁)	목기(木氣)	순수, 시작, 발산, 선함, 관계의지, 동정심
수오지심 (羞惡之心)	의(義)	금기(金氣)	의리, 구분, 차단, 냉정, 추진력, 결단력, 부끄러움
사양지심 (辭讓之心)	예(禮)	화기(火氣)	예의, 형식, 눈치, 배려, 확산, 발산, 의협심
시비지심 (是非之心)	지(智)	수기(水氣)	경험, 인내, 생각, 절차, 과정, 전통, 신중
붕우유신 (朋友有信)	신(信)	토기(土氣)	신의, 믿음, 중용, 가교, 현실성, 계산, 예측, 계획

※ 4덕(四德)이 본질적인 기운이라면 오행(五行)은 형태적인 모습이다. 신(信)은 오행과 오상(五常)으로 분류되는데 4덕(四德)의 교량적 역할을 담당한다.

◆ 최제현의 사주 이야기

〈욕망(慾望)에 대하여〉

어느 날 소년이 잠에서 깨어나 보니
방 안에는 커다란 흰색 곰이 앉아 있었다.
소년은 깜짝 놀라며 곰에게 물었다.
'너는 누군데 내 방에 있는 거니?'
곰은 슬픈 표정을 지으며 말했다.
'네가 이곳에 나를 데려왔잖아.'

소년은 어제 숲속에서 만난 작고 귀여운 아기 곰이
생각났다.
소년은 아기 곰에게 '우리 집에 가면 맛있는 음식과
진귀한 장난감이 있다'며 아기 곰을 집으로 데려온
기억이 떠올랐다.

소년은 놀란 표정으로 곰에게 다시 물었다.
'그런데 어떻게 커진 거니?'
곰은 원망하는 눈빛으로 소년에게 말했다.
'너가 자는 동안 이렇게 자랐는데
아무리 깨워도 너는 일어나지 않았어.
나 집으로 돌아가고 싶어.'
소년은 곰에게 말했다.
'이제 집으로 돌아가도 좋아.'
그런데 곰은 눈물을 흘리며 말했다.

'문이 작아서 도저히 밖으로 나갈 수가 없어.
아무래도 집으로 돌아갈 수 없을 것 같아.
제발 집으로 갈 수 있게 도와줘.'

곰은 소리 내어 울기 시작했다.

그때 작은 파랑새 한 마리가 열린 창문 안으로
날아와 살포시 앉았다.
파랑새가 곰에게 말했다.
'너는 왜 슬피 우는 거니?'
그러자 곰은 눈물을 닦으며 말했다.
'밤새도록 맛있는 음식과 장난감을 가지고 놀다 보니
몸이 이렇게 커져서 문밖으로 나갈 수가 없게 되었어.
밖으로 나갈 수 있게 해 줘. 집으로 가고 싶어.'
파랑새는 날개를 퍼덕이며 곰에게 말했다.

'너는 밖으로 나갈 수 있어, 다시 몸을 작게 만들면 돼.'
소년과 곰은 희망에 들뜬 얼굴로 파랑새에게 물었다.
'어떻게 하면 다시 아기 곰으로 돌아갈 수 있지?'
파랑새는 작은 소리로 말했다.
'그 답은 네 마음속에 있어.
눈을 감고 네 마음속을 고요히 들여다봐.
그러면 무엇이 너를 자라게 했는지 보일 거야.'
그리고는 파랑새는 푸른 하늘 속으로 사라졌다.

소년과 곰은 한동안 서로를 바라보았다.
그리고 소년과 곰은 눈을 감고 마음속을 열어 보았다.
마음속에는 욕망이라는 이름의 작은 씨앗이 한 알 보였고
씨앗 위에 움튼 새싹은 빠르게 성장하였다.

어디선가 노래처럼 파랑새의 음성이 들려왔다.
"욕망이란 씨앗은 불과 같아서 순간적으로 커지고 자라나지.
그래서 우리는 늘 그 씨앗이 커지는 것을 지켜봐야 해.
그냥 자라게 두면 다시는 문밖으로 나갈 수 없으니까."
곰의 눈물방울이 씨앗에 떨어지자 커다란 흰색 곰은
다시 작고 귀여운 아기 곰으로 변하였다.

※ 공자 사상의 근원은 욕망의 근원을 인정하되
그것을 배움《학(學)과 교(敎)》을 통해 통제하려고 했다.
이를 인의예지신(仁義禮智信) 오상(五常)이라고 했는데
그 핵심은 인(仁)과 예(禮)이다.
인(仁)과 예(禮)는 생각과 행동이며 음(陰)과 양(陽)이고
체(體)와 용(用)이다.
종속된 자신의 습관을 극기복례(克己復禮)할 수 있는
가장 좋은 방법은 늘 깨어 있어야 하며,
욕망이 자라는 것을 항상 경계하고 지켜봐야 한다.
마음속 욕망에는 확장 팽창하려는 염상(炎上)의 기운이 있다.
따라서 적절하게 통제하지 않으면 욕망은 걷잡을 수 없게 확장된다.
우리의 욕망은 커지는 것을 인지하고 보는 것만으로도 통제가 된다.

- 최제현의 인(仁) 중에서

9) 음양(陰陽)에 따른 오행의 변화

음양(陰陽)은 변화이고 오행(五行)은 계절이다.
음양(陰陽)에 의해 오행(五行)이라는 변화가 만들어지는 것이다.
따라서 음양(陰陽)이 없다면 오행(五行)도 없다.

사주명리는 음양오행(陰陽五行)의 학문인데 음양오행(陰陽五行) 연구자들은 정작 사주명리에는 관심이 없는 것이 현실이다.
따라서 여러 잡설이 난무하고 학문적인 연구보다는 상업적이고 점술적 기능에 초점이 맞춰져 잡술로 변모되는 아쉬움을 겪고 있다.
사주명리는 자연의 이치인 음양오행(陰陽五行)을 가장 현실적으로 해석한 학문이며, 인간의 운명을 자연현상(음양오행)에 적용하여 응용한 가장 효율적인 사용설명서이다.
자연현상을 이해하여 역법(曆法)을 이용하면 농사의 생산성이 극대화되는 것처럼 사주명리도 인간의 운명을 이해하고 사주와 운(運)의 시기를 이용하면 삶이 생산적이고 풍요로워지는 원리인 것이다.
그러나 처음 공부하는 사람들에게는 음양(陰陽)의 이해는 생각보다 어렵다.
자연현상 자연법칙 우주의 이치를 이해하는 것이 어렵게 느껴지는 것이 당연하다.
왜냐하면 우리는 오감에 의해 보여지고 입증되는 현상세계에 익숙해져 있기 때문이다.
사주명리는 현상계와 비현상계를 동시에 이해해야 한다.

그래서 어렵고 정확히 아는 전문가도 드물다.

우선 음양(陰陽)을 알기 위해서는 사주고전만 읽고 통변술만 배워서 되는 것이 아니고 인류 문화유산인 **유학의 《사서삼경》과 도학의 《도덕경》,《장자》** 그리고 **불교사상**까지 모두 이해하고 체화(體化)해야만 정확한 이해가 된다.

왜냐하면 사주명리의 4대 고전《연해자평》,《적천수》,《자평진전》,《궁통보감》 등에는 음양(陰陽)에 대한 명확한 설명이 없거나 부족하기 때문이다.

사주를 공부하는 분들이 가장 많이 저지르는 실수가 바로 음양(陰陽)을 구분하지 못하는 데서 나온다.

음양(陰陽)은 형태보다 기운으로 나타나기 때문이다.

형태는 오감으로 판단할 수 있지만 기운(에너지)은 오감으로 판단할 수 없다.

◎ 경금(庚金)의 음양(陰陽) 작용

일간이 경금(庚金)인 사람의 특성을 알기 위해서는 주변 오행과 오행의 위치를 모두 알아야 정확히 해석할 수 있겠지만, 경금(庚金)이 양금(陽金)인 것만 알아도 경금(庚金)이 사주에서 어떻게 작용하는지 유추할 수 있다. 양(陽)의 기운인 경금(庚金)의 특징은 추진력과 주체성이 제1의 특성이고, 목(木)이 있고 화(火)가 제련시켜 준다면 그 특성은 더 명확히 나올 것이다.

제2의 특성은 구분하고 차단하는 기능인데 이것은 객체로 작용하는 음(陰)의 성향임으로 음금(陰金)인 신금(辛金)에게서 더 명확히 드러날 것이다. 경금(庚金)도 음(陰)의 성향이 나타날 때는 자신이 주체적이고 능동적으로 목(木)을 취하는 구조가 아니라 수(水)를 생(生)해 주는 객체 역할을 할 때인데 이때도 음금(陰金)인 신금(辛金)하고는 다른 형태이다. 신금(辛金)은 본성 자체가 음(陰)이기 때문에 음(陰)으로 작용하는 것이 자연스럽지만 경금(庚金)은 양금(陽金)이기 때문에 음(陰)으로 작용하는 것 자체가 매우 부자연스럽다.

이를 실제 통변에 비유하면 강건하고 주체적인 사람이 주변 환경에 의해 대장이 아닌 부하를 하고 있는 상태라고 비유할 수 있다. 즉 대장을 해야 할 사람이 부하로 살아가고 있는 상태라고 할 수 있으며 당연히 삶의 만족도는 낮을 것이다.

양(陽)의 경금(庚金)과 음(陰)의 신금(辛金)은 작용과 특성 목적 자체가 다르다는 의미이다.

형태적인 음양(陰陽)과 본질적인 음양(陰陽)이 상호 일치하지 않는 삶은 본인은 물론 가족들에게도 매우 힘들고 고단한 삶으로 작용한다.

◎ 임수(壬水)의 음양(陰陽) 작용

임수(壬水)와 계수(癸水)도 마찬가지이다. 임수(壬水)가 주체가 되는 경우는 금(金)의 생(生)을 받아 자신이 원원장류(源遠長流)로 작용할 때와 양목(陽木)이 있어 수생목(水生木)으로 자신이 객체로 작용할 때가 다르다. 원원장류(源遠長流)로 작용할 때는 주어가 '내가'가 되어 내 의지와 추진력으로 일을 성사시키고 목적 달성을 하는 것이며 수생목(水生木)으로 작용할 때는 주어가 '너를'이 되어 너의 의지와 추진력으로 너의 목적 실현을 도와주는 행위가 되는 것이다.

하지만 임수(壬水)는 자신의 특성을 지키려는 주체성, 추진력 등 양(陽)의 형태를 유지하려고 노력하지만 음수(陰水)인 계수(癸水)는 자신을 보존하려는 주체적 특성이 없이 종(從)하려는 기운이 강하다.

이것이 음양(陰陽)의 차이이다.

이것을 구분하지 못하면 음양(陰陽)은 같은 것이 되고 사주 해석도 같아지는 오류를 범하게 되는 것이다.

해와 달의 역할이 다르고 남자와 여자의 성향이 다르듯 음양(陰陽)의 차이도 그러하다.

따라서 음양(陰陽)을 살필 때 생극(生剋)과 함께 음(陰)과 양(陽)도 구분하여 살펴야 한다.

음양(陰陽)의 변화에 따라 오행이 순환하는 구조가 바로 계절이고 하루 24시간이다.
봄여름가을겨울이 순환하는 것은 음양(陰陽)의 변화에 따른 오행의 질서체계이다.
사주에서는 계절의 순환이 천간(天干)에서는 발생되지 않고 지지(地支)에서만 일어나는 현상이다.
천간(天干)은 기(氣)의 흐름만 있을 뿐 계절이라는 방향성이 존재하지 않는다.
하루도 아침 점심 저녁 밤으로 이어지는 방향을 지니고 있는데 이 또한 음양(陰陽)의 변화에 따른 질서체계이다.
음양(陰陽)은 이처럼 오행의 질서를 만들고 생극(生剋)을 통해 제화(制火)를 실현하려 한다.
그리고 음양(陰陽)과 오행은 단순히 종속관계가 아닌 보완 대비되는 성질을 지니고 있다. 음양(陰陽)이 움직이면 오행이 변동되고 오행이 움직이면 음양(陰陽)이 변동된다.
따라서 음양(陰陽)과 오행(五行)의 관계도 음양(陰陽)으로 다시 구분될 수 있다.

음양(陰陽)이 양(陽)이면 오행(五行)은 음(陰)이 될 수 있으며 서로 떨어질 수 없으면서 섞이지도 않는 형태로 항상성을 유지하고 있을 뿐이다.

10) 음양오행의 기원

지구가 태양을 중심으로 1년에 한 바퀴씩 도는 운동을 지구의 공전이라고 한다. 지구는 하루에 약 1°(도)씩 태양의 둘레를 360°(도) 회전한다. 서(西)에서 동(東)으로 일정한 방향과 일정한 속도를 유지하면서 잠시도 쉬지 않고 회전운동을 하는데 이것이 음양오행의 근원이다.

지구의 자전축은 공전궤도면과 66.5°(도) 기울어진 채 1년과 1일을 주기로 서(西)에서 동(東)으로 공전과 자전을 한다. (자전은 지구가 자전축을 중심으로 하루에 1바퀴씩 도는 현상으로서, 자전속도는 1시간에 약 15°(도)이다.)

15° × 24시간 = 360°
지구는 하루 24시간 동안 스스로 360°(도)를 회전하는데, 이를 지구의 자전이라고 한다.

지구는 태양을 중심으로 서(西)에서 동(東)으로 일정한 속도와 방향으로 공전과 자전을 동시에 수행하고 있다.
공전은 4계절을 만들고 자전은 아침, 점심, 저녁, 밤을 순환하게 한다. 음양오행(陰陽五行)의 근원이 지구의 공전과 자전에 의해 자연 발생되어진 것에는 어떠한 이견도 없다.
만일 지구의 공전과 자전이 멈춘다면 시간도 따라 멈출 것이며 시간이 멈춘다면 4계절과 하루의 흐름 역시 정지될 것이다.

사주에서 운(運)이란 시간의 흐름에 따른 변화이다.

지구의 자전과 공전에 의해 생성된 시간의 흐름이 지구라는 공간과 만나 사건사고를 만드는 것이 사주와 운(運)의 관계이다.

태양 지구 달의 운동관계는 음양오행의 역동성을 생성하여 오행의 순환과정에 항상성을 유지하게 한다.

사주의 기원은 음양오행에서 시작되었고 음양오행은 천문(天文)에 근거한다.

우주와 대자연은 단순히 존재하는 것이 아니라 상호 유기적으로 연결되어 있는 복합적인 생명체 같은 것이다. 그 근원 에너지는 지속적인 운동성과 방향성이며 이를 통해 생명의 항상성이 만들어지는 것이다.

단 한순간도 멈추지 않는 시간의 흐름을 사주에서는 운(運)이라고 하는데 운(運)은 용(用)으로 작동하면서 길흉(吉凶)과 성패(成敗)를 사건사고로 드러나게 한다.

인간은 시간의 지배를 받을 수밖에 없는 우주의 피조물이다.

따라서 운(運)과 용(用)의 영향을 받으며 살아간다.

운(運)이 좋고 나쁘다는 표현은 시간의 흐름에 따른 변화를 명(命)이 오감으로 느낀 결과이다.

여기서 가장 중요한 것은 '변화'이다.

영원히 좋은 운(運)도 나쁜 운(運)도 없다.

좋은 시간이 지나면 나쁜 시간이 오기 때문이고 나쁜 시간이 지나면 좋은 시간이 오기 때문이다.

◎ **음양오행의 탄생**

※ 하루를 크게 나누면 밤과 낮이다.

　밤과 낮은 음양(陰陽)이며 태극(太極)이다.

　밤과 낮을 세분화하면 밤, 아침, 점심, 저녁이고

　이것을 다시 본질적으로 분류하면 수목화토금(水木火土金)이다.

11) 태극도설(太極圖說)과 주역(周易)

유교경전(儒敎經傳)에서 '태극(太極)'이라는 용어가 처음 쓰인 것은 《주역》〈계사전〉의 '역유태극 시생양의(易有太極 是生兩儀)'이다.

음양오행(陰陽五行)의 《태극도설(太極圖說)》은 《주역》을 근원으로 한 음양오행론을 성리학적 관점에서 체계화시킨 음양오행의 핵심 원리가 이해하기 쉽게 담겨져 있다.

사주명리 역시 음양오행의 원리를 벗어날 수 없는 《태극도설》을 근거로 하고 있기 때문에 반드시 이를 통해 음양오행의 이치를 이해해야 한다. 음양오행의 상대성 일원성 역동성은 태극(太極)에서 시작되었다.

◎《태극도설(太極圖說)》의 원문

무극이태극(無極而太極) : 무극이 곧 태극이다.

태극동이생양(太極動而生陽) : 태극이 움직여 양(陽)을 낳는다.

동극이정(動極而靜) : 움직임이 극에 달하면 고요하게 되고

정이생음(靜而生陰) : 고요하게 되면 음(陰)을 낳는다.

정극부동(靜極復動) : 고요함이 극에 달하면 다시 움직이게 되는 것이다.

일동일정(一動一靜) : 한 번 움직이고 한 번 고요해지는 것이

호위기근(互爲其根) : 서로 그 뿌리가 되면서

분음분양(分陰分陽) : 음(陰)으로 나누어지고 양(陽)으로 나누어져서

양의입언(兩儀立焉) : 양의(兩儀)가 서게 되는 것이다.

양변음합(陽變陰合) : 양(陽)이 변하고 음(陰)이 합쳐져서
이생수화목금토(而生水火木金土) : 수 화 목 금 토를 낳으니
오기순포(五氣順布) : 이 다섯 가지 기운이 순조로이 퍼짐으로써
사시행언(四時行焉) : 사철이 운행되는 것이다.
오행일음양야(五行一陰陽也) : 오행(五行)은 하나의 음양(陰陽)이고
음양일태극야(陰陽一太極也) : 음양(陰陽)은 하나의 태극인 것이다.
태극본무극야(太極本無極也) : 태극은 본시 무극이다.
오행지생야 (五行之生也) : 오행이 생겨남에 있어서
각일기성(各一其性) : 각각 한 가지 그의 성품이 타고난다.
무극지진(無極之眞) : 무극의 진리와
이오지정(二五之精) : 음양오행의 정기가
묘합이응(妙合而凝) : 오묘하게 합쳐지고 엉기어서
건도성남(乾道成男) : 건의 도는 남자를 이루고
곤도성녀(坤道成女) : 곤의 도는 여자를 이루게 되는 것이다.
이기교감(二氣交感) : 두 기운이 서로 느끼어서
화생만물(化生萬物) : 만물을 변화 생성케 된다.
만물생생(萬物生生) : 만물은 끊임없이 서로 생성하면서
이변화무궁언(而變化無窮焉) : 무궁히 변화하는 것이다.
유인야득기수이최영(惟人也得其秀而最靈) : 오직 사람만은 그중 빼어남을 얻어서 가장 뛰어나다.

형기생의(形旣生矣) : 형체가 생성되고 나서는
신발지의(神發知矣) : 정신이 지혜를 만드는 것이다.

오성감동(五性感動) : 다섯 가지 성품이 움직이어서

이선악분(而善惡分) : 선함과 악함이 나누어지고

만사출의(萬事出矣) : 만사가 나오게 된다.

성인정지이중정인의(聖人定之以中正仁義) : 성인께서 중정과 인의로써 그
　　　　　　　　　　　　　　　　　　것들을 안정시킨다.

이주정입인극언(而主靜立人極焉) : 고요함으로 사람의 법도를 세웠다.

고성인(故聖人) : 그러한 까닭에 성인이란

여천지합기덕(與天地合其德) : 천지와 덕이 합치되고

일월합기명(日月合其明) : 해와 달과 밝음이 합치되며

사시합기서(四時合其序) : 사계절과 질서가 합치되고

귀신합기길흉(鬼神合其吉凶) : 신묘함과 길흉이 합치되는 것이다.

군자수지길(君子修之吉) : 군자는 이것을 닦음으로써 길하게 되고

소인패지흉(小人悖之凶) : 소인은 이것을 거스름으로써 흉하게 되는 것
　　　　　　　　　　　　이다.

고왈(故曰) : 성인께서 말하기를,

입천지도(立天之道) : 하늘을 바로 세우는 도는

왈음여양(曰陰與陽) : 음과 양이라는 것이오.

입지지도(立地之道) : 땅을 바로 세우는 도는

왈유여강(曰柔與剛) : 부드러움과 강함이라는 것이다.

입인지도(立人之道) : 사람을 바로 세우는 도는

왈인여의(曰仁與義) : 인과 의라는 것이다.

우왈(又曰) : 또 말하기를

원시반종(原始反終) : 사물의 시작은 사물의 끝으로 되돌아온다.

고지사생지설(故知死生之說) : 그러므로 생사(生死)를 알게 되는 것이다.

대재역야(大哉易也) : 위대하구나 역이여!

사기지의 (斯其至矣) : 이것이 그 지극함인 것이다.

※ 주돈이(周敦頤, 1017-1073)의 호(號)는 염계(濂溪)이고, 송대(宋代) 사람이다. 정호(程顥)·정이(程頤)·이정(二程)의 스승으로 주희(朱熹, 1130-1200)의 형이상학 체계에 큰 영향을 끼쳤다. 저서로는《태극도설(太極圖說)》,《통서(通書)》,《애련설(愛蓮說)》 등이 있다.

◎ 《태극도설(太極圖說)》의 해설

《주역(周易)》의 〈계사전(繫辭傳)〉에서 무극(無極)과 태극(太極)이란 표현이 처음 쓰인다.

앞서 설명한 바와 같이 태극(太極)을 만물의 근원, 우주의 본체로 보고 **'태극은 양의(兩儀)를 낳고, 양의(兩儀)는 사상(四象)을 낳고, 사상은 팔괘(八卦)를 낳고 팔괘에서 만물이 생긴다'**는 이론을 정립하였다.

여기서 양의(兩儀)란 음양(陰陽)을 의미한다.

처음으로 음양(陰陽)의 형태가 만들어진 기원을 양의(兩儀)로 본 것이다. 이러한 대자연적 섭리를 바탕으로 오행설(五行說)을 더하여 새로운 자연관을 수립한 것이 송(宋)의 유학자 주돈이의 《태극도설(太極圖說)》이다.

주돈이(周敦頤)의 《태극도설(太極圖說)》의 핵심 원리는 삼라만상의 생성 과정을 **'태극 ⇒ 양의(음양) ⇒ 사상(오행) ⇒ 만물'** 순으로 판단한 것인데 이는 《주역》과 맥을 같이 한다.

또한 무극이태극(無極而太極)이라 하여 무극(無極)을 태극(太極)의 전단계로 보는 동시에 같은 기운으로 설하였다.

무극(無極)과 태극(太極)은 따로 떨어져 있는 것이 아닌 함께 존재하는 것으로 보았으며, 이것을 도가(道家)에서는 유(有)가 무(無)이며 무(無) 안에는 무한(無限)한 유(有)가 있다고 이해하였다.

즉 무극(無極)과 태극(太極)과 양의로 이어지는 모든 과정은 상대성, 일원성, 역동성을 지니고 있다는 의미이다.

※ 노자(老子)가 말하는 도(道)는 '천지(天地)를 창생(創生)하는 기본 동력(動力)'이고, 《노자》에서 말하는 무(無) 자는 일반적인 유무(有無)의 무(無)라는 의미 이외에, '현상계(現象界)를 초월한 무(無)'이며, '무한의 유(有)'를 함유하고 있다. 인식을 초월한 의미의 '무(無)'이며, 무(無)와 유(有)는 '동체(同體)이며 통일체'이다.

◆ 《태극도설》의 근거가 된 《주역》의 음양오행 이론

《《주역(周易)》의 음양오행(陰陽五行)》

소위역 이도음양(所謂易 以道陰陽)
역(易)은 음양(陰陽)을 말한다.

인음양지실체 위괘효지법상(因陰陽之實體, 爲卦爻之法象)
음양(陰陽)은 실체(實體)이며 괘효(卦爻)의 법상(法象)이다.

괘효음변위양 양화위음자야(卦爻陰變爲陽, 陽化爲陰者也)
괘효에서 음이 변(變)하여 양이 되고, 양이 화(化)하여 음이 되는 것이다.

변화자 진퇴지상야 강유자 주야지상야
(變化者 進退之象也 剛柔者 晝夜之象也)
변(變)과 화(化)는 진퇴(進退)의 상(象)이고,
강(剛)과 유(柔)는 주야(晝夜)의 상(象)이다.

재천성상 재지성형(在天成象, 在地成形)
상(象)은 하늘(天)에서 이루어지고
형(形)은 땅(地)에서 이루어진다.

동자양지상 정자음지상(動者陽之常, 靜者陰之常)
동정(動靜)은 음양(陰陽)의 상도(常道)이고,

강유자, 역중괘효음양지칭야(剛柔者, 易中卦爻陰陽之稱也)
강유(剛柔)는 괘효(卦爻)에서 음양(陰陽)을 칭(稱)한다.

일음일양지위도(一陰一陽之謂道),
한 번 음(陰)이면 한 번 양(陽)하는 것이 도(道)인데

계지자 선야 성지자 성야(繼之者 善也 成之者 性也)
이를 계승하는 것은 선(善)이고 이를 이루는 것은 성(性)이다.

생생지위역(生生之謂 易),
생기고 생기는 것을 역(易)이라 하며

성상지위 건 효법지위 곤(成象之謂 乾 效法之謂 坤),
상(象)을 이루는 것을 건(乾)이라 하고 법(法)을 본받는(效) 것을 곤(坤)이라 하며

음양불측지위 신(陰陽不測之謂 神)
음(陰)과 양(陽)을 헤아릴 수 없는 것을 신(神)이라고 한다.

범위천지지화이불과(範圍天地之化而不過),
곡성만물이불유(曲成萬物而不遺)
하늘과 땅의 조화를 본뜨고 범(範) 테두리(圍)에서
지나치지 않게 하며 만물을 빠짐없이 이루어서 버리지 않고

통호주야지도이지(通乎晝夜之道而知)
낮과 밤의 도를 통해서 알기 때문에

고 신무방이역무체(故 神无方而易无體)
신(神)은 방향과 장소가 없고 역(易)은 체(體)가 없다.

2장

오행의 성질

 # 오행(五行)의 성질(性質)

1) 목(木)의 성질(性質)

'목(木)은 상향의 기운이 있다.'

◎ 목(木)의 물상

목(木)은 화(火)와 더불어 양(陽)의 기운을 지니고 있다.
그러나 화(火)의 불규칙한 급성장세와 달리 규칙적이고 순성장세를 지니고 있다.

따라서 성장 속도가 예측이 되며 조절이 가능하다.
목(木)은 봄(春)의 기운이고 봄은 모든 생명체가 기지개를 펴며 생동하기 시작하는 시기이다.
그리고 그 움직임은 구부려졌다가 펴지기를 반복한다고 해서 곡직(曲直)이라는 명칭이 붙었다.
곡직(曲直)에서 곡(曲)은 수평운동 직(直)은 수직운동을 의미하지만 명확히 구분하기 어렵다.
따라서 수평수직운동을 함께 하며 그중 음(陰)적인 기질은 수평운동이고, 양(陽)적인 기질은 수직운동쯤으로 이해하는 것이 적당할 것으로 보인다.
모든 만물과 생명은 겨울 수기(水氣)의 시기를 거쳐 봄을 맞이한다.
봄은 수생목(水生木)을 하는 생육(生育)의 시기이다.
만일 수생목(水生木)이 되지 않는 목(木)이 있다면 그 목(木)은 스스로 봄을 맞이할 수 없다.

봄(春)은 겨울의 시기를 지나야 맞이할 수 있는 계절이기 때문이다.
겨울이 없는 봄(春)은 태양을 만나도 꽃이 필 수 없고 당연히 열매도 이룰 수 없다.
모든 생명의 근원은 수생목(水生木)으로 시작되기 때문이다.
오행(五行)의 생극제화(生剋制化)는 봄여름가을겨울 등 사계절의 순환이다.
따라서 어느 계절 하나라도 없어서는 안 되며 계절과 계절 사이에 간절기와 통관시켜 줄 오행의 연결고리가 있어야 한다.
목화(木火)·금수(金水)·수목(水木) 등 서로 생(生) 관계인 계절 사이에는 간

절기인 토(土)가 있어야 안정감이 생기고, 목(木)과 금(金), 화(火)와 금(金) 등 극(剋) 관계인 계절 사이에는 통관시켜 줄 오행이 필요하다.

목기(木氣)에는 음양(陰陽)이 있다.
구부러진다는 뜻의 곡(曲)은 음(陰)의 성질이고 곧게 펴진다는 뜻의 직(直)은 양(陽)의 성질로서 목(木)의 물상을 비유할 때 곡직(曲直)으로 표현된다.
천간(天干)의 갑목(甲木)과 지지(地支)의 인목(寅木)은 양목(陽木)에 해당하고, 천간(天干)의 을목(乙木)과 지지(地支)의 묘목(卯木)은 음목(陰木)에 해당한다.
목(木)의 음양(陰陽)의 가장 큰 차이는 주체성이 있는지 없는지이다.

양(陽)은 기본적으로 끌고 나가려는 성향이 있고 음(陰)은 따라가려는 기운이 있다.
주체성은 추진력과 의지력으로 표현되며 당연히 천간(天干)의 갑목(甲木)은 양(陽)적인 특성이 강하고 천간(天干)의 을목(乙木)은 음(陰)적인 성향으로 나타난다.
그러나 예외적으로 생극(生剋)과 합충(合沖)의 영향으로 을목(乙木)도 주체성이 나올 수 있고 갑목(甲木)도 객체성이 나타날 수 있다.

목(木)은 발산의 기운을 지닌 양(陽)의 기운이 있다.
그래서 화(火)를 만나면 무조건 화(火)를 향해 고개를 든다.
목(木)이 천간(天干)에서 화(火)를 만나면 종(從)하지 못하는 이유도 화

(火)를 바라보기 때문이다.
따라서 목(木)의 희기(喜忌)는 화(火)에 의해 결정된다고 해도 과언이 아니다. 다만 이는 천간(天干)에 국한해서이다.

목(木)의 양기(陽氣)는 독립적인 운동성을 지니고 있어 스스로 성장하고 상향하려는 의지가 매우 강하며 강력한 발산의 기운(氣運)과 함께 다른 기운과의 관계의지를 지니고 있다.

목(木)의 음기(陰氣)는 의존적 소극적 운동성을 지니고 있으며 스스로 성장하고 상향하는 양목(陽木)의 기운과 달리 다른 오행의 기운에 의지하는 의존적 성향을 보인다.
양목(陽木)의 기운은 적극적 인데 비해 음목(陰木)의 기운은 소극적이며, 양목(陽木)은 드러나는 기운으로 역동성과 뚜렷한 방향성을 지니고 있다. 이에 비해 음목(陰木)은 고정성과 불명확한 방향성을 지니고 있다.

다른 오행과 마찬가지로 목(木)의 음양(陰陽)도 월지(月支)와 주변 오행에 의해 큰 영향을 주고받는다.
월지(月支)는 계절의 현재 위치를 나타내는데 목(木)은 당연히 봄과 여름에 유리하다.
봄, 여름의 목(木)이라면 음양(陰陽)에 관계없이 무조건 생산성을 추구하기 때문에 화수(火水)가 필요할 것이다.
반대로 가을, 겨울의 목(木)이라면 화(火)는 몰라도 수기(水氣)는 필요치 않다.

목(木)에게 수기(水氣)는 절대적이지만 겨울에는 수생목(水生木)이 의미 없기 때문이다.

수생목(水生木)이 된 나무는 주체적으로 작용하려는 성향이 강하고, 금극목(金剋木)을 당한 목(木)은 객체로 작용하려는 성향을 보인다.

목생화(木生火)는 객체적인 성향이지만 함께 공동 목적을 달성하기에 적합하고, 목극토(木剋土)는 주체적이지만 자기중심적이고 이기적인 성향이 드러나기 쉽다.

◆ 목(木)의 음양(陰陽)

양(陽)		음(陰)	
천간(天干)	지지(地支)	천간(天干)	지지(地支)
갑(甲)	인(寅)	을(乙)	묘(卯)
주체성, 추진력, 발산, 순수, 적극성, 관계의지, 이상성, 순차적, 성장	화기(火氣)를 가지고 있는 목(木), 주체성을 제외한 양목(陽木)의 성향	객체성, 종(從)의 기운, 수용성, 유연성, 현실성, 변덕성, 생존성	도화(桃花)의 기운, 선명성, 가변성, 유연성, 현실성, 변덕성, 생명성

◆ 사주와 한의학

〈한의학에서 본 간(肝)과 오행의 목(木)〉

한의학에서 목(木)은 신체적으로 눈과 간(肝), 색깔은 청색, 맛은 신맛을 나타낸다.
〈신 음식을 먹을 때 눈이 조여드는 듯한 느낌이 드는 것은 신맛과 눈이 목(木)의 성질과 연관되어 있기 때문이다.〉

간(肝)의 대표적 기능으로는 소화를 돕고 살균작용과 해독작용을 한다.

간의 기능이 나빠지면 쉽게 피로해지고 얼굴빛이 검어지며(녹색), 기미가 생긴다, 옆구리가 쑤시고 담이 잘 걸리며, 엉덩이 관절이 시큰거리기도 하고, 다리에 쥐가 잘 나기도 한다.

위장에 문제가 없어도 자주 체하고, 머리 뒤로 편두통이 자주 발생하면서 안압이 올라가는 느낌이 들기도 한다.
(위장이 정상인데도 불편한 이유는 목(木)과 토(土)의 균형에 문제가 있기 때문이다.)

눈의 시력이 쉽게 떨어지고 충혈되기도 하며 바람이 불면 눈물이 흐르기도 하고 매운 음식을 먹으면 눈앞이 흐려지기도 한다.
목(木)이 너무 강할 경우 신경질적이며 화를 잘 참지 못한다.
〈간(肝)이 배 밖으로 나왔다고 말하는 것도 여기에서 나온 말이다.〉
평소에 소리를 잘 지르기도 하며, 잠을 잘 때 이를 갈기도 하고 몽유병 증세도 나타난다.

2) 화(火)의 성질(性質)

'화(火)는 모든 만물을 성장시키는 기운(氣運)이다.'

◎ 화(火)의 물상

화(火)는 가장 양(陽)적인 기운을 가지고 있는 오행이며, 양화(陽火)인 병화(丙火)는 양기(陽氣)의 극치라고 할 수 있다.
양기(陽氣)란 겉으로 드러나고 강렬하며 적극적이고 능동성을 지닌 기운이다.
따라서 확산하고 팽창하려는 무한 에너지를 담고 있다.
이것을 고정하고 한정해 주는 역할을 하는 것이 습토(濕土)와 수기(水氣)이다.
그러므로 사주에 강한 화기(火氣)가 있는데 습토(濕土)나 수기(水氣)가 없다면 이는 병(病)이 있는데 약(藥)이 없는 것과 같다.
약(藥)이 없는 사주는 삶의 고난과 어려움을 의미하고 성격적으로도 많은 문제가 발생된다. 음양오행(陰陽五行)의 기본원리는 순환이다.
화기(火氣)가 강한데 생(生)해 줄 것이 없다는 의미는 화기(火氣)가 순환할 수 없다는 것이기 때문에 운(運)에서까지 방해하거나 도와주지 않는다면 치명적으로 작용할 수 있다.

천간(天干)의 화(火)는 병화(丙火)와 정화(丁火)가 있고 이 둘은 일차적으로 빛(光)과 열(熱)로 구분할 수 있다.
하지만 빛(光) 속에도 열(熱)이 내재되어 있고 열(熱) 속에도 빛(光)이 감춰져 있어 엄격히 구분하는 것은 어리석은 일이다.
이는 마치 남성에게도 여성적인 면이 존재하고 여성에게도 남성적인 부분이 존재하는 것과 같다.
하지만 여성 안에 있는 남성성은 잘 드러나는 데 비해 남성 안에 감춰진 여성적인 부분은 잘 드러나지 않는다.
그 이유는 음양(陰陽)의 차이 때문이다.
음(陰)은 잘 드러나지 않는 속성이 있고 양(陽)은 잘 드러나는 속성이 있다.
이처럼 음양(陰陽)은 늘 함께 있으면서도 섞이지 않는 특수성을 지니고 있는데 이를 불리불잡(不離不雜)이라고 한다.

음(陰)의 정화(丁火)는 병화(丙火)에 비해 주변 오행의 영향을 많이 받는 편이다.
음(陰)이 양(陽)에 비해 주변의 영향을 많이 받는 이유는 불안정성 때문인데, 정화(丁火)는 병화(丙火)에 비해 특별하고 집중적인 에너지를 지니고 있어 주변 환경에 의해 집중도가 쉽게 무너질 수 있는 단점이 있다.
기본적으로 음양(陰陽)은 모두 상호 의존성을 지니고 있지만 양(陽)에 비해 음(陰)은 잘 드러나지 않는 속성으로 인해 불안정성이 가중되는 형태를 보인다.

그래서 음(陰)의 정화(丁火)는 주변 오행에 따라 가치가 형성된다.
주변에 마른 갑목(甲木)이 있다면 가장 완벽히 보완될 것이지만 젖은 습목(濕木)이 있다면 오히려 정화(丁火) 입장에서는 부담이 될 수 있고 자칫 불이 꺼질 수도 있다. 《음(陰)은 감춰져 있는 속성으로 인해 현상으로 드러나는 것 자체가 부담으로 작용할 때가 많다.》

정화(丁火) 입장에서 을목(乙木)은 부담으로 작용하지만, 반대로 을목(乙木) 입장에서 정화(丁火)는 어머니 같은 존재가 된다.
그 이유는 정화(丁火)가 일간 을목(乙木)을 신금(辛金)으로부터 보호해 주는 역할을 하기 때문인데, 이를 포을이효(抱乙而孝)라고 한다.
이렇게 각 오행마다 서로의 역할과 작용이 다른 것은 각각의 오행이 가지고 있는 특수성과 음양의 차이가 있기 때문이다.

정화(丁火)는 원칙주의적이고 보수적 합리성을 추구하며 특수성, 종적 확장성, 깊이, 내성적, 실속, 현실감, 외유내강, 우아함, 낭만, 신비감 등 아름다움을 추구한다.
목(木)이 없는 병화(丙火)는 스스로 금(金)을 제련하지 못하는데 그래서 정화(丁火)를 보면 이용하려 든다.

따라서 병화(丙火)에게 정화(丁火)는 필요한 존재가 되지만 정화(丁火)는 병화(丙火)를 만나면 그 빛(光)에 가려져 드러나지 못하고 더 꽁꽁 숨어버리게 된다.

빛과 열은 서로 그 입장이 다른 것이다.

그래서 정화(丁火)에게는 시간이 중요한데 어둠의 시간에 가치가 만들어지고 사랑에 빠지게 되는 것이다.

이를 정득성광(丁得星光) 합임이충(合壬而沖)이라고 한다.

'정화(丁火)는 어둠 속에서 빛나며 임수(壬水)를 만나 사랑에 빠진다.'

또 병정화(丙丁火)는 토(土)를 만나면 상반된 작용을 하게 되는데 병화(丙火)는 무토(戊土)를 만나면 빛(光)이 막혀 그늘이 만들어지지만, 음(陰)의 정화(丁火)는 무토(戊土)를 만나면 열기(熱氣)를 저장하고 계수(癸水)의 공격으로부터 방어막 역할을 해 준다.

음(陰)의 정화(丁火)가 무토(戊土)를 만나면 식신제살(食神制殺)이 되는 것이다.

'적천수 천간론'에 나오는 정화유중(丁火柔中)이란, 정화(丁火)는 부드럽고 여성적이며 합리적 보수성과 중도(中道)를 지킬 줄 아는 부드러운 카리스마가 있다는 것인데 이는 외적 형태이다.

병화(丙火)가 맹렬하게 적과 싸우는 용맹한 장수라면 정화(丁火)는 뒤에서 계획하고 조정하는 역할을 담당할 수 있다. 전쟁은 병력보다 작전 계획이 더 중요하다.

앞에서는 병화(丙火)가 싸우지만 정화(丁火)는 보이지 않는 곳에서 치열하게 생각한다.

또 정화유중(丁火柔中)이 외적 모습이라면 내성소융(內性昭融)은 정화(丁火)의 내적 모습이다.

겉은 부드러우나 속은 강한 외유내강(外柔內剛)의 모습이 바로 정화(丁火)의 내적 모습이다.

정화(丁火)의 상(象)은 유중(柔中)과 소융(昭融)이다.
부드럽지만 가장 단단한 금(金)을 녹일 수 있다.
《적천수》의 왕이불렬 쇠이불궁(旺而不烈 衰而不窮)이란 말과도 일맥상통한다.
'왕성하나 맹렬하지 않고 약하여도 꺼지지 않는다.'
이것이 정화(丁火)의 본성이다.

◆ 화(火)의 음양(陰陽)

양(陽)		음(陰)	
천간(天干)	지지(地支)	천간(天干)	지지(地支)
병(丙)	사(巳)	정(丁)	오(午)
주체성, 추진력, 발산, 확장, 배짱, 의협심, 적극성, 사회적, 목적의지	시작, 발산, 수다, 역마, 이중성, 적극성, 역동성	객체성, 외유내강(外柔內剛), 유연성, 현실성, 집중력, 열정	주체성, 도화(桃花)의 기운, 선명성, 역동성, 자기중심적 사고

◆ 사주와 한의학

〈한의학에서 본 심장(心臟)과 오행의 화(火)〉

화(火)는 신체적으로 심장과 소장, 색깔로는 붉은색(赤色), 맛은 쓴맛을 나타낸다.

심장(心臟)의 위치는 가슴 왼쪽에 있으며 대표적인 기능은 온몸에 혈액을 수송한다. 유일하게 24시간 동안 쉬지 않고 움직이는 것이 바로 심장이다.

심장(心臟)의 기능이 나빠지면 얼굴이 잘 붓고 여드름과 생리통이 발생하기도 하며 중풍의 전조 증상으로 양쪽 볼이 붉게 되기도 한다.
심리적으로 혼자서 가슴앓이를 잘 하며 실없는 웃음이 많아지고 화를 잘 내기도 한다.
화(火)가 지나치게 강하면 금(金)이 상하며 금(金)은 폐와 대장,
뼈 관련 질환 등이 나빠진다는 의미가 있다.

(WHO에서도 우리나라의 울화병은 정식 병명으로 등록되어 있다.)

3) 토(土)의 성질(性質)

'토(土)는 저장하고 중화(中和)하는 기운이 있다.'

◎ 토(土)의 물상

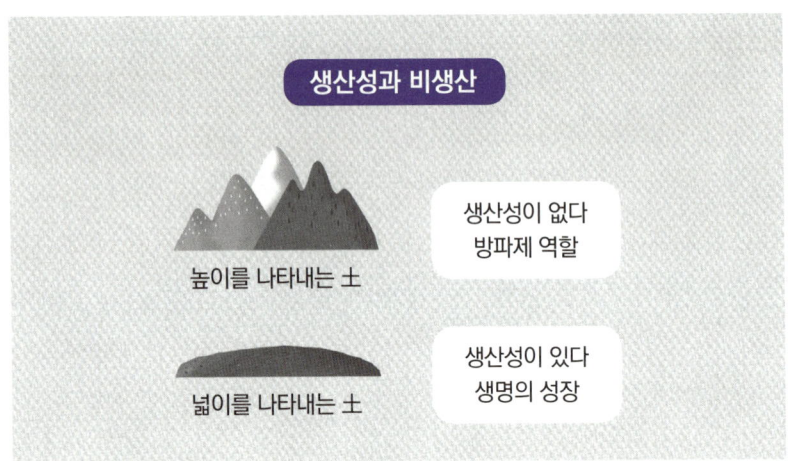

토(土)의 음양(陰陽)은 불명확한 특성이 있다.

자기색이 분명하지 않은 탓도 있지만 방향성이 없기 때문에 본질적인 음양(陰陽)의 특성이 명확하지 않은 것이다. 그래서 토(土)의 기운을 잡기(雜氣)라고 한다. 여러 가지 기운(氣運)이 섞여 있다는 의미이다.

형태적으로 살펴보면 천간(天干)의 무토(戊土)는 양토(陽土), 기토(己土)는 음토(陰土)이지만 본질적으로 보면 조습(燥濕)으로 나누어지며 조토(燥土)는 양토(陽土), 습토(濕土)는 음토(陰土)로 구분할 수 있다.

이 기준은 지지(地支)에서는 조금 다르게 적용된다.

지지(地支)는 천간(天干)과 다르게 방향성이 있기 때문에 계절과 계절 사이에 환절(換節)하는 기능이 있다. 따라서 천간(天干)처럼 형태적으로 음양(陰陽)을 구분할 수 없다.

그러나 조습(燥濕)의 기운으로 본질적인 음양은 구분이 가능하다. 그것은 수기(水氣)에 의해 구분되는 생산성과 비생산성의 차이이다.

토(土)의 조습(燥濕)의 기준은 목(木)을 성장시킬 수 있는 생산성과 비산생성의 차이이다.

일부 소수 학설에 의하면 토생금(土生金)도 생산성이라는 주장이 있는데 전혀 근거 없는 주장은 아니지만 금(金)의 기본은 크기의 성장이 아니라 숙살(肅殺)의 기운으로 강도, 즉 단단함과 예리함을 의미하기 때문에 이 점을 주의해야 한다.

토(土)는 인간이 발을 딛고 사는 기반이며 모든 만물이 활동하는 무대이다.

봄의 토(土)는 생명을 시작할 수 있게 땅을 열어주고 여름의 토(土)는 생명이 성장할 수 있게 빛을 흡수하여 양분을 공급하며 가을의 토(土)는 결실의 열매를 만들 수 있게 빛에너지를 열에너지로 바꾸어 과육과 곡식을 수확하게 만들어 준다.

그리고 다시 겨울이 오면 땅의 문을 닫아 차단하고 다음 봄이 올 때까지 생명의 기운을 보존하고 유지한다.

그래서 토(土)는 어머니의 품과 같다고 한다.

모든 생명을 성장시키고 수확하게 만들기 때문이다.
그중 제일의 기능은 축장(畜藏)이다.
토(土)는 모든 것을 보관 한정 유지시키는 기운이 있다.
목(木)을 보면 뿌리를 내릴 수 있게 도와주고 화(火)를 보면 더 이상 확장하지 못하게 압축 보관해 주며 금(金)을 보면 힘을 키워주고 수(水)를 보면 날뛰지 못하게 막아준다.

만약 토(土)가 없다면 계절의 급격한 변화로 생명의 존립이 매우 위태로울 수 있다.
급격히 온도 변화를 만드는 계절과 계절 사이에서 토(土)는 변화에 대한 완충작용을 해주는 것이다.
추워지더라도 온도가 서서히 떨어지게 하여 생명체가 적응할 수 있는 시간을 주는 것이다.
만일 완충작용이 없다면 온도는 급격하게 변화되어 오늘 꽃이 피었는데 내일 갑자기 꽃이 얼어 죽는 일이 발생할 것이다.
사람에게도 극단적인 성향이 나오지 않게 완충작용을 하기 위해서는 이렇게 토기(土氣)가 있어야 한다.
토(土) 안에서 중화(中和)되어 밖으로 나오는 것이 자연의 순리이며 생명의 항상성을 위해서도 꼭 필요한 요소이다.

토(土)의 음양(陰陽)은 크게 3가지 특징으로 구분할 수 있는데 비생산성과 생산성, 입체와 평면, 높이와 넓이 등으로 구분할 수 있다.

토(土)의 음양(陰陽)은 다른 4행(行)과 다르다.

토(土)는 자기 선명성이 없고 4행(行)의 기운을 모두 지니고 있어서 추진력, 발산의 기운, 주체성 등을 기대하기 어렵다.

토(土)의 음양(陰陽)은 입체성과 평면성으로 구분할 수 있으며 입체성은 비생산적이고 평면성은 생산성이 있는데 그 기준은 수기(水氣)의 유무(有無)이다.

수기(水氣)가 없는 입체적인 토기(土氣)는 높이가 있고 수기(水氣)를 막거나 저장하는 역할을 하며, 수기(水氣)가 있는 평면적인 토기(土氣)는 목(木)을 키우거나 금(金)을 생산해 내는 역할을 한다.

토(土)의 양기(陽氣)는 천간(天干)의 무토(戊土), 지지(地支)의 진술토(辰戌土)가 있고, 토(土)의 음기(陰氣)는 천간(天干)의 기토(己土), 지지(地支)의 축미토(丑未土)가 있다.

▶ 천간(天干)의 무토(戊土)는 생산성이 요구되는 시기인 봄~여름까지 토기(土氣)가 열려 있어 만물을 생육시킬 수 있는데, 이때 만일 수기(水氣)가 없다면 생명을 키울 수 없어 병(病)이 든 것으로 판단하게 된다. 이를 수윤물생(水潤物生) 화조물병(火燥物病)이라 하며, 무토(戊土)는 수기(水氣)가 있으면 만물을 자라게 할 수 있지만 만일 수기(水氣)가 없어 토양이 뜨거워지면 만물은 병들어 죽는다는 의미이다.

▶ 천간(天干)의 기토(己土)는 수기(水氣)가 있는 양질의 토양으로 생명을 키우기 적합한 구조로 되어 있다. 따라서 병화(丙火)만 있다면 어떤 양목(陽木)이든 음목(陰木)이든 모두 키울 수가 있으며 목극토(木剋土)를 두려워하지 않는다.
또한 강력한 수기(水氣)도 높이가 없기 때문에 싸울 필요가 없어 큰 피해를 입지 않는다.
이를 불수목성(不愁木盛) 불외수광(不畏水狂)이라 한다.
그러나 기토(己土)는 화기(火氣)를 약화시키는 역할을 하여 생물의 성장을 조절하는 역할을 한다. 화소화회(火少火晦).

토(土)는 만물을 키워내는 어머니 역할을 하지만 때로는 생명이 살 수 없는 땅도 있다. 이를 비생산성이라고 하는데 비생산성이라 하여 가치가 없는 것은 아니지만 토(土)의 본질에서는 다소 벗어나 있게 된다.
물상적으로 토(土)의 가치를 구분하기는 어렵지 않다.

토(土)의 생명력은 수기(水氣)와 화기(火氣) 목기(木氣)에 달려 있음으로 땅 위에 나무가 있고 물이 흐르며 태양이 따뜻하다면 토(土)는 생명력이 있다고 보는 것이 타당하다.

토(土)는 장기 중 소화기관인 위장과 연결되어 있다. 위장은 모든 음식물이 섞이는 곳이며 섞인 음식물은 각각의 형태를 유지하는 것이 아닌 새로운 모습으로 탈바꿈되어 인체의 에너지로 적절하게 공급된다.
이러한 위장의 기능과 사주에서 토(土)의 기능은 매우 흡사하다.

토(土) 속에는 목화금수(木火金水)가 각각 자신의 개성대로 활동하고 있다. 목(木)은 자라려고 하고 화(火)는 팽창하려 하며 금(金)은 더욱 단단해지려 하고 수(水)는 응축하려고 한다.

만일 화(火)가 팽창하는데 토(土)가 없다면 화(火)의 무한 팽창 확산으로 인해 모든 생명체는 사멸하고 말 것이다.

토(土)는 다행히 화(火)의 무한 팽창을 한정하고 저장하여 필요한 곳에 사용할 수 있도록 에너지 형태로 저장하는 기능이 있다.

사주에서 토(土)가 없는 사람은 이러한 기능이 약하기 때문에 중재, 중화 등 중용적인 모습이 없고 극단적인 성향이 있는 것이다. 즉 성격적으로 불안정하게 되는 것이다.

※ 토(土)의 다양한 특성

토기(土氣)를 가색(稼穡)이라 하여 심은 대로 거둔다는 의미를 지니고 있는데 이는 사주에서의 토기(土氣)와는 조금 다른 형태를 지니고 있다.

실제 사주에서 목(木)을 키울 수 없는 토(土)가 존재하기 때문이다.

사주에는 천간(天干)에 2개 지지(地支)에 4개 총 6개의 토(土)가 존재한다. 이 중 실질적으로 수기(水氣)가 없어 목(木)을 키울 수 없는 토(土)는 주변 오행과 월지(月支)에 따라 무려 3~4개나 된다.

◆ 토(土)의 음양의 특성

양 (陽)	천간 (天干)	무토 (戊土)	입체성, 높이, 비생산성, 중용, 중도, 비현실성, 배짱, 추진력, 방파제 역할, 무정함, 부부관계 나쁨, 원리원칙, 무융통성, 유연성 부족
			철학적, 종교적, 불생금(不生金), 보수적, 체면, 명분
			노을, 외로움, 독선적, 말수가 적음, 직설적, 임계수(壬癸水)를 좋아함
	지지 (地支)	진토 (辰土)	화개(華蓋), 변화성, 창고 역할, 저장 기능, 예술성, 철학성, 생산성-비생산성 혼재
			천간성(天奸星), 잔꾀 모사, 간사, 교활함, 동물적 성향, 창조와 모방, 조화와 변화, 욕심, 질투, 총명함, 진취적, 기상, 자존심 강함
			호색함, 바람둥이
		술토 (戌土)	화개(華蓋), 비생산성, 보수성, 화(火)의 고(庫), 수기(水氣), 제거, 예술성, 철학성
			천예성(天藝星), 천문성(天文星), 재주와 기술, 장인정신, 예능적 감각, 종교적, 철학적 성향, 깐깐함, 정밀, 명장, 명품, 수학적 재능
			온기, 정성, 동정심, 욱 성향, 정의심, 습기(濕氣) 제거
음 (陰)	천간 (天干)	기토 (己土)	평면성, 넓이, 생산성, 현실성, 변화성, 사회적인 목적 실현, 욕망, 재물, 사교성, 인내
			역마성(驛馬星), 오리, 팔방미인, 다정다감, 자기중심적, 이기적 성향, 변덕, 변화, 이성적, 생금(生金)
			기토탁임(己土濁壬), 병화(丙火), 갑목(甲木) 좋아함
음 (陰)	지지 (地支)	축토 (丑土)	화개(華蓋), 작은 변화성, 창고 역할, 저장 기능, 예술성, 철학성, 생산성-비생산성 혼재됨
			축액성(丑厄星), 천액성(天厄星), 욕심, 고난, 질병, 산액, 곡각(曲脚), 색욕, 망신, 수갑(손이 묶이다), 얽매임
			원망, 한(恨), 과거 지향
			귀도(鬼道), 부동산 복, 재물복, 근면, 성실, 인내, 충성, 정밀함
			습토(濕土), 화기(火氣)
		미토 (未土)	화개(華蓋), 비생산성, 변혁성, 을목(乙木)의 근(根), 목(木)의 고(庫), 수기(水氣) 제거, 예술성, 문학성
			미역성(未驛星), 천역성(天驛星), 역마의 기운, 예민함, 조울증, 감정 기복, 자격증, 전문직(의료, 보건, 활인), 미완성하지 못함, 미래 불투명, 부정적, 맛에 민감
			침착, 신용, 중재자 역할
			말이 많음, 구설수

◆ 사주와 한의학

〈한의학에서 본 위장(胃腸)과 토(土)〉

토(土)는 신체적으로 위장과 비장(췌장)에 속하며, 색깔로는 노란색, 맛은 단맛이다.

비장은 면역 세포의 기능을 돕고 세균을 걸러내며 혈액세포의 생성을 도와주는 역할을 한다.
위장의 기능이 나빠지면 살이 과도하게 찔 수 있고 얼굴이 누런색을 띠기도 하며 머리 앞쪽으로 편두통이 생길 수 있다.

손과 눈꺼풀이 자주 떨리고, 팔다리가 무겁다.
멍이 잘 들고 얼굴에 잔주름이 많이 생기며 소화와는 상관없이
배가 더부룩하고 멀미가 심하기도 하다.
토기(土氣)가 강하면 수기(水氣)가 공격받으며 수(水) 관련 질환에 노출된다. 수(水) 관련 질환은 신장, 방광, 호르몬, 갑상선, 당뇨 등 광범위하다.

4) 금(金)의 성질(性質)

'금(金)은 결실과 차단하는 기운(氣運)이 있다.'

◎ 금(金)의 물상

금(金)은 목(木)을 만났을 때와 수(水)를 만났을 때 다른 모습을 보인다. 금(金)이 목(木)을 만나면 금극목(金剋木)을 하게 되는데 이는 양(陽)의 성질로 주체적 능동적인 형태를 보이며 금(金)이 수(水)를 만나면 음(陰)의 성질로 객체적 수동적인 형태를 보이게 된다.

금(金)이 양(陽)의 성향으로 나타나는지 음(陰)의 성향으로 나타나는지는 주변 오행에 의해 달라진다는 의미이다.

금(金)의 음양(陰陽)을 형태적으로 분류하면 양금(陽金)인 경금, 신금(庚金, 申金)과 음금(陰金)인 신금, 유금(辛金, 酉金)으로 구분되지만 성향과 행동으로 구분하면 주변 오행에 의해 달라진다.

즉 형태적인 음양(陰陽)은 본질적인 음양(陰陽)과 일치할 수도 있지만 반대의 경우도 많이 있기 때문에 이를 주의해서 살펴야 한다.

특히 금(金)은 숙살(肅殺)의 기운이 있는 오행임으로 양(陽)의 속성이 나올 때는 상당히 위험한 상황에 놓일 수 있다.

그 이유는 금극목(金剋木)이 되기 때문인데 다른 오행 간의 충극(沖剋)보다도 더 위험하고 큰 상처를 남길 수 있다.

금(金)은 종혁(從革)의 기운이 있는 결실의 물질이다.

금(金)은 기본적으로 음(陰)적인 기운을 가진 물질이며 크기가 변화하는 것이 아닌 강도와 세기로 그 기운을 나타낸다.

봄, 여름의 금(金)은 그 강도가 약해 목(木)을 제대로 극(剋)할 수 없고, 가을의 금(金)은 그 단단함이 극(極)에 달해 나무를 제대로 극(剋)할 수 있게 된다.

금(金)의 가장 중요한 목적은 금생수(金生水)와 금극목(金剋木)이라 할 수 있으며 두 경우 음양(陰陽)의 기운은 전혀 다르게 나오게 된다.

금생수(金生水)를 할 때의 금(金)은 음기(陰氣)가 되고 금극목(金剋木)을 할 때의 금(金)은 양기(陽氣)로 변화된다.

따라서 금(金)의 음양(陰陽)은 생극(生剋)에 따라 본질적으로 결정된다고 할 수 있다.

금(金)의 형태적 음양(陰陽)은 쓸모 있는 금(金)인지 쓸모없는 금(金)인지 사회적 가치를 기준에 두고 나뉜다.

양금(陽金)은 둔금(鈍金), 음금(陰金)은 예금(銳金)이다.

금(金)의 본래 역할은 목(木)을 죽이고 수기(水氣)를 생(生)해주어 다음 생명을 대비하는 데 있다.
그래서 금(金)의 기운을 목(木)을 죽인다는 의미로 숙살지기(肅殺之氣)라고 한 것이다.

금(金)은 봄과 여름을 지나 최종 결실을 맺는 시기이다.
나뭇가지는 마르고 나뭇잎은 떨어지며 열매를 얻어 그 속의 씨앗으로 다음 해를 기약하는 시기이다.
그래서 금(金)은 구분하고 한정 짓고 차단하는 성분이 있다.
그런데 만일 금(金)이 금(金)의 역할을 제대로 하지 못한다면 어떤 현상이 일어날까?
이는 마치 계절의 순환이 멈춘 상태로 비유할 수 있다.
가을에서 겨울로 진화하지 못한 것이다.

겨울로 가지 못한 금기운(金氣運)을 둔금(鈍金)이라고 한다.
둔금(鈍金)은 날이 무딘 칼이라는 의미가 있다.
날이 무딘 칼은 목(木)을 자를 수 없고 목(木)을 자르지 못해 목(木)이 강해지면 토(土)를 상(傷)하게 하고 수기(水氣)가 마르며 화기(火氣)가 날뛰게 된다.
즉, 둔금(鈍金)은 가치가 만들어지지 못한 금(金)을 의미하며 쓸모없는 상태를 말한다. 이러한 둔금(鈍金)을 가치 있게 만드는 것이 화기(火氣)이다. 정확히 말하자면 열(熱)로 작용하는 화(火)이다.
앞서 말한 바와 같이 화(火)는 빛(光)과 열(熱)로 구분되며 빛이 열(熱)로 변환되는 과정을 빛에너지의 전환현상이라고 한다.

빛의 전환현상은 광합성을 통해 과일과 씨앗이 성장해 가는 현상이다.

둔금(鈍金)이 화기(火氣)를 만나면 예금(銳金)이 되는데 예금(銳金)은 가치 있는 금(金)을 표현한 말이다.

이처럼 금(金)의 희기(喜忌)는 화기(火氣)와 수기(水氣)에 따라 정해지는 3단계로 구분할 수 있다.

화기(火氣)가 가장 필요한 금(金)은 경금(庚金)이다.

경금(庚金)은 대표적인 둔금(鈍金)이다.

열화(熱火)가 경금(庚金)을 예금(銳金)으로 만든 뒤 수기(水氣)로 득수이청(得水而淸) 해주고 그래도 힘이 부족해 신약(身弱)하다면 습토(濕土)로 토윤즉생(土潤則生) 해주어야 한다.

이렇게 경금(庚金)이 3단계를 거치면 완벽한 금(金)의 목적 실현을 달성한 것이 된다.

천간(天干)의 금(金)은 경금(庚金)과 신금(辛金)이 있고 이 둘은 둔금(鈍金)과 예금(銳金)으로 구분할 수 있으며, 지지(地支)의 금(金)은 신금(申金)과 유금(酉金)으로 나눌 수 있다. 신금(申金)은 자수(子水)를 생(生)해주는 기능을 하고 유금(酉金)은 완성의 기운을 지닌 오행으로 자기 자신이 중심적인 선명성을 지니고 있다.

즉 신금(申金)은 금생수(金生水)가 목적이 되지만 유금(酉金)은 스스로의 기운이 목적이 되는 것이다.

이것이 의미하는 것은 유금(酉金)은 형태적으로 음(陰)의 모습이지만 본질적인 모습은 양(陽)의 기운을 지니고 있으며 반대로 신금(申金)의 형태적인 모습은 양(陽)의 기운이지만 본질적인 모습은 음(陰)의 기운을 지니고 있다는 것이다.

◆ 금(金)의 성질(性質)

양(陽)		음(陰)	
천간(天干)	지지(地支)	천간(天干)	지지(地支)
경금(庚金)	신금(申金)	신금(辛金)	유금(酉金)
열화(熱火)가 필요. 추진력, 저돌성, 과단성, 남성적 힘의 과시, 사회성 추구	역마(驛馬)의 기운. 씨앗, 결실, 시작, 긍정적 에너지, 과단성, 추진력, 남성적	빛화(光火)가 필요. 섬세함, 예민함, 예술적, 여성적, 부드러움과 날카로움을 함께 지님, 시기, 질투, 개인성 추구	도화(桃花)의 기운. 선명성, 인기, 여성적, 구분, 차단, 숙살, 죽음, 부정적, 완벽주의, 철학적, 종교적

◆ 사주와 한의학

〈한의학에서 본 폐(肺)와 오행의 금(金)〉

금(金)은 신체적으로 폐와 대장, 색깔은 흰색, 맛은 매운맛을 나타낸다.

폐(肺)는 가슴 윗부분에 위치하며,
대표적 기능으로는 공기 중의 산소를 혈액 속으로 들어오게 하고 이산화탄소를 몸 밖으로 배출하는 역할을 한다.
호흡작용 외에 폐는 몸의 열을 발산시켜 체온을 조절하기도 한다.

(매운 음식을 먹을 때 땀이 나는 것은 몸의 체온을 정상으로 맞추기 위함이다.)

폐(肺)의 기능이 나빠지면 얼굴이 창백해지고,
축농증, 비염, 알레르기, 치질, 설사, 변비, 각종 피부질환 등이 나타나며 어깨와 손목 근육이 뻣뻣해지며 재채기를 잘 하고 감정 기복이 심해진다.

5) 수(水)의 성질(性質)

'수(水)는 응축과 전달의 기운이 있다.'

◎ 수(水)의 물상

수(水)는 가장 음(陰)적인 오행이다.
음(陰)적이라는 의미는 드러나지 않고 감춰져 있으며 수동적이고 주체적이지 않은 것을 의미한다.
그러나 그러한 수(水)도 양(陽)적인 기운이 나올 때가 있다.
《적천수》에서는 '수창현절(水猖顯節)'이란 사자성어가 나온다.
통제할 수 없는 수기(水氣) 혹은 범람하는 사나운 수기(水氣)라 해도 병화(丙火)는 이겨낼 수 있다는 것인데 이 수창(水猖)이란 단어가 수(水)의 양(陽)적 기운인 것이다.

수창(水猖)의 어원은 '미쳐 날뛰는 물'인데 수기(水氣) 입장에서는 자신이 주체적이고 능동적이며 맹렬해지는 양(陽)의 기운인 것이다.
반대로 수기(水氣)가 음(陰)적인 기운을 나타내는 현상은 자신을 드러내지 않고 자신을 희생하며 목(木)을 위해 수동적으로 수생목(水生木) 하는 것이다.
수(水)의 목적은 수생목(水生木)이다.
목(木)을 향해 달려가는 수(水)의 기운을 생윤(生潤)이라고 한다.

목(木)을 성장시키기 위해 가장 필요한 요소는 생윤(生潤)과 광합성 작용이다. 생윤(生潤)은 수생목(水生木)이고 광합성 작용은 목생화(木生火)가 된다. 목(木)이 수화(水火)를 만나면 꽃을 피우고 열매를 맺는 것이 자연의 이치이다.
수(水)는 원래 음(陰)적인 특성을 지닌 기운이고 이를 또다시 음양(陰陽)으로 구분한다는 것이 큰 의미는 없지만 한 가지 다른 구분되는 특징이 있다.
양수(陽水)와 금생수(金生水)가 되는 수(水)는 주체로 작용할 가능성이 높고 음수(陰水)와 목(木)이 있는 수(水)는 객체로 작용할 가능성이 높다.
내가 주체적으로 작용하는지 객체적으로 작용하는지가 수(水)의 음양(陰陽)이라고 할 수 있다.
수(水)의 주체성은 원원장류(源遠長流)를 의미하며 수(水)의 객체성은 수생목(水生木)이나 토극수(土剋水)를 말한다.

즉 수(水)의 음양(陰陽)의 구분은 '내가'인지 '너에 의해서'인지에 따라 결정된다는 의미이다. 여기서 주의해야 할 것은 수기(水氣)의 흐름을 읽어 내는 것이다.

수기(水氣)가 목(木)으로 흐르거나 토(土)에 막혔을 때는 음(陰)의 성향으로 흐르고 금생수(金生水)가 되어 원원장류(源遠長流)가 되었을 때는 양(陽)의 성향이 나타난다는 것이다.

실제 수기(水氣)는 음(陰)의 성향으로 작용할 때가 좋다.
오행의 길흉(吉凶)을 크게 분류했을 때 목화(木火)는 주체로 작용할 때가 좋고 토금수(土金水)는 객체로 작용할 때가 좋다.

양수(陽水)는 천간(天干)의 임수(壬水)와 지지(地支)의 해수(亥水)가 있고, 음수(陰水)는 천간(天干)의 계수(癸水)와 지지(地支)의 자수(子水)가 있다.
임수(壬水)는 주체가 될 수 있는 유일한 수(水)이다.
간혹 계수(癸水)도 경금(庚金)이 있을 경우 주체로 작용하지만 워낙 지약(至弱)하여 주체로 끝까지 작용하기에는 역부족이다.
운(運)에서 목(木)이 들어오거나 무토(戊土)가 들어오는 순간 객체성으로 바뀌기 때문이다.
사주해석에서 일간이 주체로 작용하는지 객체로 작용하는지를 구분하는 것은 매우 중요하며 신약(身弱)사주와 신강(身强)사주를 구분하는 기준이 되기도 한다.
주체로 작용하는 사람은 사업, 자영업 등 독립적인 직업이 어울리고 객체로 작용하는 사람은 회사 조직 참모 2인자 등의 삶이 더 잘 어울리기 때문이다.

지지(地支)의 수(水)는 이중성을 지니고 있으며 어떤 오행을 만나는지에 따라 달라지지만, 기본적으로는 자신의 정체성을 버리고 종(從)하려는 습성이 강하다.

예를 들면 해수(亥水)는 인목(寅木)과 묘목(卯木)을 만나는 순간 목기(木氣)로 변하고, 신금(申金)과 축토(丑土)는 자수(子水)를 만나면 수기(水氣)로 변질되기 때문이다.

※ 원원장류(源遠長流) : 수(水)의 발원지가 있어 바다에 이를 수 있는 크고 깊은 물

◆ 수(水)의 음양(陰陽)

양(陽)		음(陰)	
천간(天干)	지지(地支)	천간(天干)	지지(地支)
임수(壬水)	해수(亥水)	계수(癸水)	자수(子水)
주체성, 추진력, 노련함, 현실성, 유연성, 원원장류(源遠長流), 기획, 모사, 지혜, 생각, 궁리, 깊이, 남성적	갑목(甲木)을 가장 좋아함. 수생목(水生木). 목(木)으로 향하는 종(從)의 기운과 수극화(水剋火)하여 주체로 작용하려는 이중성, 잡다함	을목(乙木)을 가장 좋아함. 수생목(水生木). 목(木)으로 향하는 종(從)의 기운, 여성적, 섬세함, 현실적, 근면, 성실, 의존성, 객체성 절약	도화(桃花)의 기운, 주체성, 선명성, 상징성, 외골수, 고독, 우울, 외로움, 완성도, 지구력, 인내, 끈기, 여성적

◆ 사주와 한의학

〈한의학에서 본 신장(腎臟)과 오행의 수(水)〉

수(水)는 신체적으로 신장과 방광, 색으로는 흑색, 맛은 짠맛을 나타낸다.
신장의 위치는 배의 뒤쪽 부분에 좌우 한 쌍이 있다.
대표적 기능은 혈액의 노폐물 및 소변 배출량을 조절하는 역할이다.
신장 기능이 나빠지면 얼굴색이 검어지고 발목이나 허리 뒤쪽이 쑤시고 아프며 두통과 중이염, 이명 증상이 나타나기도 하며, 여성의 경우 소변을 자주 보고 냉증과 자궁근종이 잘 생기기도 한다.
또한, 머리 쪽에 열이 많이 있고 신장(腎臟)이 약해지면 머리털이 잘 빠지기도 하여 대머리가 되는 경우도 있다.

◆ 오행(五行)과 사물의 속성 도표

오행(五行)	목(木)	화(火)	토(土)	금(金)	수(水)
오재(五材)	나무	불	흙(땅)	광물	물
오색(五色)	파랑	빨강	노랑	흰색	검정
오방(五方)	동(東)	남(南)	중(中)	서(西)	북(北)
오계(五季)	봄	여름	장하	가을	겨울
오시(五時)	오전	한낮	오후	저녁	밤
오절(五節)	설날	상사	단오	칠석	중앙절
오성(五星)	목성(木星)	화성(火星)	토성(土星)	금성(金星)	수성(水星)
오성(五聲)	부름	웃음	가창	울음	읊조림
오음(五音)	각(角)	치(徵)	궁(宮)	상(商)	우(羽)
오장(五臟)	간(肝)	심장(心)	비장(脾)	허파(肺)	콩팥(腎)
오부(五腑)	쓸개(膽)	소장(小腸)	위(胃)	대장(大腸)	방광(膀胱)
오체(五體)	힘줄(筋)	경맥(脈)	근육(肉)	피부(皮)	뼈(骨)
오지(五志)	노여움(怒)	기쁨(喜)	생각(思)	슬픔(悲)	공포(恐)

오행(五行)	목(木)	화(火)	토(土)	금(金)	수(水)
오지(五指)	집게손가락	가운뎃손가락	엄지손가락	약지손가락	새끼손가락
오관(五官)	눈(目)	혀(舌)	입(口)	코(鼻)	귀(耳)
오각(五覺)	시각	촉각	미각	후각	청각
오액(五液)	눈물	땀	침	콧물	가래
오미(五味)	신맛	쓴맛	단맛	매운맛	짠맛
오취(五臭)	누린내	탄내	향기	비린내	구린내
오기(五氣)	힘줄	혈액	근육	숨	뼈
오영(五榮)	손톱	얼굴	입술	눈썹	털
오수(五獸)	청룡	주작	기린	백호	현무
오축(五畜)	개	양	소	닭	돼지
오충(五蟲)	곤충	우충	나충	모충	개충
오곡(五穀)	모시풀	기장	쌀	옥수수	콩
오과(五果)	자두	살구	대추	복숭아	밤
오채(五菜)	부추	염교	해바라기	파	콩잎
오상(五常)	인(仁)	예(禮)	신(信)	의(義)	지(智)
오경(五經)	시경	예기	춘추	서경	역경
오정(五政)	너그러움	밝음	공손	힘	고요함
오악(五惡)	바람	열	젖음	마름	차가움
오사(五祀)	집	부엌	처마	문	우물
괘상(卦象)	진(震)	이(離)	곤(坤)	태(兌)	감(坎)
성수(成數)	8(八)	7(七)	5(五)	9(九)	6(六)

3장

오행의 음양

# 3장 오행의 음양(陰陽)

오행(五行)의 희기(喜忌)는 균형과 조화에 있다.

균형과 조화는 음양오행(陰陽五行)과 생극제화(生剋制化)에 의해 생성 소멸된다.

각 오행(五行)이 상호 균형과 조화를 이룰 때 음양(陰陽)도 바로 정위치할 수 있기 때문이다.

오행(五行)은 목화토금수(木火土金水)로 구성되어 있으며 음양(陰陽)으로 다시 구분된다.

하지만 오행(五行)은 대비되는 개별적 개체이면서도 상호 유기적 보완관계를 함께 지니고 있다.

우리 몸에 각기 다른 장기가 있지만 그것이 상호작용을 하며 하나의 신체로 움직이는 것과 같은 원리이다.

따라서 오행(五行)은 하나이면서 5개이기도 하고 무한의 수(數)가 되기도 한다.

중요한 것은 오행(五行)의 최종 목적과 역할은 균형과 조화(調和)이며 과정이 곧 목적이란 것이다.

사주에서 오행(五行)의 희기(喜忌)는 매우 중요한 요소로서 삶의 질이 결정될 수 있다.

희기(喜忌)란 오행(五行) 상호 간의 균형과 조화가 이루어졌는지 이루어지지 못했는지의 문제이다.
사주명리에서 오행(五行)의 희기(喜忌)는 과유불급(過猶不及)에 그 근본을 두고 있다.
그러나 실제 사주해석에서는 지나침이 부족함보다 문제가 되는 경우가 더 많다.
이를 사주지병(四柱支病)이라고도 하는데 병(病)의 원인은 많은 것에서 비롯되는 경우가 대부분이다.

사주에서 한 가지 오행(五行)이 많다는 것은 다른 오행의 결핍을 의미하며 그 결핍을 해소하는 약(藥)은 용신(用神) 혹은 필요오행이라고 한다.
어느 특정 오행(五行)이 많다는 것은 다시 생극(生剋)으로 구분할 수 있는데 생(生)은 설기(洩氣)작용, 극(剋)은 파괴작용으로 나타난다.

특정오행이 생극(生剋) 관계에 의해 다른 특정오행을 공격하면 그 공격 받는 오행은 치명상을 입거나 자칫 목숨까지 위태로워지는 경우가 발생된다. 하지만 이를 막아줄 약(藥)이 운(運)에서 들어올 때, 그 기간 동안은 삶이 평화로워진다.
예를 들면 금(金)이 지나치게 많아 목(木)을 공격하는데 운(運)에서 화(火)가 들어오면 일시적으로 화(火)에 의해 금(金)의 공격이 멈춤 현상을 보인다. 금(金)이 많다는 의미는 금(金)이 병(病)든 것이 아닌 목(木)이 병(病)든 것이다.
금극목(金剋木) 현상은 목(木)이 다치는 것이지 금(金)이 다치는 것이 아니란 의미이다.

이를 건강에 적용하면 금극목(金剋木)은 금(金)의 장기인 폐 기관지 대장 등에 병(病)이 발생되는 것이 아닌 목(木)의 장기인 간담에 병(病)이 발생되는 것이며 성정도 인(仁)이 다치기 때문에 짜증과 화를 잘 내고 참을성이 없어지며 만성피로에 시달리게 되는 것이다.

또 단순히 금(金)이 많은 것과 금기(金氣)가 강한 것은 조금 다르며 금기(金氣)가 강한 것이 목(木)에게는 훨씬 더 위험하게 작용한다. 아래 두 사주를 비교해 보면 그 특성을 명확히 구분할 수 있다.

◆ 금기(金氣)가 강하여 숙살(肅殺) 기운이 있는 사주

時	日	月	年
경(庚)	신(辛)	무(戊)	임(壬)
인(寅)	유(酉)	신(申)	술(戌)

◎ 신금(辛金) 일간이 신월(申月)에 태어나고 금기(金氣)가 강해 신강금(身强金)이 되어 시지(時支)의 인목(寅木)을 사정없이 극(剋)하고 있다.

목(木)의 피상으로 인해 간담이 손상을 입거나 자식이 다치기도 하며 재물적으로 손실을 보기도 한다.

금기(金氣)가 강하다는 것은 숙살(肅殺)의 기운, 즉 목(木)을 죽이는 기운이 있다는 것으로 가장 중요한 특징은 금왕절(金旺節)인 신유술월(申酉戌月)에 태어나고 천간지지(天干地支)에 근(根)이 있으며 토생금(土生金)까지 되는 경우가 일반적이다.

변수로는 화(火)가 있어 화극금(火克金)이 되면 목(木)의 피상이 상당히 완화된다.

◎ 숙살(肅殺)의 조건

금왕목병(金旺木病) : 금(金)이 강하면 목(木)은 병(丙)이 든다.
금다목결(金多木缺) : 금(金)이 많으면 목(木)은 상처를 받는다.
1) 금왕절(金旺節) : 신유술월(申酉戌月) 양력 8~10월생 입추부터 상강
2) 금기(金氣)의 통근 (천간(天干)으로 투간(透干))
3) 토생금(土生金) 습토(濕土)로 생금(生金) 작용이 일어남
4) 금기운(金氣運)이 한곳으로 집중 (세력 형성)
5) 화기(火氣)가 없거나 약한 경우

◆ 금기(金氣)가 많지만 숙살(肅殺)의 기운이 없는 사주

時	日	月	年
경(庚)	신(辛)	경(庚)	임(壬)
인(寅)	미(未)	오(午)	술(戌)

◎ 신금(辛金) 일간이 오월(午月)에 태어나고 화기(火氣)가 강하며 습토(濕土)가 없어 매우 건조한 사주이다. 또 금(金)이 통근(通根)되지 못하고 화기(火氣)의 공격을 받아 시지(時支)의 인목(寅木)을 제대로 극(剋)할 수 없다. 천간(天干)에 금(金)이 3개나 있지만 숙살(肅殺)의 기운이 있다고 할 수 없다.

사주의 강약은 오행의 숫자로 결정되는 것이 아니다.
합충(合沖) 변화와 생극제화(生剋制化)에 의해 나타나는 현상인 것이다.

◎ **숙살(肅殺)의 비조건**

목다금결(木多金缺) : 목(木)이 강하면 오히려 금(金)이 상한다.
화다금용(火多金熔) : 화(火)가 강하면 금(金)이 녹는다.
1) 목왕절(木旺節) : 인묘진월(寅卯辰月) 양력 2~5월생 입춘부터 곡우
2) 화왕절(火旺節) : 사오미월(巳午未月) 양력 5~7월생 입하~대서
3) 목기(木氣)의 통근 (천간(天干)으로 투간(透干))
4) 수생목(水生木) (생목(生木) 작용이 일어남)
5) 화기운(火氣運)이 강함

1) 목(木)의 음양(陰陽)

목(木)의 음양(陰陽)은 곡직(曲直)으로 표현할 수 있는데 곡(曲)은 음(陰)의 성향으로 횡적으로 확장하려는 기운과 구부러지는 형상이며 물상적으로 본다면 나무줄기나 가지가 될 것이다.
그에 비해 직(直)은 양(陽)의 성향으로 직선적인 성향과 종적으로 상향하려는 기운을 지니고 있으며 물상적으로 보면 나무의 몸통이라고 볼 수 있다.
나무 한 그루에서도 이처럼 음양(陰陽)의 일원성(一元性)이 함께 존재하고 있는 것을 알 수 있다.

형태적으로 구분했을 때 갑목(甲木)은 양목(陽木), 을목(乙木)은 음목(陰木)이지만 본질적으로 분류하면 갑목(甲木)이든 을목(乙木)이든 생극(生剋)에 따라 음양(陰陽)이 달라질 수 있다.

수생목(水生木)이 되는 목(木)은 주체성, 추진성, 의지력 등 양(陽)적인 성향이 나타나게 되고 목생화(木生火)가 되는 목(木)은 희생, 보조, 의존, 참모로서 도움이 되며 음(陰)적인 성향이 나타나게 된다.
음양(陰陽)은 역(易)의 원리에 따라 수시로 변화되며 균형을 이루어 간다. 이를 도표로 나타내면 다음과 같다.

◆ 목(木)의 음양(陰陽)의 분류

구분	양기(陽氣)	음기(陰氣)
형태적 분류	갑목(甲木)	을목(乙木)
본질적 분류	수생목(水生木)된 목(木)	목생화(木生火)된 목(木)

목(木)은 목화통명(木火通明)이 최고의 가치이다.

목(木)이 화(火)를 만났다는 것은 목(木)의 목적 달성과 화(火)의 항상성을 유지할 수 있다는 의미가 된다.

오행(五行)에서 목(木)과 화(火)가 조화(調和)를 이룬 상태를 목생화(木生火)라고 하는데 천간(天干) 지지(地支)로 구분해서 해석해야 한다.

같은 목적 달성이라 해도 천간(天干)의 목생화(木生火)는 사회적으로 인정받고 성공을 담보하는 성패(成敗)적 관계라면 지지(地支)의 목생화(木生火)는 사회적 목적 실현이 아닌 개인적인 만족 혹은 가족 간의 인정 정도로 그 범위가 다소 약하다.

본래 화(火)는 확산 팽창하는 맹렬한 기운을 지니고 있는 뜨거운 에너지이다.

인체에서도 화(火)는 모든 에너지의 근원으로 성장을 관장하며, 불안정한 모습을 보인다.

목(木)도 화(火)가 없으면 성장할 수 없다.

화(火)는 한마디로 성장에너지이다.

그러므로 목(木)이 있어야만 활화(活火)가 될 수 있으며 이를 목화통명(木火通明) 또는 목화광휘(木火光輝)라고 하는 것이다.

그런 의미에서 목(木)의 희생, 즉 목(木)의 음(陰)적 작용은 사주 전체로 봐서는 사회적 목적 달성의 밑거름으로 작용할 수 있다는 것을 의미하기도 한다.

◎ 신강목(身强木)의 희기(喜忌)

〈수생목(水生木)과 목생화(木生火)〉
신강목(身强木)이란 수생목(水生木)이 된 목(木) 또는 목(木)의 세력이 강한 상태를 말하며 양(陽)으로 작용할 경우가 많다.

신강목(身强木)의 조건은 목왕절(木旺節)인 인묘진월(寅卯辰月)에 태어나 지지(地支)가 목국(木局)이 되거나 수기(水氣)의 도움을 받아 목(木)의 기운(氣運)이 매우 강한 상태를 의미한다.
신강목(身强木)은 추진력 고집 주체성이 강하나 배타성과 사회성이 다소 떨어져 조직문화에 적응하기 힘들고 가족관계도 힘든 편이다.
그러나 금기(金氣)가 목(木)을 제어해 줄 수 있으면 오히려 조직에서 인정받고 승승장구할 수 있다. 건강상으로는 목(木)이 강하면 토(土)가 공격받는 형상으로 위장 등 소화기 계통이 약해질 수 있음으로 주의해야 한다.

▩ 목화통명(木火通明)된 사주

時	日	月	年
갑(甲)	갑(甲)	병(丙)	임(壬)
자(子)	인(寅)	신(申)	술(戌)

◎ 갑목(甲木) 일간이 신월(申月)에 태어났다.

위 사주는 신강목(身强木)이 병화(丙火)를 만나 목생화(木生火)가 되어 양(陽)적 성향이 다소 중화(中和)된 사주이다.

간여지동(干如支同)의 기운으로 다소 고집스럽고 이기적인 성향이 있지만 교육자로 성공한 남자 사주이다.

일지(日支)와 월지(月支)가 인신충(寅申沖)으로 피상당하였지만 인중(寅中) 갑목(甲木)이 투간(透干)되어 있고 시지(時支)에 자수(子水)가 있어 신금(申金)의 공격을 충분히 버텨낼 수 있다. 이 사주는 목화통명(木火通明)이 된 사주로 귀격에 속한다.

용신은 화기(火氣)이다.

▩ 목화통명(木火通明)이 안 된 사주

時	日	月	年
정(丁)	갑(甲)	정(丁)	정(丁)
묘(卯)	인(寅)	유(酉)	유(酉)

◎ 갑목(甲木) 일간이 유월(酉月)에 태어났다.

위 사주는 신강목(身强木)이지만 금왕절(金旺節)이고 화기(火氣)가 너무 강해 갑목(甲木)이 타 버린 상태이다.

오행의 균형이 무너져 사회적 목적 달성이 어렵고 건강이 나빠지는 원인이 된다.

실제 사업 실패로 어려움을 겪다가 간암으로 투병 중 병신(丙申)년에 사망한 남자 사주이다.

목화통명(木火通明)이 되기 위해서는 반드시 수생목(水生木)과 화기(火氣)가 조절되어야 한다. 즉 화기(火氣)의 조절이 목화통명(木火通明)의 필요조건이 된다. 용신은 수기(水氣)와 습토(濕土)이다.

▧ 목화통명(木火通明)이 안 된 사주

時	日	月	年
갑(甲)	갑(甲)	병(丙)	신(辛)
자(子)	인(寅)	자(子)	해(亥)

◎ 갑목(甲木) 일간이 자월(子月)에 태어났다.

위 사주는 병화(丙火)가 신금(辛金)을 만나 봉신반겁(逢辛反怯)하여 제 역할을 다 하지 못한 상황이다.

즉 병신합(丙申合)으로 인하여 목생화(木生火)가 되지 못하고 있으나 운(運)에서 병정화(丙丁火)가 들어올 때 목적 실현이 가능한 사주 구성이다.

이 때문에 일간 갑목(甲木)은 양기(陽氣)로 작용한다.

갑목(甲木)이 양기(陽氣)로 작용한다는 것은 수생목(水生木)이 되고 있다는 의미이다.

합(合)이 되었지만 용신은 병화(丙火)이다.

▧ 목화통명(木火通明)이 된 사주

時	日	月	年
갑(甲)	을(乙)	병(丙)	무(戊)
신(申)	묘(卯)	인(寅)	자(子)

◎ 을목(乙木) 일간이 인월(寅月)에 태어났다. 위 사주는 신강목(身强木)으로 갑목(甲木)이 지주목(支柱木) 역할을 해주며 인월(寅月)에 을목(乙木)이 병화(丙火)를 만나 목적실현이 되는 사주이다. 인묘진(寅卯辰) 사오미(巳午未)월은 생산성이 추구되는 시기임으로 을목(乙木)이 병화(丙火)를 만나면 목화통명(木火通明)이 실현된다.

을목(乙木)은 음목(陰木)이지만 경우에 따라 양목(陽木)으로 작용할 수 있다.
을목(乙木)은 습목(濕木)이기 때문에 병화(丙火)를 봐도 목생화(木生火)가 되지 않아 주체적으로 작용한다.
용신은 병화(丙火)이다.

▧ 목화통명(木火通明)이 된 사주

時	日	月	年
갑(甲)	을(乙)	정(丁)	무(戊)
신(申)	유(酉)	해(亥)	인(寅)

◎ 을목(乙木) 일간이 해월(亥月)에 태어났다.
위 사주는 신강목(身强木)으로 해월(亥月)에 태어나 반드시 정화(丁火)가 있어야 목화통명(木火通明)이 된다.
해자축(亥子丑)월의 을목(乙木)은 정화(丁火)가 절대 필요오행이 된다.

을목(乙木)이 정화(丁火)를 만나면 포을이효(抱乙而孝)라고 하는데 이는 정화(丁火)가 신금(辛金)으로부터 을목(乙木)을 보호해 주기 때문이다.
을목(乙木)이 뿌리를 내리지 못하고 절(絶)이 되어 있어 음목(陰木)으로 작용한다.
그에 비해 용신인 정화(丁火)는 인목에 뿌리를 두고 있다.
용신은 정화(丁火)이다.

◎ 신약목(身弱木)의 희기(喜忌)

〈금다목병(金多木病)과 토다목약(土多木弱)〉
신약목(身弱木)은 주로 음목(陰木)으로 작용하며 목극토(木剋土)가 되지 않는 목(木)을 의미한다.

신약목(身弱木)은 주로 음목(陰木)으로 작용하며 희기(喜忌)는 금토(金土)에 달려 있다.
신약목(身弱木)이 음목(陰木)이 될 때 가장 나쁜 것은 금극목(金剋木)이 원인이 되어 음(陰)적으로 작용할 때이다. 이는 건강과도 밀접한 연관이 있어 더욱 주의해야 한다.
목(木) 일간에 금(金)이 강하면 반드시 병(病)이 오거나 단명하는데, 사회적으로도 직업의 안정성이 약하고 배우자복도 약한 편이다.
특히 여성에게는 육친적으로 더욱 치명적이며 안 좋은 현상이 나타난다.
목(木) 일간이 금왕절(金旺節)인데 지지(地支)까지 금국(金局)이면 최악의 운(運)에서 대부분 죽거나 큰 병(病)을 얻는다. 이를 금다목병(金多木病)이라고 한다.

그리고 목(木) 일간이 강한 토(土)를 만나면 기운이 설기(洩氣)되어 추진력과 인내심이 약화되는데 이는 욕심이 생기지만 그 욕심을 채울 수 없는 상황을 만드는 원인과 결과로 나타난다.

목(木)은 토(土)를 보면 본능적으로 뿌리를 내리려고 한다.

이를 목극토(木剋土)라고 하는데 목(木)이 제대로 뿌리를 내리기 위해서는 수화(水火)가 필수적으로 있어야 한다.

큰 땅은 나무를 약하게 만들며 수화(水火)가 없는 목(木)은 땅에 뿌리를 내릴 수 없다.

▧ 금다목병(金多木病)이 된 사주

時	日	月	年
경(庚)	갑(甲)	경(庚)	신(辛)
오(午)	신(申)	진(辰)	해(亥)

◎ 갑목(甲木) 일간이 진월(辰月)에 태어났다.

위 사주는 금다목병(金多木病)이 되어 금극목(金剋木)으로 인해 신약목(身弱木)이 되었다.

어릴 때부터 몸이 약해 잔병이 많았다.

경신운(庚申運)에 급성간암이 발병(發病)하여 신유운(辛酉運)에 사망한 사주이다.

위 사주는 병(病)이 있는데 약(藥)이 없는 사주이다.

용신은 병정화(丙丁火)이다.

▨ 토다목약(土多木弱)된 사주

時	日	月	年
갑(甲)	갑(甲)	무(戊)	신(辛)
자(子)	진(辰)	진(辰)	해(亥)

◎ 위 사주는 신약목(身弱木)으로 토기(土氣)가 너무 강해 나무가 고사(枯死)하는 사주이다.

목(木)이 성장하기 위해서는 반드시 수화(水火)가 함께 필요하다. 수생목(水生木)이 되면 목극토(木剋土)를 할 수 있어 양목(陽木)으로 작용한다. 그러나 이 사주는 화(火)가 없어 수생목(水生木)이 약하게 일어나며 강한 토기(土氣)로 인해 목(木)의 설기(洩氣)가 심하게 발생된 상태이다.

천간(天干)에 화기(火氣)가 없어 사회적 목적 실현이 어려운 사주이다. 운(運)에서 화기(火氣)가 들어올 때 발복한다.

용신은 화기(火氣)이다.

● 허목(虛木)

허목(虛木)은 수생목(水生木)이 안 된 허약한 목(木)을 의미하며 대부분 음목(陰木)으로 작용한다.

수생목(水生木)이 안 된 목(木)이 강한 화(火)를 만나면 목화통명(木火通明)이 되지 못하고 목(木)은 점차 쇠해져서 허목(虛木)이 되는 것이다. 허목(虛木)은 사회적 목적 실현이 어렵고 건강도 나빠지는 원인으로 작용한다. 그러나 허목(虛木)이 운(運)에서 수기(水氣)를 만나면 다시 생목(生木)으로 변화될 수 있다.

목(木)은 계절로 봄을 의미한다. 봄의 기운은 겨울로부터 오는 것이며 겨울은 수(水)를 의미한다. 따라서 목(木)이 수기(水氣)를 만나지 못한다는 것은 겨울 없는 봄이 된 것이다.

▩ 허목(虛木)이 된 사주

時	日	月	年
을(乙)	갑(甲)	경(庚)	무(戊)
해(亥)	인(寅)	인(寅)	술(戌)

◎ 갑목(甲木) 일간이 인월(寅月)에 태어났다.

위 사주는 수생목(水生木)과 목화통명(木火通明)이 되지 못하고 허목(虛木)이 되었다. 지지(地支)의 해수(亥水)는 인해합(寅亥合)으로 인해 수(水)의 기능을 완벽히 하지 못한다.

또한 천간에 화기(火氣)가 없어 수생목이 일어나기 어렵다.

수생목(水生木)이 안 된 허목(虛木)사주는 음목(陰木)으로 작용한다. 다만 인목(寅木)은 인(寅) 중 병화(丙火)로 인해 아주 약하게 목생화(木生火)가 일어난다.

용신은 화기(火氣)이다.

▨ 허목(虛木)이 된 사주

時	日	月	年
병(丙)	을(乙)	정(丁)	기(己)
술(戌)	묘(卯)	미(未)	해(亥)

◎ 을목(乙木) 일간이 미월(未月)에 태어났다.

위 사주는 수생목(水生木)과 목화통명(木火通明)이 되지 못하고 허목(虛木)이 되었다.

지지(地支)의 해묘미(亥卯未) 목국(木局)으로 인해 해수(亥水)가 수(水)의 기능을 하지 못한다. 이 경우 을목(陽木)은 음목(陰木)으로 작용한다. 미월(未月)의 을목(乙木)은 병화(丙火)가 있어야 좋으며 반드시 수기(水氣)가 있어야 한다.

용신은 수기(水氣)이다.

● 부목(浮木)

부목(浮木)의 사전적 의미는 나무가 물에 떠 있는 상태라고 할 수 있지만 실질적 의미는 더 이상 수생목(水生木)이 안 되는 상태를 의미한다.

수생목(水生木)이 안 되는 목(木)은 성장할 수 없음은 물론 생존(生存) 자체가 불가하다.

사회적으로는 직업의 불안정성, 심리적으로는 자존감 결여와 우울증 인간관계에서는 소외감 등 부작용이 발생된다.

부목화(浮木化)를 방지하는 데는 조토(燥土)와 양목(陽木)의 조화가 매우 효과적이다.

습토(濕土)와 습목(濕木)은 오히려 습(濕)을 가중시킬 수 있다.

따라서 부목(浮木)은 목화통명(木火通明)이 관건이며 목생화(木生火)가 되어야 목(木)으로서 가치가 만들어진다. 부목(浮木)은 더 이상 수생목(水生木)이 되지 않기 때문에 음목(陰木)으로 작용한다.

▨ 수생목(水生木)이 안 되는 사주

時	日	月	年
갑(甲)	갑(甲)	계(癸)	기(己)
자(子)	자(子)	해(亥)	축(丑)

◎ 갑목(甲木) 일간이 해월(亥月)에 태어났다.

위 사주는 윤하격(潤下格)으로 종강(從强)의 기운이 흐르고 있다.

종격(從格)의 경우 토운(土運)이 가장 나쁘지만 그중에서 습토(濕土)는 상대적으로 흉(凶)함이 적다. 종격(從格)사주는 양(陽)적인 성향으로 나타난다. 연간(年干)의 기토(己土)가 있지만 해월(亥月)의 기토(己土)는 수기(水氣)가 강해 수(水)로 종(從)하는 것을 막지 못한다. 즉 기토(己土)와 축토(丑土)는 토극수(土剋水)로 작용하지 못한다.

용신은 수(水)이다.

▨ 수생목(水生木)이 안 되는 사주

時	日	月	年
계(癸)	갑(甲)	병(丙)	경(庚)
유(酉)	진(辰)	자(子)	신(申)

◎ 갑목(甲木) 일간이 자월(子月)에 태어났다.

위 사주는 병화(丙火)가 있는데도 수생목(水生木)이 어려운 사주이다.

지지(地支)가 신자진 삼합(申子辰三合)으로 수국(水局)이 된 상태의 병화(丙火)는 이미 화식(火熄)의 기운이 있어 매우 약하게 작용한다.

자월(子月)의 병화(丙火)는 매우 지약(至弱)하므로 반드시 뿌리가 있어야 하는데 이 명조에는 없다.

지지(地支)에서 조토(燥土)가 매우 시급한 상태이다.

종격사주로 보이지만 갑목(甲木)이 진토(辰土)에 뿌리를 내려 종(從)하지 못한다.

용신은 화기(火氣)이다.

▨ 수생목(水生木)이 되는 사주

時	日	月	年
을(乙)	갑(甲)	병(丙)	계(癸)
해(亥)	인(寅)	자(子)	해(亥)

◎ 갑목(甲木) 일간이 자월(子月)에 태어났다.

위 사주는 매우 한습(寒濕)한 사주이지만 인목(寅木)이 천간병화(天干丙火)의 근(根)이 되어 수생목(水生木)이 약하지만 일어나고 있다. 수생목

(水生木)이 일어나고 있다는 것은 생존과 성장을 하고 있다는 의미이다.
위 사주는 양(陽)적인 성향으로 주체성과 추진력이 강하다.
용신은 화기(火氣)이다.

● 분목(焚木)

분목(焚木)은 수기(水氣)가 없는 상태에서 화기(火氣)가 너무 강해 목(木)이 타 버린 형태이다. 대부분 객체로 작용하며 음(陰)적인 성향을 나타낸다.
이때 습토(濕土)가 있으면 분목(焚木)이 되지 않는다.
분목(焚木)이 된 사주는 사회적으로 조직생활이 어렵고 심리적으로는 조울, 급격한 감정 변화, 욱하는 성격 등 정서적으로 불안정성이 발생된다. 따라서 화기(火氣)가 강한 분목(焚木)사주에서 가장 시급한 것은 금생수(金生水)와 습토(濕土)라고 할 수 있다.
만약 수기(水氣)가 있는데 금생수(金生水)가 되지 않는다면 오히려 화(火)에 의해 화다수증(火多水烝)되는 능욕을 당할 수 있다.

▨ 분목화(焚木化)가 된 사주

時	日	月	年
병(丙)	갑(甲)	정(丁)	임(壬)
인(寅)	오(午)	미(未)	술(戌)

◎ 갑목(甲木) 일간이 미월(未月)에 태어나 수기(水氣)가 시급한 사주이다. 임수(壬水)가 있으나 정임합(丁壬合)으로 무력(無力)해졌고 조토(燥土)가 있어 분목(焚木)을 막지 못했다. 분목(焚木)은 목(木)으로서 가치를 잃은 것으로 간담 등 건강이 나빠지고 짜증이 잘 나며 인간관계가 좋지 못하게 된다.

강력한 금생수(金生水)가 될 때 발복하는 사주이다.

용신은 임수(壬水)이다.

▧ 분목화(焚木化)가 안 된 사주

時	日	月	年
정(丁)	갑(甲)	기(己)	병(丙)
묘(卯)	오(午)	축(丑)	진(辰)

◎ 갑목(甲木) 일간이 축월(丑月)에 태어났다.

위 사주는 화기(火氣)가 강(强)하나 지지(地支)에 습토(濕土)가 있어 분목(焚木)이 되지 않는다. 습토(濕土)는 화기(火氣)를 조절해 주는 가장 좋은 기능을 지니고 있다.

따라서 갑목(甲木)은 수생목(水生木)이 될 때 음목(陰木)으로 작용한다. 용신은 수(水)이지만 지장간(地藏干) 속에 있어 무력하다. 용신이 지장간 속에만 있어 사주 원국에서 사용할 수 없다. 천간으로 임수운(壬水運)이 들어올 때 가장 이상적인 형태로 변한다.

용신은 수(水)이다.

● 절목(折木)

절목(折木)은 건조한 토(土)가 너무 많아 목(木)의 기능이 상실된 상태를 의미한다.

목(木)의 본연의 목적은 꽃을 피우고 열매를 맺는 것인데 절목(折木)은 그 기능이 상실된 것이다.

당연히 음양(陰陽)을 논할 수 없는 사목(死木)이다.

절목(折木)은 토다무수(土多無水)된 상태인데 땅이 건조하고 물이 없으면 나무는 부러진다는 의미이다. 토다무수(土多無水)에서 토다(土多)는 토(土)의 많음이나 크기가 아니라 건조함을 표현한 것이다. 즉 수생목(水生木)이 이루어지지 않는 상태이다.

단 습토(濕土)가 있으면 수(水)가 없어도 수생목(水生木)이 되어 절목(折木)이 되지 않는다. 건조한 토지에서는 가치 있는 목(木)이 생산될 수 없다.

▣ 절목(折木)이 된 사주

時	日	月	年
경(庚)	갑(甲)	계(癸)	무(戊)
오(午)	인(寅)	미(未)	술(戌)

◎ 갑목(甲木) 일간이 미월(未月)에 태어났다.

위 사주는 천간(天干)의 계수(癸水)가 무계합(戊癸合)으로 작용하지 못해 무력하고 지지(地支)의 토기(土氣)가 매우 건조해 절목(折木)된 사주이다. 갑목(甲木)이 주체 또는 객체로 작용이 불가능한 사목(死木)된 사주이다.

다행히 사주에 경금(庚金)이 있어 임수(壬水)가 들어오면 금생수(金生水)가 되어 절목(折木)에서 벗어날 수 있다.
용신은 수(水)이다.

▨ 절목(折木)이 안 된 사주

時	日	月	年
갑(甲)	갑(甲)	경(庚)	무(戊)
술(戌)	신(申)	진(辰)	술(戌)

◎ 갑목(甲木) 일간이 진월(辰月)에 태어났다.
위 사주는 진토(辰土)가 있어 약하지만 갑목(甲木)이 뿌리를 내리고 수생목(水生木)하고 있어 절목(折木)이 되지 않는 사주이다. 이런 경우 미약하지만 갑목(甲木)은 양(陽)적인 성향이 나타나 주체적, 추진력, 목적의지 등이 나타난다.
진월(辰月)은 수생목(水生木)이 이루어지는 시기이다.
용신은 화(火)이다.

● 단목(斷木)

단목(斷木)이란 목(木)일간이 강한 금기(金氣)를 만나 피상(披傷)당하는 형태로 음(陰)적인 형상이 나올 가능이 높다.
건강 악화, 직장의 불안정성, 대인관계 불화 등이 가중되는 형태로 가장 흉(凶)한 기운이다.

금목상쟁(金木相爭)이라고도 하는데 실제로는 금극목(金剋木)이며 특히 인월(寅月)에서 신월(申月)까지는 매우 치명적으로 안 좋다.
이는 동양지목(棟樑之木)으로 사용할 수 없기 때문이다.
단 화기(火氣)가 있으면 화극금(火剋金)되어 단목(斷木)까지는 되지 않는다. 단목(斷木)된 사주는 건강이 가장 문제가 되며 평생 건강악화로 인해 삶의 질이 떨어질 수 있다.

◼ 단목(斷木)이 된 사주

時	日	月	年
계(癸)	을(乙)	신(辛)	무(戊)
미(未)	유(酉)	유(酉)	진(辰)

◎ 을목(乙木) 일간이 유월(酉月)에 태어났다.
위 사주는 금기(金氣)가 너무 강해 단목(斷木)이 된 사주이다.
단목(斷木)이 된 사주는 몸이 매우 아프고 약하며 특히 뼈 관련 질환, 간질환, 두통 등에 매우 취약하다. 개운법으로는 업상대체, 작명, 색상, 방향, 풍수 등이 있다.
을목(乙木)이 신금(辛金)을 만나면 반드시 천간(天干)에 화기(火氣)가 있어야 한다.
단목(斷木)된 일주는 음(陰)적인 성향이 나온다.
용신은 화기(火氣)이다.

※ 단목(斷木)이 안 되는 사주

時	日	月	年
정(丁)	갑(甲)	경(庚)	경(庚)
묘(卯)	신(申)	신(申)	술(戌)

◎ 갑목(甲木) 일간이 신월(申月)에 태어났다.

위 사주는 강한 금기(金氣)를 정화(丁火)가 막고 있어 단목(斷木)은 겨우 면했지만 매우 위태로운 상태이다.

임계수운(壬癸水運)에서 쉽게 무너질 수 있다.

금다금왕(金多金旺)은 단목절목(斷木絶木)이며 약(藥)은 화극금(火克金)으로 제금거병(制金去病)이다.

해석하자면 금(金)이 많으면 나무는 잘려나가고 금(金)이 강하면 나무는 죽음을 맞이한다.

이때는 화극금(火剋金)으로 금(金)을 제거하면 병(病)을 고칠 수 있다는 의미이다.

● 축장목(畜藏木)

축장목(畜藏木)은 땅 속에 감춰져 있는 어린 나무(幼木)란 의미가 있다.

축장목(畜藏木)은 주로 해자축월(亥子丑月)의 목(木)으로 아직 싹이 나지 않은 어린나무이다.

땅속에 감춰져 있지만 성장 가능성이 매우 높은 목(木)이다.

즉 화기(火氣)에 의한 폭발력을 가지고 있다.

실제 화운(火運) 때 대발(大發)하는 경우가 많다.
단 을목(乙木)은 해자축월(亥子丑月)이 아닌 경우도 있다.
축장목(畜藏木)은 양기(陽氣)의 성질을 지니고 있다.

▨ 축장목(畜藏木)이 되는 사주

時	日	月	年
무(戊)	갑(甲)	경(庚)	무(戊)
진(辰)	인(寅)	자(子)	신(申)

◎ 갑목(甲木) 일간이 자월(子月)에 태어났다.

위 사주는 해자축월(亥子丑月)의 갑목(甲木)으로 병화운(丙火運) 때 크게 성공한 사주이다.

축장목(畜藏木)은 한 가지 오행(五行)이 절실하게 필요한 상태이다. 위 사주는 양목(陽木)으로 작용한다.

운(運)에서 병화(丙火)가 들어올 때 발복하는 사주이며 이 경우 사주 원국에 수기(水氣)가 있다면 더욱 크게 발복한다.

용신은 화(火)이다.

▨ 축장목(畜藏木)이 되는 사주

時	日	月	年
신(辛)	을(乙)	정(丁)	기(己)
사(巳)	유(酉)	해(亥)	사(巳)

◎ 을목(乙木) 일간이 신월(申月)에 태어났다.

목화통명(木火通明)이 된 을목(乙木)은 지주목이 절실히 필요하다.

갑목운(甲木運) 때 크게 성공한 축장목(畜藏木) 사주이다.

을유(乙酉) 일주는 뿌리가 없어 주로 음(陰)적으로 작용하지만 병정화(丙丁火)가 있을 경우에는 양(陽)적으로 작용하기도 한다.

위 사주는 음양(陰陽)의 특성을 모두 지닌 사주이다.

용신은 지주목이 될 수 있는 갑목(甲木)이다.

◎ 목(木)의 특수 작용 (십성별 특징)

◆ 비겁(比劫)이 목(木)일 때

비겁(比劫)이 목(木)일 때 순수한 자기 기운이 강해지고 주체성, 자존심, 고집, 화(火)를 향한 관계의지가 높아진다.

어린아이와 철부지 같은 행동과 모습으로 모성애를 일으키며 공감능력이 뛰어나 대인관계가 좋다. 하지만 관계의지만 있는지 아니면 관계하여 목적 달성까지 하는지는 화(火)의 유무(有無)에 따라 달라지게 된다. 즉 목(木)의 비겁(比劫)은 본능적으로 목생화(木生火)를 향해 움직인다. 목생화(木生火)는 합(合)보다도 우선일 때가 있다.

목(木)의 비겁(比劫)의 가장 큰 장점은 자기희생을 통한 목적 달성이다. 스스로 꽃과 열매를 맺는 것도 자기희생이 있어야만 가능한 일이다. 그래서 목화통명(木火通明)은 화(火)와 목(木) 모두에게 최고의 선물이 되는 것이다.

갑목(甲木)의 비겁(比劫)은 순수하고 추진력이 있다.
을목(乙木)의 비겁(比劫)은 생존력과 자존심이 강하다.
인목(寅木)의 비겁(比劫)은 시작은 잘하나 마무리가 약한 단점이 있다.
묘목(卯木)의 비겁(比劫)은 변덕 직관력 선명성이 강해 타인과 어울리기 어렵다.

◎ 오행의 십성별 특징

구분	십성	장점	단점	비고
갑(甲)	비겁(比劫)	상징성, 순수함, 추진력이 있다. 목표지향성, 자기희생이 있다. 복원력이 있다.	시행착오가 많다. 현실성이 떨어진다. 마무리가 약하다. 고집이 강하다.	갑목(甲木) 을목(乙木)은 천간(天干)의 화기(火氣)에 의해 가치가 결정된다.
을(乙)	비겁(比劫)	생존력, 유연성, 현실성, 역동성이 있다. 긍정적이다. 승부욕이 강하다.	구속받기 싫어한다. 자유분방, 변덕이 있다. 안정적이다. 허세, 욕망이 강하다.	
인(寅)	비겁(比劫)	현실적이고, 희생정신 있다. 성격이 좋고 대인관계가 원만하다. 역동성이 있다.	시작은 잘하나 마무리가 약하다. 자주 다치거나 수술수가 있다. 시행착오가 있다.	해수(亥水)를 만나거나 오화(午火)를 만나면 합(合)이 되어 변질된다.
묘(卯)	비겁(比劫)	완성의 기운이 있고, 직관력, 예민, 현실적이다. 차단하고 구분하며 순수하고 자기선명성이 있다.	집착이 있고 색정이 있다. 충성심이 약하고 변덕이 심하다. 고독하고 불안정하다.	해묘미합(亥卯未合)이 되면 주변 사람들을 동화시키거나 변질시킨다.

◆ 식상(食傷)이 목(木)일 때

식상(食傷)이 목(木)일 때 자기표현이 가장 극대화된다. 언어와 행동은 물론 부부관계에서도 탁월한 재능이 나타난다. 식상(食傷)은 자신의 마음을 표현하는 성분이다.

특히 식상(食傷)이 천간(天干)으로 투간(透干)되어 있는데 목(木)이라면 사회적 재능과 건강, 두 마리 토끼를 모두 잡은 것과 같다. 그러나 식상(食傷)의 성패는 결과를 나타내는 재성(財星)에 달려 있다. 식신생재(食神生財)가 되어야만 목(木)식상을 가장 완벽하게 사용할 수 있다.

목(木)이 식상(食傷)인 사람은 예술, 언론인, 법조인, 선생 등 다양한 직업군에서 활동이 가능하며 식신생재(食神生財)까지 모두 원활하게 되어 있다면 건강과 재물 등 삶의 안정성을 확보할 수 있다.

갑목(甲木)의 식상(食傷)은 순수하고 근면, 성실, 건강하다.

을목(乙木)의 식상(食傷)은 생존력과 자존심이 강하며 현실적이다.

인목(寅木)의 식상(食傷)은 희생정신이 있고 역동성이 강하다.

묘목(卯木)의 식상(食傷)은 변덕, 직관력, 선명성, 변동성, 파재(破財)의 기운이 있다.

◎ 오행의 십성별 특징

구분	십성	장점	단점	비고
갑(甲)	식상(食傷)	예술적, 문학적 재능이 뛰어나며 목화통명(木火通明)까지 되면 한 분야의 1인자가 될 수 있다.	자기중심적이고 자기만의 세계가 확고해 대중적으로 고립되기 쉽다.	갑목(甲木) 을목(乙木)은 천간(天干)의 화기(火氣)에 의해 가치가 결정된다.
을(乙)	식상(食傷)	예술적 재능을 가지고 있으면서도 현실적인 감각도 있다. 그래서 외골수로 빠지지 않는다.	적응성은 강하나 기회주의적인 형태를 보여 사회적 비난의 대상이 될 수 있다.	
인(寅)	식상(食傷)	언변이 뛰어나고 타인을 위한 희생정신이 있다. 긍정적이고 성격이 밝다.	현실성이 떨어져 실속이 없거나 약할 수 있다. 지나치게 행동할 때가 있다.	해수(亥水)를 만나거나 오화(午火)를 만나면 합(合)이 되어 변질된다.
묘(卯)	식상(食傷)	가장 자신을 드러내고 싶은 욕망이 가득하며 완성의 기운을 지니고 있다.	이기적이고 변덕이 있으며 정신적으로 불안정하고 의심, 과대망상, 집착이 있다.	해묘미합(亥卯未合)이 되면 주변 사람들을 동화시키거나 변질시킨다.

◆ 재성(財星)이 목(木)일 때

재성(財星)이 목(木)일 때 재물에 대한 확장성이 증대된다.
그러나 무리한 확장이 아닌 순차적인 확장성이다.
천간(天干)에 병정화(丙丁火)가 하나만 있으면 한 가지에서 승부를 내는 성향이 있으며 그만큼 성공할 가능성도 높다.
남성의 경우 재성(財星)이 목(木)인 사람은 재미있고 유쾌하여 이성에게 인기가 있으며 모성애를 불러일으키기도 한다.
실제 사람도 순수하고 꾸임이 없는 경우가 많다.
단점은 시작을 잘하나 마무리가 잘 안 되어 용두사미(龍頭蛇尾)로 끝나는 경우가 많다.

갑목(甲木)의 재성(財星)은 순수하고 근면, 성실, 건강하다.
을목(乙木)의 재성(財星)은 생존력과 자존심이 강하며 현실적이다.
인목(寅木)의 재성(財星)은 희생정신이 있고 역동성이 강하다.
묘목(卯木)의 재성(財星)은 변덕, 직관력, 선명성, 변동성, 파재(破財)의 기운이 있다.

◎ 오행의 십성별 특징

구분	십성	장점	단점	비고
갑(甲)	재성(財星)	재물에 대한 순차적 확장성을 지니고 있다. 식상(食象)이 함께 있다면 순차적으로 성장이 가능하다.	현실성이 다소 떨어지는 계획을 세울 수 있다. 이상적이나 실속이 약할 수 있다.	갑목(甲木) 을목(乙木)은 천간지지(天干地支)의 수기(水氣)와 천간(天干)의 화기(火氣)에 의해 가치가 결정된다.
을(乙)	재성(財星)	현실성과 구성력, 기획력이 뛰어나. 생존성과 유연성을 바탕으로 명분보다는 실속을 챙긴다.	목적을 위해 수단 방법을 가리지 않아 사회적 비난 가능성이 있다.	
인(寅)	재성(財星)	인(寅)의 재성(財星)은 명예나 권력을 추구하는 경향이 있으며 이를 재생관(財生官)이라 한다.	현실성이 떨어지며 행동보다 말이 앞서는 경우가 많다. 실속이 없다.	해수(亥水)를 만나거나 오화(午火)를 만나면 합(合)이 되어 사랑에 빠진다.
묘(卯)	재성(財星)	자기중심적인 선명성으로 자신이 추구하는 욕망을 취할 수 있다.	욕망이나 목적 달성이 되지 않으면 절망하고 남을 원망한다.	해묘미합(亥卯未合)이 되면 남자는 사랑에 빠지고 여자는 착각에 빠진다.

◆ 관성(官星)이 목(木)일 때

관성(官星)이 목(木)일 때 재물에 대한 확장성이나 집착보다는 명예나 권력지향적 형태를 보인다. 따라서 경제적으로 이익이 없더라도 명분과 명예를 얻을 수 있다면 기꺼이 돈과 시간을 투자한다. 또한 명예가 훼손되는 것을 가장 경계하며 싫어해서 만약 그런 불미스러운 일이 발생한다면 극단적인 선택도 할 만큼 자존심을 중요하게 생각한다.
관다(官多)일 때 건강적으로는 위장 등 소화기 계통이 문제가 발생될 수 있고 여성은 남성과 인연 맺기가 어렵다.
직업으로는 공직이 가장 좋으며 그 외 대기업 등 조직생활이 잘 맞는다.

갑목(甲木)의 관성(官星)은 명예와 명분을 최고의 가치로 여긴다.
을목(乙木)의 관성(官星)은 현실성을 고려한 명예와 명분을 최고의 가치로 여긴다.
인목(寅木)의 관성(官星)은 유통성이 다소 부족하지만 순수하고 책임감이 강하다.
묘목(卯木)의 관성(官星)은 자기중심적이지만 선명성이 있어 완성의 기운이 있으며 타인에게 보여지는 모습을 매우 중요하게 생각한다.

◎ 오행의 십성별 특징

구분	십성	장점	단점	비고
갑(甲)	관성(官星)	명예, 명분, 보수성, 책임감, 충성심, 통제력이 강하다. 상징성과 자존심이 있다.	유연성이 없어 생각이 경직되어 있고 가족에게는 소홀하나 조직에게는 충성한다.	갑목(甲木) 을목(乙木)은 천간지지(天干地支)의 수기(水氣)와 천간(天干)의 화기(火氣)에 의해 가치가 결정된다.
을(乙)	관성(官星)	명예를 현실성과 함께 추구한다. 융통성과 자유로움, 생존력이 있다.	유연성이 있으나 기회주의적이고 위선적일 수 있다. 통제력은 갑목(甲木)에 비해 약하다.	
인(寅)	관성(官星)	정관(正官)으로 작용할 때 의존성이 있으나 여성의 경우 남편 복이 있다. 병화(丙火)가 있으면 사회적 명예와 목적이 실현된다.	편관(偏官)으로 작용하면 무모함, 위험 등이 있다. 특히 편재(偏財)가 있으면 편관(偏官)은 살(殺)로 변한다. 이때 나쁜 사건사고가 발생된다.	해수(亥水)를 만나거나 오화(午火)를 만나면 합(合)이 되어 여자는 사랑에 빠진다. 남자는 직장을 바꾼다.
묘(卯)	관성(官星)	관성도화(官星桃火)인 여성은 남성에게 인기가 있으며 연예계로 진출하면 성공할 수 있다.	여성은 이성에 일찍 눈뜨는 경향이 있으며 남성은 명예욕에 사로잡힐 수 있다.	해묘미합(亥卯未合)이 되면 여성은 사랑에 빠지고 남성은 명예욕에 빠진다.

◆ **인성(印星)이 목(木)일 때**

인성(印星)이 목(木)일 때 생각이 순수하고 이상적이며 현실성이 다소 떨어지는 형태를 보여준다. 따라서 소설가, 방송작가 등 상상력이 필요한 직업군에서 발굴의 실력을 나타낸다.

절차와 과정을 중시하고 사람과 사물을 보는 기준이 까다로운 편이다. 목(木)은 발산의 기운이 있지만 화(火)를 만나지 못하면 목적 달성까지 이르지 못하고 계획과 생각에서 멈추게 된다.

목(木)을 세상 밖으로 이끌어내는 것이 화(火)이다. 따라서 천간에서 화(火)를 보지 못했다면 사업이나 장사 등 자신이 주체적으로 하는 업무는 맞지 않는다.

갑목(甲木)의 인성(印星)은 순수함과 상상력이 풍부하다.
을목(乙木)의 인성(印星)은 현실적이고 유연하며 목표나 대상이 분명하다.
인목(寅木)의 인성(印星)은 생각이 잘 표현되지 않지만 병화(丙火)를 만나면 승화되거나 다른 형태로 나타난다.
묘목(卯木)의 인성(印星)은 독창성과 선명성이 있다.

◎ 오행의 십성별 특징

구분	십성	장점	단점	비고
갑(甲)	인성(印星)	순수하고 이상적이며 학문에 대한 깊은 애정이 있다. 여성은 모성애가 있고 남성은 친근감이 있다.	현실성이 다소 떨어져 본인은 물론 가족까지 경제적으로 힘들다. 실속이 없다.	갑목(甲木) 을목(乙木)은 천간지지(天干地支)의 수기(水氣)와 천간(天干)의 화기(火氣)에 의해 가치가 결정된다.
을(乙)	인성(印星)	상업적인 예술과 학문에 대한 열정이 있으며 대인관계가 원만하고 여성은 치명적인 매력이 있다.	성격이 수동적이고 외로움을 느끼며 상처를 잘 받는다. 소극적이고 자신감이 약하다.	
인(寅)	인성(印星)	인내심과 희생정신이 있다. 지구력과 끈기가 있다. 시작은 잘하나 마무리가 안 되는 단점이 있다.	편인(偏印)으로 작용할 때 의심과 집착이 강하고 자신감이 없고 심리적으로 불안정하다.	해수(亥水)를 만나거나 오화(午火)를 만나면 합(合)이 되어 여성은 팜므파탈이 되고 남성은 마마보이가 된다.
묘(卯)	인성(印星)	독창성과 창조성이 있다. 한번 시작한 것은 끝까지 성사시킨다. 그러나 변덕이 있어 심리적으로 불안정하다.	심리적 불안정으로 인해 실수가 많다. 한 분야에 집중력이 있어 전문가가 되기 쉽다.	해묘미합(亥卯未合)이 되면 여성은 모성애가 생기고 남성은 의존적으로 변한다.

2) 화(火)의 음양(陰陽)

화(火)는 가장 양(陽)적인 성향을 지니고 있는 기운이다.
확장 팽창하는 기본 성질을 가지고 있으며 불규칙한 성장성도 함께 지니고 있다.
목(木)과 다른 점은 불규칙성과 속도감이다.
화(火)는 불규칙하지만 빠른 속도감을 지니고 있으며 빠른 것도 양(陽)의 기질 중 하나이다. 따라서 화(火)가 음(陰)적으로 작용하는 경우는 드문 편이다.
화(火)는 빛(光)과 열(熱)로 작용하는데 주로 열(熱)로 작용할 때 양(陽)의 성향이 나오고 빛(光)으로 작용할 때 음(陰)의 성향이 나오지만 이 경우도 화극금(火剋金)이 되면 양(陽)의 성향으로 바뀐다.

화(火)의 희기(喜忌)는 목기(木氣)와 수기(水氣)에 달려 있는데 목(木)이 화(火)를 돕는 것을 목생화(木生火) 목화통명(木火通明)이라고 한다.
화(火)가 목(木)을 만나면 아이가 어머니를 만난 것처럼 여유가 생기고 안도할 수 있게 된다.
이를 여유적모(如有嫡母) 가추가동(可秋可冬)이라고 하는데 오행(五行)의 생극제화(生剋制化)에서 목(木)이 원인이라면 화(火)는 결과이고 목적이 된다. 목(木)은 화(火)에 의해 성장하지만 화(火)는 목(木)에 의해 목적 달성이 되기 때문에 이 두 오행(五行)은 상호 길(吉)한 작용을 하게 되는 것이다.

화(火)가 수기(水氣)를 만나면 뜻밖에 적(敵)을 만나 싸움을 하게 되는데 이때 강한 수기(水氣)에 의해 화기(火氣)가 꺼지거나 약해지는 것을 가장 경계해야 한다.

이것을 수다화식(水多火熄) 수다화약(水多火弱) 화소화회(火小火晦)라고 하는데 습토(濕土)도 수기(水氣)에 포함된다.

사주명리는 균형의 원리가 무너졌을 때 다시 균형을 복원하려는 에너지가 있으며 특정 오행(五行)이 지나치게 강해지면 문제가 발생하게 된다. 사주의 균형을 잡아주는 역할을 필요오행 혹은 용신(用神)의 활용이라고 할 수 있다. 이것은 실제 사주의 성패(成敗)와 길흉(吉凶), 사건사고 등에 결정적인 영향을 주고 있다.

사주에서 한 가지 오행이 편중되었다는 것은 병(病)이 든 것을 의미한다. 사주팔자에 화(火)가 없는 것도 문제지만 화(火)가 지나치게 강한 것은 더 큰 문제가 될 수 있다.

그리고 특정 오행(五行)이 지나치게 강해지면 문제가 발생되는데 이를 종류별로 구분하면 아래와 같다.

◎ 화(火)의 사자성어(四字成語)

목화통명(木火通明) : 목(木)이 화(火)를 만나 조화를 이룬 상태. 목화(木火)가 조화를 이루면 천간에서는 사회적 목적 실현이 되고 지지에서는 개인적인 인간관계가 원만해진다.

여유적모(如有嫡母) : 정화(丁火)가 갑목(甲木)을 만나 화기(火氣)가 살아난 상태이며 경금(庚金)이 갑목(甲木)을 극(剋)하여 벽갑인정(劈甲引丁)까지 이루어져야 완벽한 여유적모(如有嫡母)가 된다.

수다화식(水多火熄) : 수(水)가 강하면 화(火)가 꺼진다. 건강 죽음과 관련이 깊다. 또한 수다화식(水多火熄)이 합충형(合沖刑)등으로 들어올 때는 건강 악화뿐 아니라 교통사고, 낙상, 형사사건 등 심각한 사건사고가 발생될 수 있다.

수다화약(水多火弱) : 수(水)가 강하여 화(火)가 약해지면 진행하는 일, 직장과 관련이 깊다.

화소화회(火小火晦) : 정화(丁火)가 기토(己土)를 만나면 정화(丁火)가 약해지거나 꺼진다는 의미인데 광로로 해석하면 무근지화(無根之火), 즉 뿌리가 없는 화(火)는 약하다로 해석해야 더 정확할 것이다.

벽갑인정(劈甲引丁) : 정화(丁火)를 살리기 위해 경금(庚金)으로 갑목(甲木)을 장작화시키는 작용

◎ 신강화(身强火)의 희기(喜忌)

신강화(身强火)는 거의 대부분 양(陽)적인 성향이 나온다.
양(陽)적인 성향이 나온다는 것은 화기(火氣)가 주체적이고 목적의지가 있는 것을 말한다.
화(火) 일간인데 월지(月支)가 사오미(巳午未)월이면서 목화(木火)나 조토(燥土)가 2개 이상 있다면 신강화(身强火)가 된다.
신강화(身强火)를 제어하는 방법은 습토(濕土)로 열기를 흡수하는 방법과 수기(水氣)로 화기(火氣)를 증발시키는 방법이 있다. 금기(金氣)로 설기(洩氣)시키는 방법은 쓰지 않는 것이 좋다. 왜냐하면 화극금(火剋金)으로 금기(金氣)가 손상되기 때문이다. 신강화(身强火)는 나무를 태우고 금(金)을 녹이며 물을 증발시키고 땅을 갈라지게 한다.

▨ 신강화(身强火)가 된 사주

時	日	月	年
무(戊)	병(丙)	병(丙)	정(丁)
자(子)	인(寅)	오(午)	유(酉)

◎ 위 사주는 오월(午月)의 병화(丙火)일간이 화기(火氣)가 지나치게 강하여 신강화(身强火)가 된 사주이다.
목(木), 토(土), 금(金), 수(水)가 모두 위협받고 있는 상태이며 그중에서도 특히 금(金)과 수(水)가 매우 위급하다.
이러한 사주는 내가 주체가 되면 목적 달성이 어렵고 힘들다.

즉 주체성만 있다고 모두 사회적 목적 달성이 되는 것은 아니라는 의미이다.

이 사주는 전문직이나 자격증을 이용해서 사회적 기반을 형성하는 것이 좋다.

용신은 수(水)이다.

▨ 신강화(身强火)가 된 사주

時	日	月	年
정(丁)	병(丙)	병(丙)	정(丁)
유(酉)	오(午)	자(子)	미(未)

◎ 위 사주는 추운 자월(子月)에 병화(丙火) 일간이 화기(火氣)가 지나치게 강하여 신강화(身强火)가 된 사주이다.

자월(子月)의 병화(丙火) 일간도 신강화(身强火)가 될 수 있다.

금(金)과 수(水)의 동태를 최우선으로 살펴야 한다.

신강화(身强火)는 양(陽)적인 성향이 나오며 수(水)는 육친적으로 여성에게 관성(官星)이 증발되는 상황이 만들어지고, 금(金)은 남성에게 재성(財星)이 녹아버리는 상황이 만들어지기 때문에 배우자 복이 약하게 되고 직장 변동과 재물에 대한 불리함이 발생하게 된다.

용신은 수(水)와 습토(濕土)이다.

◎ 신약화(身弱火)의 희기(喜忌)

신약화(身弱火)는 우선 화(火)가 열(熱)로 작용할 가능성이 매우 낮아졌다는 것을 의미한다. 따라서 음(陰)적인 성향이 나올 가능성이 높아지게 된다. 화(火)가 열(熱)이 되기 위해서는 화(火)의 뿌리(根)가 있어야 한다. 화(火)가 열(熱)로 작용할 때에는 금(金)을 제련할 수 있지만 화(火)가 빛(光)으로 작용할 때에는 금(金)을 제련할 수 없다. 이 차이는 금(金)의 입장에서는 성패(成敗)가 결정되는 매우 중요한 요인이 된다.
이 경우 자신이 주체가 되는 사업이나 장사보다는 객체나 참모 역할을 할 수 있는 회사, 공직 등 조직 속에 소속되어 있는 것이 좋다.

화(火) 일간인데 월지(月支)가 해자축(亥子丑)월이고 금수(金水)나 습토(濕土)가 3개 이상 있으면 신약화(身弱火)가 된다.
신약화(身弱火)를 해결하는 방법은 조토(燥土)로 습기(濕氣)를 제거하거나 목기(木氣)로 습기(濕氣)를 설기(洩氣)시키거나 화기(火氣)로 습기(濕氣)를 증발시키는 방법이 등이 있다.
신약화(身弱火)는 수동적 여성적인 성향이 강하다.

▨ 신약화(身弱火)가 된 사주

時	日	月	年
무(戊)	정(丁)	계(癸)	기(己)
신(申)	유(酉)	해(亥)	해(亥)

◎ 정화(丁火) 일간이 해월(亥月)에 태어나고 수기(水氣)가 가득하여 신약화(身弱火)가 되었는데 다행히 시간(時干)에 무토(戊土)가 있어 조금은 습기(濕氣)를 제거할 수 있으나 다소 역부족으로 보인다.

따라서 미술토(未戌土), 병정오화(丙丁午火) 등이 시급해 보인다.

위 정화(丁火) 일간은 음(陰)적인 성향이 발현된다.

정화(丁火)가 일간일 경우 수기(水氣)가 강하게 들어오면 화식(火熄)될 수 있으며 일간의 화식(火熄)은 생명과 직결되어 있어 매우 조심해야 한다.

용신은 무토(戊土)와 갑목(甲木)이다.

▩ 신약화(身弱火)가 된 사주

時	日	月	年
기(己)	병(丙)	계(癸)	정(丁)
축(丑)	자(子)	해(亥)	미(未)

◎ 병화(丙火) 일간이 해월(亥月)에 태어나고 수기(水氣)가 가득하여 신약화(身弱火)가 되었지만 연주(年柱)의 정미열기(丁未熱氣)로 어느 정도 수기(水氣)를 감당할 수 있다.

이 경우 신약화(身弱火)이지만 최악의 상황은 피할 수 있으며 목기(木氣)가 들어올 때 완전히 습기(濕氣)가 제거될 수 있다.

위 병화(丙火) 일간은 금(金)이 없어 화극금(火剋金)을 할 수 없어 형태적으로는 양(陽)적으로 작용하지만 본질적으로는 음(陰)의 기운이 나온다.

용신은 양목(陽木)이다.

● 치화(熾火)

일간이 화(火)인데 월지(月支)가 득령(得令)하고 목기(木氣)가 강할 때 치화(熾火)가 된다.

치화(熾火)란 목(木)이 지나치게 많아 화기(火氣)를 원하는 대로 조절하거나 제어하는 것이 불가능한 상태로 주변 오행에 나쁜 영향을 미친다.

단 습목(濕木)은 치화(熾火)를 가중시키지는 못한다.

습목(濕木)은 수기(水氣)를 담고 있어 화력(火力)을 가중시키는 데 별로 도움이 되지 않기 때문이다.

치화(熾火)가 되면 금(金)이 공격당하고 수기(水氣)가 증발하며 토(土)는 말라 죽는다.

치화(熾火)는 습토(濕土)로 열기(熱氣)를 설기(洩氣)시키는 것이 가장 좋으며 수기(水氣)로 직접 극(剋)을 가하는 것은 많은 위험이 따른다.

그러나 목(木)이 많다고 반드시 치화(熾火)가 되는 것은 아니며 습토(濕土)가 운(運)에서 들어오면 화기(火氣)가 상당히 완화된다. 만일 근(根)이 없는 정화(丁火)에게 경금(庚金)도 없는데 갑목(甲木)이 많다면 치화(熾火)가 아니라 화식(火熄)이 되기 때문이다. 화식(火熄)이란 불이 꺼진다는 의미이다.

▧ 치화(熾火)가 된 사주

時	日	月	年
기(己)	병(丙)	갑(甲)	갑(甲)
축(丑)	오(午)	인(寅)	자(子)

◎ 병화(丙火) 일간이 인월(寅月)에 태어나 강한 목기(木氣)로 인하여 치화(熾火)가 되었지만 시주에 기축습토(己丑濕土)가 어느 정도 열기(熱氣)를 해소시켜 준다.

치화(熾火)는 경금(庚金)으로 목(木)을 극(剋)할 경우 목(木)이 제거되는 것이 아니라 벽목(劈木)이 되어 오히려 화기(火氣)를 강하게 만들 수 있으므로 주의해야 한다.

벽목(劈木)은 나무를 장작화시키는 것을 의미한다.

이를 벽갑인화(劈甲引火) 혹은 벽갑인병(劈甲引丙)이라고 한다.

이런 경우 양(陽)적인 성향이 나온다.

용신은 습토(濕土)와 수기(水氣)이다.

▨ 치화(熾火)가 된 사주

時	日	月	年
갑(甲)	정(丁)	갑(甲)	경(庚)
진(辰)	사(巳)	오(午)	자(子)

◎ 정화(丁火) 일간이 오월(午月)에 태어났는데 화기(火氣)가 지나치게 강하여 치화(熾火)가 되었다.

연지(年支)의 자수(子水)는 화다수증(火多水烝)되어 무력(無力)하고 경금(庚金)은 오히려 벽목(劈木)이 되어 화기(火氣)를 강하게 만들었다.

이 사주는 병(病)이 있는데 약(藥)이 약한 상태이다.

위 일간은 화극금(火剋金)이 되는 사주로 경금(庚金)이 있어 양(陽)의 성향이 나온다.

용신은 습토(濕土)와 수기(水氣)이다.

● 회화(晦火)

회화(晦火)란 일간이 화(火)인데 토기(土氣)가 지나치게 많아 불꽃이 약화되는 것이다.

일반적으로 습토(濕土)가 회화(晦火)를 일으키는데 '회(晦)'는 그믐회로 어둡다는 의미를 지니고 있다. 즉 화기(火氣)를 약화시킨다는 것이다.

제일 대표적인 현상이 정화(丁火)가 기토(己土)를 만났을 때 화소화회(火小火晦)현상이 일어나는데 기토(己土)가 정화(丁火)의 힘을 약화시키는 역할을 한다.

이때 약(藥)은 목기(木氣)이다. 목(木)은 화기(火氣)를 살리고 토기(土氣)를 억제한다.

회화(晦火)는 강한 수기(水氣)로 인해 발생되는 수다화식(水多火熄)과는 구분된다.

수다화식(水多火熄)은 건강 생명과 관련이 깊고 회화(晦火)는 일 직장과 관련성이 더 많다.

회화(晦火)은 독립적 작용보다 주변 오행에 의한 첨가제 역할을 더 잘한다. 정사(丁巳) 일주에 기해운(己亥運)이 들어오면 기토(己土)의 회화(晦火)작용은 사해충(巳亥沖)의 효과를 극대화시키는 촉매제 역할을 하는 것이다.

▩ 회화(晦火)가 된 사주

時	日	月	年
기(己)	정(丁)	기(己)	경(庚)
유(酉)	축(丑)	사(巳)	자(子)

◎ 정화(丁火) 일간이 사월(巳月)에 태어났는데 습토(濕土)로 인해 화기(火氣)가 약화되어 회화(晦火)가 되었지만 이를 구할 양목(陽木)이 없다.

운(運)에서 양목(陽木)이 들어올 때 병(病)을 치유할 수 있다.

위 사주는 정화(丁火)가 양(陽)적으로 작용하고 싶지만 회화(晦火)로 인해 음화(陰火)로 작용한다. 갑목(甲木)이 들어올 때 양(陽)적 성향이 드러나게 된다.

용신은 양목(陽木)이다.

▩ 회화(晦火)가 안 된 사주

時	日	月	年
갑(甲)	병(丙)	기(己)	기(己)
오(午)	진(辰)	축(丑)	해(亥)

◎ 병화(丙火) 일간이 축월(丑月)에 태어났는데 습토(濕土)로 인해 화기(火氣)가 약화되어 회화(晦火)가 되었지만 이를 구할 양목(陽木)이 있다.

따라서 병화(丙火)는 갑목(甲木)으로 인해 양(陽)적 성향이 나오게 된다. 목생화(木生火)된 병화(丙火)는 대표적인 양화(陽火)로 작용하는데 정화(丁火)에 비해 병화(丙火)는 회화(晦火)의 영향을 덜 받는 특성이 있다. 이는 병화(丙火)가 빛으로 작용하는 속성 때문이다.

양목(陽木)이 들어와 병화(丙火)에게 힘이 되어 줄 때 발복하는 사주이다. 용신은 양목(陽木)이다.

● 금식화(金熄火)

금식화(金熄火)란 화일간(火日干)에 금(金)이 너무 강해 금(金)을 녹일 수 없고 오히려 화(火)가 꺼진다는 의미이다.

특히 금왕절(金旺節)인 신유술(申酉戌)월에 발생되는 경향이 있으며 화기(火氣)가 약하면서 수기(水氣)가 강한데 금기(金氣)까지 강하게 들어오면 발생된다.

금(金)은 숙살(肅殺)의 기운이 있는 오행(五行)으로 모든 초목(草木)을 죽이고 화기(火氣)를 약화시키는 성분이 있다. 따라서 숙살(肅殺)의 기운이 강해진다는 것은 화(火)를 생(生)해 주는 목(木)을 죽이고 금생수(金生水)하여 수기(水氣)를 강화시켜서 화기(火氣)를 약화시키는 것이다. 이때 가장 중요한 조건은 금왕절(金旺節)이나 수왕절(水旺節)이여야 금식화(金熄火)가 된다는 것이다. 금식화(金熄火)가 된 사주는 음(陰)적인 성향을 보인다.

화극금(火剋金)을 할 수 없는 화(火)는 주체성이 상실된 것이다.

▨ 금식화(金熄火)가 된 사주

時	日	月	年
기(己)	정(丁)	경(庚)	경(庚)
유(酉)	축(丑)	신(申)	자(子)

◎ 정화(丁火) 일간이 신월(申月)에 태어났는데 이를 극(剋)할 화기(火氣)가 약하여 일간이 금식화(金熄火)가 되었지만 이를 구할 화목(火木)이 없다. 갑인목운(甲寅木運)에서 발복할 수 있다.
따라서 위 사주는 주체적으로 작용할 수 없어 음화(陰火)로 작용한다.
음화(陰火)로 작용하면 직장 공직 선생 전문직 등에 종사는 것이 좋다.
용신은 양목(陽木)이다.

금식화(金熄火)가 안 된 사주

時	日	月	年
경(庚)	병(丙)	신(辛)	정(丁)
인(寅)	신(申)	유(酉)	미(未)

◎ 병화(丙火) 일간이 유월(酉月)에 태어나 금기(金氣)가 강하지만 다행히 이를 극(剋)할 화기(火氣)와 목기(木氣)가 있어 일간의 금식화(金熄火)를 해소할 수 있다.
인(寅) 중 병화(丙火)가 일간의 근(根)으로 작용하여 금식화(金熄火)를 막을 수 있는 것이다. 위 사주는 양화(陽火)로 작용한다.
용신은 양목(陽木)이다.

● 수식화(水熄火)

수식화(水熄火)란 화일간(火日干)에 수기(水氣)가 너무 강해 화(火)가 꺼진다는 의미이다.

수다화식(水多火熄)은 건강과 생명에 밀접한 관련이 있다.

특히 나이가 50대 이후는 화식운(火熄運)이 들어오면 더욱 조심해야 한다.
가장 좋은 방법은 조토(燥土)로 습기(濕氣)를 제거해 주는 방법이 있고 그다음 목기(木氣)로 설기(洩氣)시키는 법, 화기(火氣)로 직접 수증(水烝)하는 법이 있다.

화(火)는 강한 수기(水氣)를 만나면 음(陰)적인 성향이 나타나지만 목(木)이나 조토(燥土)가 근(根)으로 작용하면 양(陽)적인 성향도 함께 나타난다.

가장 좋은 방법은 양목(陽木)으로 수생목(水生木)하여 수기(水氣)의 흐름을 원활하게 만들어 주고 다시 양목(陽木)의 기운(氣運)으로 화(火)를 생(生)해 주어 목생화(木生火)를 시켜 주는 것이다.

즉 양목(陽木)은 수식화(水熄火)사주에 두 마리 토끼를 다 잡을 수 있는 방법이 된다. 따라서 수식화(水熄火)의 길흉(吉凶)은 양목(陽木)의 여부가 결정적으로 작용한다.

▩ 수식화(水熄火)가 된 사주

時	日	月	年
계(癸)	정(丁)	계(癸)	임(壬)
묘(卯)	묘(卯)	유(酉)	자(子)

◎ 정화(丁火) 일간이 유월(酉月)에 태어나 수기(水氣)가 매우 강하다.
그러나 수기(水氣)를 제거할 조토(燥土)나 양목(陽木)이 없어 매우 습(濕)한 사주가 되었고 수다화식(水多火熄) 현상이 일어나고 있다.
위 사주는 정화(丁火)가 습목(濕木)의 도움을 받고 있고 금기(金氣)가 있어 양화(陽火)로 작용하나 습목(濕木)의 생(生)을 받기 때문에 목적 달성이 매우 힘들고 어렵다.
즉 현실적으로 사회적 성공이나 인간관계에서 어려움이 예상된다는 의미이다.
용신은 양목(陽木)이나 조토(燥土)이다.

▩ 수식화(水熄火)가 안 된 사주

時	日	月	年
기(己)	병(丙)	계(癸)	경(庚)
축(丑)	자(子)	미(未)	자(子)

◎ 병화(丙火) 일간이 미월(未月)에 태어났고 조토(燥土)인 미토(未土)가 월지(月支)를 장악해서 일주 병화(丙火)를 유근지화(有根之火)시키고 있다. 이 경우 수식화(水熄火)가 되는 것을 막아준다.
유근지화(有根之火)란 화(火)의 뿌리가 있다는 의미로 이렇게 수기(水氣)가 강한 사주에서는 매우 유용한 역할을 한다.
사오미(巳午未)월의 화(火) 일간은 유근지화(有根之火)로 판단한다.
용신은 양목(陽木)이다.

● 축장화(畜藏火)

축장화(畜藏火)란 화(火) 일간이 지지(地支)와 통근(通根)되지 못하여 화기(火氣)가 약할 때, 운(運)에서 투간(透干)된 오행(五行)이 들어와 일간과 통근(通根)되어 힘이 생길 때 크게 발복하는 사주이다.

병화(丙火) 일간은 인목운(寅木運) 때, 정화(丁火) 일간은 오미운(午未運) 때 발복한다. 축장(畜藏)이란 감춰져 있지만 저장된 것으로 언제든 꺼내 쓸 수 있다는 의미가 있다.

즉 크게 발복할 가능성이 있는 사주란 것이다.

병화(丙火)나 정화(丁火)가 인목운(寅木運)과 오미운(午未運) 때 발복하는 것도 바로 이때 땅속에 감춰둔 화기(火氣)를 꺼내 쓸 수 있기 때문이다.

현실적으로 대부분 축장화(畜藏火)는 양화(陽火)로 쓰이며 큰 재물이나 사회적 목적 성취를 하게 된다.

축장화(畜藏火)의 단점은 사회적 목적 달성을 위한 기회 포착이 다소 어렵다는 것이다.

▨ 축장화(畜藏火)가 된 사주

時	日	月	年
경(庚)	정(丁)	계(癸)	임(壬)
술(戌)	해(亥)	유(酉)	자(子)

◎ 정화(丁火) 일간이 유월(酉月)에 태어났다.

정화(丁火)가 지지에 술토(戌土)를 두고 있어 뿌리가 있어 보이지만 술해(戌亥) 천라지망(天羅地網)으로 실질적인 근(根)의 작용이 무력해진 상태이다.

따라서 위 사주는 실질적 무근(無根) 상태여서 발복하기 어려운 구조이나 운(運)에서 오미(午未), 인목(寅木), 갑목(甲木)이 들어올 때 발복할 수 있다. 위 사주는 양(陽)적 기운이 나온다.
용신은 양목(陽木)이나 화기(火氣)이다.

▧ 축장화(畜藏火)가 된 사주

時	日	月	年
무(戊)	병(丙)	임(壬)	임(壬)
자(子)	자(子)	술(戌)	자(子)

◎ 병화(丙火) 일간이 술월(戌月)에 태어났다. 병화(丙火)가 무근(無根) 상태여서 발복하기 어려운 구조이나 운(運)에서 인목(寅木), 갑목(甲木), 오미(午未)가 들어올 때 발복할 수 있다. 특히 병화(丙火)는 인목(寅木)이 들어올 때 가장 왕성한 에너지가 분출된다.
용신은 양목(陽木)이나 조토(燥土) 화기(火氣)이다.

◎ 화(火) 일간 특성
1) 화(火) 일간은 병화(丙火)와 정화(丁火) 각각 6개의 지지(地支)가 있어 총 12개의 일주(日柱)로 구성되어 있다.
2) 식화(熄火)의 기운과 치화(熾火)의 기운을 구분한다.
3) 식화(熄火)는 강한 수기(水氣)로 인해 화(火)가 꺼지거나 습토(濕土) 금기(金氣) 등으로 화기(火氣)가 약해지는 경우이다.

4) 치화(熾火)는 강한 화기(火氣)로 인해 발생되는 모든 재앙을 의미하는데 우선 강한 목기(木氣)로 인해 화기(火氣)가 강해져 용금(熔金)을 만들고 수증(水烝)을 발생시키고 초토(焦土)를 만든다.

◎ 화(火)의 특수 작용 (십성별 특징)

◆ 비겁(比劫)이 화(火)일 때

비겁(比劫)이 화(火)일 때 확장성과 주체성이 극대화된다.
화(火)는 그 자체로 완벽성을 지니고 있으며 확장성과 더불어 불안정성을 지니고 있다.
불의를 보면 참지 못하고 생각이 떠오르면 바로 실행하는 기운이 때로는 장점으로 작용하기도 하지만 현실적으로 손해가 되는 경우가 더 많다.
화(火)는 자기 자신이 목적이 되는 유일한 오행이다.
비겁(比劫)이 화(火)인 사람은 자격증을 이용한 예술분야 사무직 전문직이 좋다.

병화(丙火)의 비겁(比劫)은 학문적 확장성이 있어 학문적 호기심으로 인해 여러 종류의 다양한 학문을 접하게 된다.
정화(丁火)의 비겁(比劫)은 현실적이고 한 가지 공부에 집중하며 집념이 강하다.
사화(巳火)의 비겁(比劫)은 생각이 많고 시작은 잘하나 유금(酉金)을 만나지 못하게 되면 중간에 하던 일을 멈추게 된다.

오화(午火)의 비겁(比劫)은 맹렬하고 열정적이지만 욱하는 성향이 강하며 독창성과 선명성이 있다. 학문적 호기심은 있으나 인성(印星)이 천간(天干)으로 투간(透干)되지 않으면 호기심에서 멈춘다.

◎ 오행의 십성별 특징

구분	십성	장점	단점	비고
병(丙)	비겁(比劫)	정열적이고 맹렬하며 추진력이 있다. 목표지향성, 의리가 있다.	폭력적이고 욱하는 성향이 있다. 고집이 강하다. 자기 과신이 강하다.	병정화(丙丁火)는 천간지지(天干地支)의 목기(木氣)와 금기(金氣)에 의해 가치가 결정된다.
정(丁)	비겁(比劫)	한 가지 분야에 집중력이 있다. 승부욕과 치밀함이 있다.	구속받기 싫어하고 자유분방하며 사치, 허영, 욕망이 강하다.	
사(巳)	비겁(比劫)	희생정신, 언변이 좋고 마음씨가 따뜻하다.	시작은 잘하나 마무리가 약하다. 수다스럽다.	사유축합(巳酉丑合)이 생겨 안정감이 생긴다.
오(午)	비겁(比劫)	정열적이고 추진력, 승부욕이 강하다. 의리가 있고 역동성이 있다.	성격이 급하여 실수가 잦고 후회를 많이 한다. 집착이 있고 색정이 있다.	인오술삼합(寅午戌三合)이 되면 용금(熔金)이 되며 불안정이 가중될 수 있다.

◆ 식상(食傷)이 화(火)일 때

식상(食傷)이 화(火)일 때 자기표현이 가장 아름답게 드러날 수 있다.

화(火)는 빛으로 작용할 때와 열(熱)로 작용할 때로 구분되어지는데 빛으로 작용할 때는 마케팅, 유명세, 인기 등 대중적인 형태로 나타나고 열(熱)로 작용할 때는 완성도 일의 성과 등 개인적인 형태로 나타난다.

따라서 식상(食傷)이 화(火)인 사람들은 예술, 학문, 연예계 등에서 탁월한 재능을 보여준다.

궁(宮)은 월간(月干) 자리가 가장 이상적이며 지지에 인성(印星)이 있으면 더욱 좋다.

직업적으로도 예술이나 예능 같은 감성적이고 감각적인 분야 등에 특별한 재능이 있다.

병화(丙火)의 식상(食傷)은 예능, 예술 등의 분야에서 최고의 재능을 나타낼 수 있다.

정화(丁火)의 식상(食傷)은 한 가지 분야에서 두각을 나타낼 수 있으며 인성(印星)의 조합이 깊이를 만들어 준다.

사화(巳火)의 식상(食傷)은 행동력이 너무 빨라 실수가 많고 후회하는 일이 자주 생긴다.

오화(午火)의 식상(食傷)은 열정적이지만 욱하는 성향이 강하고 대인관계가 극단적인 경우가 많다.

◎ 오행의 십성별 특징

구분	십성	장점	단점	비고
병(丙)	식상(食傷)	목적지향성이 있고, 아름다움이 잘 드러날 수 있으며 타인에게 자신의 표현이 잘 보여 진다.	자기 과신이 강하여 한 번 잘못된 길을 선택하면 되돌리기 어렵다.	병정화(丙丁火)는 천간지지(天干地支)의 목기(木氣)와 금기(金氣)에 의해 가치가 결정된다.
정(丁)	식상(食傷)	전문가적인 기질이 있으며 한 가지 분야에 집중력이 있다. 특수적인 업무에 잘 맞는다.	외골수적인 기질로 대인관계가 어렵다. 말실수가 많고 호불호(好不好)가 분명해 대인관계가 편중될 수 있다.	
사(巳)	식상(食傷)	마음이 따뜻하고 설득력이 있으며 언변과 임기응변이 강하다. 역동적이고 시작이 빠른 편이다.	행동력이 지나치게 강해 번잡스럽다. 호색하고 수다스럽다.	사유축합(巳酉丑合)이 생겨 안정감이 생긴다.
오(午)	식상(食傷)	표현력이 뛰어나고 정열적이고 추진력 승부욕이 강하여 완성도가 높다.	성격이 급하여 실수가 잦고 후회를 많이 하며 감정 기복이 심하고 조울 증세가 있다.	인오술삼합(寅午戌三合)이 되면 용금(熔金)이 되며 불안정이 가중될 수 있다.

◆ 재성(財星)이 화(火)일 때

재성(財星)이 화(火)일 때 재물에 대한 확장성 추진력, 발전성이 강력하고 집착이나 욕심도 극대화된다.

재성(財星)과 화(火)는 모두 확장하는 성질을 지니고 있다.

즉 양(陽)의 성향이 가장 강렬한 조합인 것이다.

따라서 반드시 화기(火氣)를 설기(洩氣)시켜 줄 수 있는 습토(濕土)가 있어야 하며 이를 재생관(財生官)이라고 한다.

만일 재생관(財生官)이 되지 않거나 되더라도 습토(濕土) 대신 조토(燥土)가 있다면 사회적 목적 달성이 어렵고 건강, 성격, 대인관계 등이 모두 나빠지게 된다.

병화(丙火)의 재성(財星)은 욕망이 극대화된 상태로 남성의 경우 재물과 여자에 대한 집착이 강하다.

정화(丁火)의 재성(財星)은 집중력 있게 업무를 추진하며 한 분야의 최고가 될 수 있다.

사화(巳火)의 재성(財星)은 식상(食傷)의 여부에 따라 처복과 재물 복이 결정된다.

오화(午火)의 재성(財星)은 자기 선명성이 강하고 자기중심적이지만 속마음은 약한 편이다.

◎ 오행의 십성별 특징

구분	십성	장점	단점	비고
병(丙)	재성(財星)	불안정하나 속도감이 있고 발전성, 추진력, 확장성이 매우 강하다.	변덕과 자만심이 있고 유흥 재미를 추구하며 인내심과 참을성이 부족하다.	병정화(丙丁火)는 천간지지(天干地支)의 목기(木氣)와 금기(金氣)에 의해 가치가 결정된다.
정(丁)	재성(財星)	현실적인 결과를 가져오는 능력이 탁월하며 집중력이 있어 성공 가능성이 매우 높다.	자칫 도박, 게임 등 마약중독처럼 한 가지 재미에 빠지기 쉽고 유혹에 약하다.	
사(巳)	재성(財星)	남성은 마음이 따뜻하지만 수다스러운 여인을 만나며, 처가 능력이 있으며 처복이 있는 편이다.	자기 주체성이 약해 타인에 의해 마음이 잘 흔들린다. 주관이 약해 사기당하기 쉽다.	사유축합(巳酉丑合)이 되면 남자는 결혼, 여성은 재물을 탐한다.
오(午)	재성(財星)	재물에 대한 욕망이 매우 크며 식상(食傷)만 있다면 목적 달성을 이룰 수 있다. 다만 습토(濕土)가 있어 재생관(財生官)까지 되어야 확실하게 재물을 지킬 수 있다.	욕심이 지나치면 사회적 목적 달성이 되지 않는다. 이익만 좇다 보면 인성을 잃어버릴 수 있다.	인오술삼합(寅午戌三合)이 되면 욕망이 커져서 인성을 버릴 수 있다.

◆ **관성(官星)이 화(火)일 때**

관성(官星)이 화(火)일 때 위계질서나 조직관리 등 예의나 질서, 법률 등에 매우 민감해진다. 예를 들면 학생이 선생님에게 대들거나 자식이 부모에게 무례하게 굴거나 하는 하극상의 것들이 거슬리게 된다.

관성은 상대를 맞춰주는 기능이 탑재되어 있는데 화(火)가 관성인 사람은 타인도 자신에게 예의나 질서를 잘 지켜야 한다고 생각하며 이를 어길 시에는 엄청난 분노에 휩싸이게 된다. 여성의 경우 화(火)가 편관(偏官)일 때 이성 난(亂)에 빠질 수 있다.

병화(丙火)의 관성(官星)은 질서, 법률, 예의 등 조직이 우선이고 위계가 가장 중요하다고 생각한다.

정화(丁火)의 관성(官星)은 냉정하고 이성적이며 작은 실수도 용납하지 않는다.

사화(巳火)의 관성(官星)은 겉보기에는 냉정해 보이지만 실제로는 따뜻한 마음을 지니고 있다.

오화(午火)의 관성(官星)은 자기만의 규칙과 규율이 강하며 법적 윤리적 기준이 애매모호하여 변덕과 감정 기복이 있다.

◎ 오행의 십성별 특징

구분	십성	장점	단점	비고
병(丙)	관성(官星)	질서, 규율을 생명처럼 여긴다. 보수적이고 강한 책임감과 충성심이 있다. 추진력과 의리가 있으며 명예를 소중히 한다.	다소 사고나 행동이 경직되어 있고 가족에게는 소홀하나 조직에게는 충성한다.	병정화(丙丁火)는 천간지지(天干地支)의 목기(木氣)와 금기(金氣)에 의해 가치가 결정된다.
정(丁)	관성(官星)	자신의 주장이 강하고 호불호(好不好)가 명확하며 적과 아군이 분명히 구분된다. 충성심이 있다.	겉모습은 냉정하며 통제력이 있으나 때론 정(情)에 이끌려 대사를 그르칠 수 있다.	
사(巳)	관성(官星)	정관(正官)으로 작용할 때는 여자는 남편 복이 있고 좋은 직장과 관계된다.	편관(偏官)으로 작용할 때는 무모함이 있고 도전과 모험 위험성을 감수한다. 여성의 경우 남편 복이 없다.	사유축합(巳酉丑合)이 되면 명예와 직장이 생긴다.
오(午)	관성(官星)	역동성과 추진력이 있어 한 가지 업무에 몰두한다. 성격이 좋고 잘 웃고 긍정적이다.	외골수적이여서 대인관계가 좋지 못하다. 다혈질적이고 욱하는 성향이 있다.	인오술삼합(寅午戌三合)이 되면 경직된 조직생활에서 여유와 유동성이 생긴다.

◆ 인성(印星)이 화(火)일 때

인성(印星)이 화(火)일 때는 자신의 생각이나 계획 등이 가장 명확하게 드러나는데, 상상력이 필요한 작업에서 탁월한 재능이 나타난다. 창작 활동으로 문학, 그림, 영화 등 다양한 분야에서 최고의 가치를 만들 수 있다.

특히 식신생재(食神生財)가 되면 필요한 아이디어가 계속 공급되는 형태를 보인다.

화(火)의 인성(印星)은 자신의 저장창고에 숨겨져 있는 재능을 선명하고 명확하게 드러낼 수 있는 기능이 있다. 단 절차와 과정을 중시하므로 까다롭고 불규칙하며 변덕과 불안정성이 있을 수 있다.

병화(丙火)의 인성(印星)은 절차와 검증과정을 통해 만들어진 생각이나 개념이기 때문에 명확한 특성이 있다.

정화(丁火)의 인성(印星)은 학문적, 철학적, 예술적 깊이가 있고 쉽게 따라 할 수 없는 독창성을 지니고 있다.

사화(巳火)의 인성(印星)은 생각이 지나치게 많으며 행동까지 이어지기 위해서는 유금(酉金)이나 천간(天干)으로 인성(印星)이 투간(透干)되어야 한다.

오화(午火)의 인성(印星)은 열정과 조급함이 함께 있어 자칫 잘못된 판단을 할 수 있다.

◎ 오행의 십성별 특징

구분	십성	장점	단점	비고
병(丙)	인성 (印星)	세상에 널리 알려지는 보편성과 대중성이 있는 철학, 사상, 예술 등에 연관된다.	자기만의 생각이 우월하다고 주장하는 것은 타인에게 거부감을 줄 수 있다.	병정화(丙丁火)는 천간지지(天干地支)의 목기(木氣)와 금기(金氣)에 의해 가치가 결정된다.
정(丁)	인성 (印星)	깊이 있게 뚫고 들어가는 학문적 철학적 재능이 있으며 대중적이지는 않지만 특정 분야에서 최고의 전문가가 될 수 있다.	가르치는 선생이 직업적으로 맞으나 혼인 생활에서는 배우자와 갈등이 생길 개연성이 있다.	
사(巳)	인성 (印星)	생각이 빠르고 실행력이 있어 일단 마음먹으면 정열적으로 일을 추진한다.	지나치게 공상이나 잡념이 많고 재성이 없으면 현실성도 떨어져 실현 가능성이 없다.	사유축합(巳酉丑合)이 되면 독창성 창조성이 나온다.
오(午)	인성 (印星)	자신이 하는 일에 대한 무한 열정과 에너지가 있어 늘 최선을 다한다.	열정이 조급함으로 발현되면 실수가 많다. 타인과 마찰이나 의견 충돌이 심하다.	인오술삼합(寅午戌三合)이 되면 자신의 일에 대한 완성도가 높아진다.

3) 토(土)의 음양(陰陽)

토(土)는 사주적으로 음양(陰陽)의 구분이 명확하지 않은 특성이 있다. 이는 중화(中和)라는 기운을 지닌 본질 때문인데 그럼에도 불구하고 음양(陰陽)은 어디든 존재한다.
그러나 실제 현실에서 체감되는 느낌은 매우 약하다.
따라서 토(土)의 음양(陰陽)은 능동성 추진력 목적의지로 판단해서는 안 되며 음양(陰陽)의 조화(調和)와 부조화(不調和)로 해석해야 한다. 음양(陰陽)의 조화(調和)와 부조화(不調和)의 기준은 토(土)의 성질과 세기에 의해 결정된다.
오행(五行)의 원활한 순환과정을 통해 음양(陰陽)의 조화(調和)와 부조화(不調和)가 결정되며 특히 토(土)의 적(敵)은 토(土)라는 말이 있을 만큼 토(土)의 중첩은 오히려 중화(中和)작용을 훼손시키는 역할을 한다. 사주에서 토다(土多)는 모든 오행(五行)을 훼손시키는 기운(氣運)을 가지고 있다.

토다(土多)의 부작용은 건조한 토(土)를 의미하며 화(火)가 없는 습토(濕土)도 비슷한 작용이 나타난다.
토다(土多)의 목(木)은 뿌리를 마르게 하고 토다(土多)의 화(火)는 발산의 기운을 고정하고 토다(土多)의 금(金)은 매금(埋金)하여 가치를 훼손하며 토다(土多)의 수(水)는 방수(防守)하여 수기(水氣)를 한정하고 토다(土多)의 습토(濕土)는 화(火)가 없으면 수기(水氣)를 탁수(濁水)로 변질시킨다.

토(土)의 음양(陰陽)은 중화(中和)와 가교 역할이 핵심이지만 많으면 그 기능은 오히려 역기능으로 나타나게 된다.
반대로 토(土)가 없거나 약해도 불안정성은 가중된다.
토(土)가 없는 목(木)은 뿌리가 흔들리고 토(土)가 없는 화(火)는 불규칙한 팽창 확산이 일어나며 토(土)가 없는 금(金)은 단단하지 못해 결금(缺金)이 되고 토(土)가 없는 수(水)는 범람이 일어난다.

따라서 토(土)의 음양(陰陽)도 중화(中和)가 매우 중요하다.
토(土)의 상(相)은 자기 색깔은 없으나 맞춰주는 기능이 있고 한정하고 축장(蓄藏)하는 기능이 있어서 오행(五行)을 모두 다룰 수 있다.
계절과 계절 사이에 흔히 간절기라고도 하는데 이는 토(土)의 연결 기능이며 인체의 중심이 되는 위장, 비장 등 소화기에 관련해 있다.

◎ 신강토(身强土)의 희기(喜忌)

토(土) 일간이면서 월지(月支)가 토(土)이고 토화(土火)의 세력으로 강해지면 신강토(身强土)가 된다. 신강토(身强土)는 적당한 수기(水氣)로 습토(濕土)를 만들어 목(木)을 키워내고 금(金)을 생산하는 등 좋은 기능을 하나 수기(水氣)가 없어 조토(燥土)가 되면 목(木)을 마르게 하고 금(金)에 상처를 내는 등 매우 불리한 작용을 한다.
신강토(身强土)의 최종 목적지는 토생금(土生金)이다.
따라서 신강토(身强土)가 금(金)을 만나지 못하면 무덤(墓)으로 변질된다.

토(土)의 생산성은 수기(水氣)에 의해 결정된다.
따라서 수기(水氣)가 없는 조토(燥土)는 전혀 생산성을 기대할 수 없으며 그 기능은 무용지물이 된다.
조토(燥土)는 수기(水氣)와 습기(濕氣)가 강할 때 유용하게 사용된다.

▩ 신강토(身强土)가 된 사주

時	日	月	年
무(戊)	무(戊)	임(壬)	임(壬)
오(午)	술(戌)	진(辰)	술(戌)

◎ 무토(戊土) 일간이 진월(辰月)에 태어났고 토화(土火) 기운이 매우 강해 신강토(身强土)가 되었으나 이를 극(剋)하거나 설기(洩氣)시킬 목(木)이나 금(金)이 없다.

이 경우 토(土)의 기운으로 종왕격(從旺格) 혹은 가색격(稼穡格)이 되면 토화운(土火運) 때 목적 달성이 될 수 있는 구조가 되지만 이처럼 임수(壬水)가 강하면 설기(洩氣)가 심해 종(從)하기 다소 어려워진다.

이 사주는 무토(戊土)가 임수(壬水)의 제방 역할을 하기 때문에 양(陽)적으로 작용한다고 해석해야 한다.

목(木)으로 직접 극(剋)하는 것보다는 금(金)으로 설기(洩氣)시키는 것이 유용하다. 그러나 아쉽게도 사주에 금(金)이 없다.

용신은 금(金)이다.

▨ 신강토(身强土)가 된 사주

時	日	月	年
무(戊)	기(己)	갑(甲)	계(癸)
진(辰)	미(未)	진(辰)	유(酉)

◎ 기토(己土) 일간이 진월(辰月)에 태어났고 토화(土火)가 강해 신강토(身强土)가 되었다.
다행히 천간(天干)의 갑목(甲木)과 지지(地支)의 유금(酉金)이 토기(土氣)의 상당 부분을 조절하여 중화(中和)하고 있다.
위 사주는 천간(天干)으로 병화(丙火)가 들어올 때 발복하는 구조이며 기토(己土)가 갑목(甲木)을 키우는 입장임으로 음(陰)적인 성향이 나타난다.
용신은 병화(丙火) 갑목(甲木)이다.

◎ 신약토(身弱土)의 희기(喜忌)

신약토(身弱土)는 대부분 음토(陰土)로 작용하며 그 주요 기능은 목(木)을 키우거나 금(金)을 생(生)해 준다.
토(土) 일간이 실령(失令)한 상태에서 목금수(木金水)가 강하면 신약토(身弱土)가 된다.
그중에서도 목기(木氣)가 강하면 건강에 치명적이며 불리한 작용을 하므로 특히 주의해야 하는데 위장 등 소화기 계통에 병증이 자주 발생한다.

음토(陰土)가 양토(陽土)보다 충격 흡수력이 다소 약한 모습을 보이며 일간이 합(合)이 될 때 사건사고가 자주 일어난다.
화(火)가 없는 신약토(身弱土)는 목(木)을 성장시킬 수 없다.
이 경우 수기(水氣)가 있어도 수생목(水生木)이 되지 않아 습기(濕氣)가 가중되는 형태를 보이기도 한다.

▧ 신약토(身弱土)가 된 사주

時	日	月	年
을(乙)	무(戊)	갑(甲)	임(壬)
묘(卯)	인(寅)	인(寅)	자(子)

◎ 무토(戊土) 일간이 인월(寅月) 태어났고 목기(木氣)가 강해 신약토(身弱土)가 되었다.

강력한 목극토(木剋土)로 인해 건강이 나빠지고, 인내심, 추진력, 지구력 등이 무력한 구조이다. 무엇보다 천간(天干)으로 병화운(丙火運)이 들어와야 목적 실현이 될 수 있다.

위 사주는 무토(戊土)가 제방 역할과 목(木)을 키우는 역할을 함께 가지고 있어 음양(陰陽)의 성질이 함께 존재한다.

다만 인월(寅月)의 무토(戊土)는 생산성이 떨어지는 단점이 있다.

용신은 병화(丙火)와 금기(金氣)이다.

▨ 신약토(身弱土)가 된 사주

時	日	月	年
갑(甲)	기(己)	병(丙)	계(癸)
자(子)	묘(卯)	인(寅)	유(酉)

◎ 기토(己土) 일간이 인월(寅月)에 태어나고 목기(木氣)가 강해 신약토(身弱土)가 되었지만 월간(月干) 병화(丙火)가 뿌리가 있고 일간을 생(生)해 주니 무난히 목적 달성이 되는 사주 구조이다.

병(病)이 있는데 약(藥)이 있는 격이다. 그러나 위장 등 소화기 계통이 약할 수 있음으로 건강에 주의해야 한다. 따라서 이 사주는 기토(己土)가 병화(丙火)의 도움으로 목(木)을 키울 수 있으므로 음(陰)적 성향이 나온다.

용신은 병화(丙火)이다.

● 초토(焦土)

화기(火氣)가 지나치게 강해 땅이 메마른 상태이며 어떤 목(木)도 자랄 수 없고 금(金)도 품을 수 없는 죽음의 상태를 의미하지만 전혀 역할이 없거나 사용 불가한 상태는 아니다.

초토(焦土)도 운(運)에서 강력한 수기(水氣)가 들어오면 활토(活土)로 변화되어 초목(草木)을 키우고 금(金)을 생(生)하며 습기(濕氣)를 제거하는 역할을 하기도 한다.

초토(焦土)는 사오미술월(巳午未戌月)에 수기(水氣)가 없거나 무력(無力)할 경우 발생된다.

초토(焦土)는 음양(陰陽)의 구분이 없으며 수기(水氣) 없이는 어떤 작용도 할 수 없다.

▨ 초토(焦土)가 된 사주

時	日	月	年
을(乙)	무(戊)	정(丁)	무(戊)
묘(卯)	술(戌)	미(未)	자(子)

◎ 무토(戊土) 일간이 미월(未月) 태어났고 강한 화기(火氣)와 조토(燥土)의 기운으로 인해 초토(焦土)가 되었다.

연지(年支)에 자수(子水)가 있지만 초토(焦土)를 막기에는 역부족이다.

강력한 수운(水運)이 들어오지 않으면 목적 달성이 어려운 구조이다.

위 사주는 부족하지만 수기(水氣)가 있어 사목(死木)까지 되지는 않지만 척박한 환경에서 자라는 잡목(雜木)의 형태가 된다. 따라서 음(陰)적 기운이 나타난다.

용신은 수기(水氣) 금기(金氣)이다.

▨ 초토(焦土)가 된 사주

時	日	月	年
정(丁)	기(己)	병(丙)	계(癸)
묘(卯)	사(巳)	오(午)	유(酉)

◎ 기토(己土) 일간이 오월(午月)에 태어났고 화기(火氣)가 강해 초토(焦土)가 되었다.

그러나 연주(年柱)에 계유(癸酉)가 있어 초토(焦土)를 어느 정도 완화시키는 역할을 하고 있다.

이런 경우 천간(天干)으로 신금(辛金) 임수(壬水) 계수(癸水)운이 들어오면 초토(焦土)가 활토(活土)로 변화되어 생산성이 발생된다. 위 사주는 음토(陰土)로 작용한다.

용신은 양목(陽木)과 수기(水氣)이다.

● **변토(變土)**

변토(變土)는 금(金)으로 인해 발생하는 토(土)이므로 기본적으로 음토(陰土)이다.

금기(金氣)가 많아 토(土)의 설기(洩氣)가 심하여 제방이 무너지는 현상으로 토(土)의 형태에 변형이 오는데 이를 변토(變土)라고 한다.

일주(日柱)가 변토(變土)가 되면 하는 일마다 중단 멈춤 현상이 일어나고 건강에도 매우 안 좋은 영향을 미친다. 특히 소화기 계통과 폐, 대장 등에도 영향을 준다.

토(土)는 어머니처럼 초목(草木)과 금기(金氣)를 키우지만 자식이 너무 많으면 힘이 드는 것처럼 토(土)의 기능도 상실된다.

즉 한 어머니가 동시에 많은 아기를 돌볼 수 없는 이치가 바로 변토(變土)이다.

▩ 변토(變土)가 된 사주

時	日	月	年
병(丙)	무(戊)	신(辛)	경(庚)
진(辰)	신(申)	유(酉)	자(子)

◎ 무토(戊土) 일간이 유월(酉月)에 태어났고 금기(金氣)가 강해 변토(變土)가 된 사주이다.

시간(時干)에 병화(丙火)가 있지만 변토(變土)를 막는 데는 역부족이다.

위 사주는 토(土)의 역부족 현상이 일어나 실제 신체장애가 있고 건강으로 인해 정상적인 사회생활이 어려운 상황이다.

위 사주는 음(陰)적 성향이 나온다.

용신은 양목(陽木)과 화기(火氣)이다.

▩ 변토(變土)가 안 된 사주

時	日	月	年
정(丁)	기(己)	신(辛)	신(辛)
묘(卯)	유(酉)	유(酉)	해(亥)

◎ 기토(己土) 일간이 유월(酉月)에 태어났고 금기(金氣)가 강해 변토(變土)가 만들어지는 형상이나 다행히 시간(時干)에 있는 정화(丁火)가 천간(天干)의 금기(金氣)를 다소 약화시켰고, 지지(地支)에서는 묘유충(卯酉沖)으로 금기(金氣)가 흔들려 변토(變土)가 되지 않았다.

강한 금기(金氣)를 제어할 수 있는 열화(熱火)가 있으면 변토(變土)가 상당 부분 완화된다. 위 사주는 음양(陰陽)의 기운이 함께 있다.

용신은 화기(火氣)와 수기(水氣)이다.

● 유토(流土)

유토(流土)는 수기(水氣)로 인해 발생되는 토(土)의 형상으로 대부분 양(陽)으로 작용하지만 목(木)이 있으면 음양(陰陽)의 기운이 함께 나타난다.
수기(水氣)가 강하면 토(土)의 유실(流失)이 일어나 흙탕물이 되고 토(土)가 떠내려가는데 이를 유토(流土)라 한다.
유토(流土)는 습토(濕土)와 수기(水氣)가 많아 발생되는 경우가 대부분이며 습토(濕土)의 특성상 높이가 낮아 제방 역할을 못하며 물을 흡수하는 기능이 없다.
또 목기(木氣)가 약한 습토(濕土)는 더욱 유토(流土)를 가중시킨다.
운(運)에서 양화(陽火)와 양목(陽木), 조토(燥土)가 들어오면 유토(流土)는 완화되거나 치유된다.
유토(流土)의 실제 현상을 비유하면 해변가의 토사유실(土砂流失)과 같은 것일 수 있으나 경우에 따라서는 제방유실(堤防流失) 같은 거대한 사건 사고로 이어질 수도 있다.

▧ 유토(流土)가 된 사주

時	日	月	年
을(乙)	기(己)	임(壬)	경(庚)
축(丑)	해(亥)	신(申)	자(子)

◎ 기토(己土) 일간이 신월(申月)에 태어났고 수기(水氣)가 강해 유토(流土)가 되었다.

유토(流土)는 목(木)을 부목화(浮木化)시키거나 뿌리를 썩게 만들어 사목(死木)을 만든다.

생금(生金)을 하지 못하고 금(金)을 녹슬게 만들어 사회적 경제적 가치를 떨어지게 만든다. 대부분 유토(流土)는 기토(己土)에서 발생되며 무토(戊土)에서는 제방이 무너질 경우만 유토(流土)가 된다. 그러나 무토(戊土)가 무너지는 경우는 극히 드물며 천간(天干)에 목기(木氣)나 화기(火氣)가 전혀 없거나 무력해야 발생된다.

용신은 양목(陽木)과 화기(火氣) 조토(燥土)이다.

▧ 유토(流土)가 된 사주

時	日	月	年
임(壬)	무(戊)	갑(甲)	임(壬)
자(子)	자(子)	신(申)	자(子)

◎ 무토(戊土) 일간이 신월(申月)에 태어났고 수기(水氣)가 강해 유토(流土)가 되었다.

위 사주는 무토(戊土)의 제방이 무너지는 형태를 보인다.

무토(戊土)의 제방이 무너지는 경우는 대형 사건사고가 발생된다.

제방으로 작용하는 무토(戊土)는 양토(陽土)로 작용한다.

용신은 화기(火氣)와 조토(燥土)이다.

● 경토(傾土)

경토(傾土)는 내가 주체가 되지 못하는 가장 약한 토(土)이다.
따라서 대부분 음토(陰土)로 작용한다.
목기(木氣)가 강하면 토(土)를 극(剋)하여 흙이 파헤쳐져서 토(土)의 형태가 일그러지고 기울어진다.
금(金)이 강해 무너지는 변토(變土)와 그 특성이 비슷한데 다른 점은 변토(變土)에 비해 사건사고가 더 많고 강력하다는 것이다. 예를 들면 변토(變土)는 타고난 장애와 건강 악화라면 경토(傾土)는 후천적인 사건사고에 의해 만들어진 장애와 건강 악화라고 볼 수 있다.
따라서 목기(木氣)가 강한데 금기(金氣)가 없으면서 토기(土氣)는 약하다면 경토(傾土)를 의심해야 한다. 경토(傾土)는 목(木)에 의해 극(剋)을 받는 형태이므로 음토(陰土)로 작용하며 건강이 나쁘다.

▩ 경토(傾土)가 된 사주

時	日	月	年
무(戊)	무(戊)	갑(甲)	임(壬)
오(午)	인(寅)	인(寅)	자(子)

◎ 무토(戊土) 일간이 인월(寅月) 태어났고 목기(木氣)가 강해 경토(傾土)가 되어 토(土)의 형태가 변형되었다.
강력한 목극토(木剋土)로 인해 건강이 나쁘고 각종 사건사고가 자주 발생되는 사주구조이다. 금기(金氣)로 제거해 주는 방법과 화(火)로 설기(洩氣)시키는 방법이 있다.

용신은 금기(金氣)과 화기(火氣)이다.

▨ 경토(傾土)가 된 사주

時	日	月	年
갑(甲)	기(己)	병(丙)	을(乙)
자(子)	묘(卯)	인(寅)	묘(卯)

◎ 기토(己土) 일간이 병인(丙寅)월에 태어났고 지지(地支)에 목기(木氣)가 강해 경토(傾土)가 된 사주이다. 목(木)을 키우기 적합한 구조이며 비록 목(木)이 강하지만 생산성이 있는 경토(傾土)로 작용한다. 따라서 위 사주는 음(陰)적 작용을 한다.
용신은 금기(金氣)과 화기(火氣)이다.

※ 고서에 의하면 토(土)가 많은데 목(木)이 약하면 목(木)이 자랄 수 없고 목(木)이 많은데 토(土)가 약하면 토(土)가 상(傷)한다고 되어 있다.

◎ 토(土)의 특수 작용 (십성별 특징)

◆ 비겁(比劫)이 토(土)일 때

비겁(比劫)이 토(土)일 때 자기중심적이고 이기적인 특성이 있다.
겉보기에는 포용력과 너그러움이 있어 보이지만 속마음은 자기만의 아집과 고집이 있으며 냉철하고 차가운 기운이 있다.
공감능력이 뛰어나고 순수하지만 경우에 따라서는 감정 기복이 심하고 자기중심적 이어서 가까운 사람들에게 상처를 주기 쉽다.
즉 안과 밖의 모습이 다르다.
비견(比劫)은 원래 주체적이고 능동적이지만 토(土)의 비겁(比劫)은 수동적이고 중화(中和)적인 특색이 있다.
따라서 일간을 포함한 비겁(比劫)이 토(土)일 경우 겉만 보고 사람을 판단해서는 안 되며 오랜 시간 동안 행동을 본 후에 판단해야 한다.

무토(戊土)의 비겁(比劫)은 중후한 매력이 있으나 무뚝뚝하고 자상함이나 재미가 없다.
주로 높이로 작용하며 권위적이고 보수적이다.
기토(己土)의 비겁(比劫)은 자기중심적이고 이기적이며 계산이 밝아 현실적이다.
넓이로 작용하며 실제 이익을 중요하게 생각한다.
축진습토(丑辰濕土)의 비겁(比劫)은 수목(水木)을 통하여 욕망을 실현할 수 있는 기능을 가지고 있다.
미술조토(未戌燥土)의 비겁(比劫)은 군겁쟁재(群劫爭財)를 일으키기도 하지만 습(濕)한 사주에서는 습기(濕氣)를 제거하여 사회적 목적 실현을 하게도 한다.

◎ 오행의 십성별 특징

구분	십성	장점	단점	비고
무(戊)	비겁(比劫)	실리보다는 명분과 의리를 중시하나 경우에 따라서는 겉과 속이 다를 수 있다.	지나치게 보수적이고 체면 등을 따진다. 실속이 약하다.	무기토(戊己土)의 비겁(比劫)은 재성(財星)을 취할 수 있는지가 가장 중요하다. 즉 비겁득재(比劫得財)의 여부를 살펴야 한다.
기(己)	비겁(比劫)	생산성이 있고 현실적이어서 실익을 추구한다.	이기적이고 이익을 지나치게 추구하는 경향을 보인다.	
축진습토(丑辰濕土)	비겁(比劫)	생산성을 추구하며 목(木)과 금(金)을 키워 낼 수 있다.	습기(濕氣)가 강하며 변질이 일어난다. 남자는 특히 인간관계나 가족관계에서 어려움이 있다.	축진습토(丑辰濕土)는 충(沖)이 발생할 때 입묘(入墓)현상이 일어나며 사건사고가 발생된다.
미술조토(未戌燥土)	비겁(比劫)	습기(濕氣)가 강할 때 사주를 정상적으로 만들어 주며 재물을 담는 그릇 역할을 한다.	성격이 조급하고 끈기와 인내심이 약하다. 감정 기복으로 인한 욱하는 성향으로 대인관계가 어렵다.	미술조토(未戌燥土)는 수기(水氣)를 막아 방파제 역할을 할 때 가장 가치가 있다.

◆ 식상(食傷)이 토(土)일 때

식상(食傷)이 토(土)일 때 자기표현이 중화(中和)되어 자신의 고유 색상을 드러내기보다는 그때그때 상황에 맞게 변화되는 모습을 보여준다. 십성 중 가장 식상(食傷)의 표현력이 제한되는 것이 바로 토(土)의 식상(食傷)이다.

선명성 독창성이 나타나기 위해선 지장간(地藏干) 속의 오행이 천간(天干)으로 표상되어야 가능한 일이다. 그러나 투간(透干)되지 못했을 때는 감춰진 재능에 불과하게 된다. 직업은 선생 종교 철학 의료 등 사람을 도와주고 키워내는 활인업(活人業)이 잘 맞는다.

무토(戊土)의 식상(食傷)은 묵묵히 밭을 가는 소의 형상으로 근면 성실한 모습이다.

기토(己土)의 식상(食傷)은 생산성을 추구하는 성향이 강하고 실무적 변화성이 강하다.

축진습토(丑辰濕土)의 식상(食傷)은 지장간의 오행이 천간(天干)으로 투간(透干)되었는지 여부에 따라 입묘 표상 등이 나타날 수 있다.

미술조토(未戌燥土)의 식상(食傷)은 재성(財星)이 있어도 생(生)이 되지 않아 오히려 나쁜 작용을 하게 된다.

◎ 오행의 십성별 특징

구분	십성	장점	단점	비고
무(戊)	식상(食傷)	믿음과 책임감이 있어 임무가 맡겨지면 최선을 다해 일한다. 자신의 감정을 잘 숨긴다.	일을 할 때 능률성이 떨어진다. 표현력이 약하고 근면성실하나 실제 결과나 생산성 면에서는 실적을 내기 어렵다.	무기토(戊己土)의 식상(食傷)은 재성(財星)을 생(生)할 수 있는지가 관건이다. 즉 식신생재(食神生財)가 되는지가 가장 중요하다.
기(己)	식상(食傷)	병화(丙火)와 갑목(甲木)을 보면 최고의 성과를 낼 수 있다.	이기적이고 이익을 지나치게 추구하는 경향을 보인다.	
축진습토(丑辰濕土)	식상(食傷)	강한 화기(火氣)를 고정할 수 있다. 생산성을 추구한다.	남의 일에 연관되어 실속 없이 구설이나 관재가 발생된다.	축진습토(丑辰濕土)는 충(沖)이 발생할 때 입묘(入墓)현상이 일어나며 사건사고가 발생된다.
미술조토(未戌燥土)	식상(食傷)	수기(水氣)가 강할 때 수기(水氣)를 제거하거나 막아주는 역할을 한다.	불안정성이 강하여 잘못된 판단을 하기 쉽다.	미술조토(未戌燥土)는 수기(水氣)를 막아 방파제 역할을 할 때가 가장 가치가 있다.

◆ 재성(財星)이 토(土)일 때

재성(財星)이 토(土)일 때 재물에 대한 계산과 예측 등 욕망이 가장 커진다.

토(土)의 재성(財星)은 정밀한 기계와 같다. 어떤 일을 추진하든 그냥 실속 없는 일은 하지 않는다.

필요에 의해 가치가 발생되는 일에만 매진한다.

불필요한 낭비가 없고 꼭 써야 할 곳도 두 번 이상 생각하는 신중함이 있다.

경우에 따라서 기회를 놓치는 경우도 있지만 단점이라고는 할 수 없다.

재성(財星)과 토(土)의 본질이 모두 현실적이어서 다소 인간미가 떨어질 수 있다.

무토(戊土)의 재성(財星)은 거대한 산맥 안에 숨어 있는 금광 같은 존재이다.

찾는다면 대단한 성공을 하겠지만 찾는 일이 쉽지 않다.

기토(己土)의 재성(財星)은 눈에 보이는 것만 믿는 재물이다. 미래의 가치보다는 현재의 가치에 집중한다.

축진습토(丑辰濕土)의 재성(財星)은 금(金)을 키우고 목(木)을 자라게 하는 것에 매진하면서 가끔 화기(火氣)를 죽이는 일도 한다.

미술조토(未戌燥土)의 재성(財星)은 습기 제거가 최고의 가치이나 가끔은 화기(火氣)를 대신하기도 한다.

◎ 오행의 십성별 특징

구분	십성	장점	단점	비고
무(戊)	재성(財星)	가능성이 있는 미래가치에 마음을 둔다. 명분과 의리를 중시하며 강한 책임감이 있다.	체면과 명분을 중시하며 비현실성으로 인해 성공과 목적 달성이 어렵다.	무기토(戊己土)의 재성(財星)은 재생관(財生官)이 되는지가 관건이다.
기(己)	재성(財星)	현실적으로 가능성 있는 재물을 추구하며 현재 가치에 초점을 맞추고 있다.	눈에 보이는 것만 믿다 보니 정말 큰 이익을 취하기 어렵다.	
축진습토(丑辰濕土)	재성(財星)	가장 중요한 기능과 목적은 토생금(土生金)이며 화기(火氣)가 있다면 목(木)도 키울 수 있다.	자칫 토다금매(土多金埋)가 될 수 있다.	축진습토(丑辰濕土)는 충(沖)이 발생할 때 입묘(入墓)현상이 일어나며 사건사고가 발생된다.
미술조토(未戌燥土)	재성(財星)	월지(月支)에 미토(未土)는 화기(火氣)로 보며 술토(戌土)는 화(火)의 고(庫)여서 오히려 화기(火氣)를 약화시킬 수 있다.	조울증세가 있고 감정 기복이 심하다. 욱하는 성향이 강하다.	미술조토(未戌燥土)는 수기(水氣)를 막아 방파제 역할을 할 때 가장 가치가 있다.

◆ **관성(官星)이 토(土)일 때**

관성(官星)이 토(土)일 때 직업에 대한 관점이 사회성과 밀접한 연관이 있다. 대표적으로 공직이나 대기업 등 사회적으로 인정받는 간판급 직장을 선호하는 경향이 뚜렷하다. 토(土)는 모든 오행을 보관하는 특성이 있으므로 어디 가서든 그 직장의 특성에 맞게 잘 적응하는 편이다. 다만 발전성이 부족하고 창의성이나 선명성이 약해 자칫 무능해 보일 수 있다는 점을 유의해야 한다. 기본적으로 명분과 명예를 추구하며 보수적인 특성이 있다.

무토(戊土)의 관성(官星)은 지나치게 무게감이 있어 회사에서는 환영받을지 몰라도 가정에서는 최악의 배우자가 될 수 있다.

기토(己土)의 관성(官星)은 실용성을 추구하며 같은 직장에서도 동료들 간의 경쟁심리가 매우 강하다.

축진습토(丑辰濕土)의 관성(官星)은 습토(濕土)의 관성(官星)으로 인성(印星)이 있으면 명예와 권력을 잘 보존할 수 있다.

미술조토(未戌燥土)의 관성(官星)은 조토(燥土)의 관성(官星)으로 생금(生金)이 어려워 반드시 수기(水氣)가 있어야 명예와 권력이 유지된다.

◎ 오행의 십성별 특징

구분	십성	장점	단점	비고
무(戊)	관성(官星)	속을 알 수 없는 사람으로 겉보기엔 완벽한 모범생적인 기질을 가지고 있다.	은근한 욕망을 숨기고 있어 언제든 숨겨진 나쁜 혹은 다른 모습의 본성이 나올지 모른다.	무기토(戊己土)의 관성(官星)은 관인상생(官印相生)이 되는지가 가장 중요하다. 습토(濕土)는 생금(生金)이 되지만 조토(燥土)는 단독으로 생금(生金)이 어렵다.
기(己)	관성(官星)	경쟁심리 승부욕이 강하고 지기 싫어하여 직장 내에서 진급 승진 등이 빠른 편이며 성공하기 유리하다.	이기적이고 자기중심적이어서 주변의 비난이 있을 수 있다. 배우자의 출세보다는 자신의 앞날이 더 중요하다.	
축진습토(丑辰濕土)	관성(官星)	습토(濕土)의 관성(官星)은 관인상생(官印相生)을 향해 간다. 금(金)을 향해 모든 것을 희생한다.	지나치면 토다금매(土多金埋)의 염려가 있다.	축진습토(丑辰濕土)는 충(沖)이 발생할 때 입묘(入墓)현상이 일어나며 사건사고가 발생된다.
미술조토(未戌燥土)	관성(官星)	수기(水氣)가 강할 때 방파제 역할과 재물을 담는 그릇 역할을 한다.	타인의 시선을 지나치게 의식하며 정신적으로 피로감 스트레스가 심하다.	미술조토(未戌燥土)는 수기(水氣)를 막아 방파제 역할을 할 때 가장 가치가 있다.

◆ 인성(印星)이 토(土)일 때

인성(印星)이 토(土)일 때 생각의 깊이 현실성 실용성 등을 갖추고 있어 사업이나 장사에 도움을 받을 수 있다. 이때 습토(濕土)와 조토(燥土)의 영향이 다른데 습토(濕土)는 신중하게 절차적으로 일을 진행한다면 조토(燥土)는 신속하게 비규칙적으로 일을 진행한다. 따라서 결과는 조토(燥土)보다는 습토(濕土)가 실수와 오판을 줄일 수 있다. 인성(印星)은 저장장치이고 토(土) 역시 오행의 창고 역할을 하고 있다. 그래서 가장 인성(印星)이 인성(印星)다운 것이 바로 토(土)의 인성(印星)이라고 할 수 있다. 그중에서도 습토(濕土)가 금(金)을 생(生)해주면 최고의 관인상생(官印相生)이 된다.

관인상생(官印相生)은 사회적 가치가 보존된다는 의미가 있다.

무토(戊土)의 인성(印星)은 철학적, 종교적, 학문적으로 최고의 재능이 나타난다.

기토(己土)의 인성(印星)은 이익 추구, 현실성, 실용성 등을 갖추고 있어 사업이나 장사에 최고의 재능이 나타난다.

축진습토(丑辰濕土)의 인성(印星)은 **관인상생(官印相生)을 통해 사회적 목적 달성을 할 수 있다.**

미술조토(未戌燥土)의 인성(印星)은 수기(水氣)의 여부에 따라 생산성과 비생산성을 구분할 수 있다.

◎ 오행의 십성별 특징

구분	십성	장점	단점	비고
무(戊)	인성(印星)	정신적인 것을 추구하며 철학, 종교, 과학, 인문학 등에 재능이 있다.	비현실적인 면이 있어 경제적으로 어려울 수 있다.	무기토(戊己土)의 인성(印星)은 재극인(財剋印)과 탐재괴인(貪財壞印)이 되는지 살펴야 한다.
기(己)	인성(印星)	실용학문이나 실용적 상업 등에 관심이 있고 경제적으로 윤택한 편이다.	이기적이고 이익을 지나치게 추구하는 경향을 보인다.	
축진습토(丑辰濕土)	인성(印星)	대인관계가 좋고 사람들 사이에 신뢰를 얻는다.	생각이 지나치게 많고 조건을 중요시하는 경향이 있다.	축진습토(丑辰濕土)는 충(沖)이 발생할 때 입묘(入墓)현상이 일어나며 사건사고가 발생된다.
미술조토(未戌燥土)	인성(印星)	속도감이 있어 어떤 일을 맡겨놓으면 진행이 빠르다.	호불호(好不好)가 너무 극명하여 쓸데없이 적을 만들기 쉽고 직설적이어서 다툼이 잦다.	미술조토(未戌燥土)는 수기(水氣)를 막아 방파제 역할을 할 때 가장 가치가 있다.

4) 금(金)의 음양(陰陽)

◎ 금(金)의 음양(陰陽)

득화이예(得火而銳)
득수이청(得水而淸)
토윤즉생(土潤則生)의

성사 여부를 보고 사주에 목(木)이 있는지 수(水)가 있는지에 따라 음양(陰陽)이 결정된다.

금극목(金剋木)은 양금(陽金)의 성향이 나오고 금생수(金生水)는 음금(陰金)의 성향이 나온다.

양금(陽金)은 주체적이고 능동적이며 음금(陰金)은 객체적이고 수동적이다. 금(金)은 화(火)를 만나 가치를 만들고 가치를 만든 금(金)은 수(水)에 의해 드러나고 완성된다.

금(金)이 약할 때는 습토(濕土)로 생기(生氣)를 얻은 다음 화(火)로 제련하고 수(水)를 통해 예금(銳金)을 완성한 후에 목(木)을 취함으로써 목적 실현을 한다.

즉 금(金)은 토(土)→화(火)→수(水)→목(木)을 통해 열매를 얻고 최종 결실을 보는 것이다.

금기(金氣)가 가장 두려워하는 것은 화기(火氣)이지만 가장 필요한 성분이기도 하다.

금기(金氣)가 가장 반기는 것은 수기(水氣)이지만 금(金)을 녹슬게 만들기도 한다.

금기(金氣)가 가장 안전한 곳은 토(土)이지만 매금(埋金)시켜 사금화(死金化)시키기도 한다.

금기(金氣)가 가장 가지고 싶은 것은 목(木)이지만 목(木)이 강하면 오히려 목다금결(木多金缺)이 될 수도 있다.

금(金)은 오행 중 가장 단단한 물질이며 물상적으로는 바위 금속 등 모든 광물을 대표한다.

광물은 오랜 시간 인고의 세월을 거쳐 토(土) 속에서 만들어진다.

그래서 토(土)는 금기(金氣)의 어머니가 되는 것이다.

고서에서는 자식에게 한 명의 어머니가 필요한데 한 명의 자식에게 많은 어머니가 있는 것은 자식을 더 버릇없게 만들 수 있다고 토다금매(土多金埋)의 단점을 지적하고 있다.

따라서 토(土)와 금(金)은 균형이 중요한데 둘 중 한 오행이 강해도 문제, 약해도 문제가 된다.

토(土)가 강하고 금(金)이 약하면 매금(埋金)이 되고 금(金)이 강한데 토(土)가 약하면 토(土)가 기울어지는 경토(傾土)가 되기 때문이다.

금(金)의 본질은 차단하고 구분하는 것이며 목적은 금생수(金生水)하여 원원장류(源遠長流)로 항상성을 유지시키는 것이다.

또 부수적인 역할은 강한 토기(土氣)를 설기(洩氣)시키고 목(木)이 왕(旺)한 것을 극(剋)하여 균형을 맞춰 주는 기능도 한다.

사주에서 최종적인 금(金)의 목적 및 역할은 균형과 조화이다.

◎ 금(金)의 목적 및 역할

구분	본질	목적	역할
경(庚) 신(申)	차단, 구분, 숙살	금생수(金生水), 수(水)의 항상성, 원원장류(源遠長流)	토왕설기(土旺洩氣) 목왕상극(木旺相剋)
신(辛) 유(酉)	차단, 구분, 숙살	음목살기(陰木殺氣), 수생목(水生木) 차단	토왕설기(土旺洩氣) 수기(水氣) 고정

◎ 신강금(身强金)의 희기(喜忌)

신강금(身强金)은 목(木)이 있어 금극목(金剋木)이 된다면 양금(陽金)으로 작용한다.

금(金)일간이 금왕절(金旺節)인 신유술월(申酉戌月)에 태어나 금토(金土) 기운이 강하면 신강금(身强金)이 된다. 신강금(身强金)이 되면 가장 먼저 목(木)의 피상으로 인해 사목화(死木化)가 되며 이는 동양지목(棟梁之木)과 엄격히 구분되어야 한다.

동양지목(棟梁之木)이 사회적 가치와 목적 달성이 되는 것이라면 목(木)의 피상은 사건사고, 건강 악화, 사회적 실패, 목적 지체 현상, 일의 중단 등이 발생되는 것이다.

따라서 신강금(身强金)은 반드시 화기(火氣)가 있어야 하며 화기(火氣)를 지속시켜 줄 목기(木氣)도 함께 필요하다.

실제 금(金)일간의 경우 수(水)가 용신(用神)이 될 가능성이 가장 높다.

▩ 신강금(身强金)이 된 사주

時	日	月	年
기(己)	경(庚)	신(辛)	임(壬)
묘(卯)	신(申)	유(酉)	신(申)

◎ 경금(庚金) **일간이** 유월(酉月)에 태어났고 금기(金氣)가 강해 신강금(身强金)이 된 사주인데 시지(時支)의 묘목(卯木)이 금극목(金剋木)으로 피상당하고 있다. 위 사주는 병(病)이 있되 약(藥)이 없는 구조로 화극금(火剋金)이 절실한 상태이다.

금기(金氣)가 강할 때 습토(濕土)는 살기(殺氣)를 더욱 강하게 만든다.
위 사주는 어릴 때 소아마비로 장애가 있는 20대 후반 남성 사주이다.
따라서 금생수(金生水)와 금극목(金剋木)이 동시에 일어나고 있다.
용신은 화기(火氣)이다.

▩ 신강금(身强金)이 안 된 사주

時	日	月	年
갑(甲)	신(辛)	경(庚)	임(壬)
오(午)	유(酉)	신(申)	술(戌)

◎ 신금(辛金) 일간이 신월(申月)에 태어나 금기(金氣)가 강해 신강금(身强金)이 되었다. 위 사주는 병(病)이 있지만 다행히 약(藥)이 있는 사주 구조이다. 시주(時柱)의 갑오(甲午)가 금기(金氣)의 독주를 막고 연지(年支)의 술토(戌土)도 조토불생금(燥土不生金)으로 금기(金氣)를 배신하여 신강금(身强金)이 되는 것을 견제하고 있다.

따라서 이 사주는 금생수(金生水) 화극금(火剋金) 금극목(金剋木)이 동시에 일어나고 있다.

위 **신금(辛金)** 일간은 음양(陰陽)의 성향을 모두 가지고 있다.

용신은 화기(火氣)이다.

◎ 신약금(身弱金)의 희기(喜忌)

신약금(身弱金)은 금기(金氣)가 약해 금극목(金剋木)이 되지 않는 상태가 되어 음금(陰金)으로 작용한다.

금일간(金日干)이 화왕절(火旺節)에 태어나고 화목수(火木水)가 강할 때 신약금(身弱金)이 된다.

신약금(身弱金)은 금(金) 기운의 약화로 인해 실제 삶에서 우유부단, 결정장애, 끝마무리가 안 되는 용두사미(龍頭蛇尾)의 기운이 있다.

특히 신금일간(辛金日干)의 경우 신경쇠약, 공황장애, 불안증, 우울증 등 정신적 심리적으로 매우 불안정한 모습을 보인다.

신약금(身弱金)은 금기(金氣)나 습토(濕土)운 때 상황이 좋아진다.

반대로 화운(火運)이 들어오면 정신적으로 급속히 무너지거나 이혼, 퇴사 등 주변 상황도 악화되기 쉽다.

단 운(運)에서 토기(土氣)가 지나치게 강하게 들어와도 매금(埋金)현상이 일어날 수 있다.

▨ 신약금(身弱金)이 된 사주

時	日	月	年
기(己)	신(辛)	정(丁)	병(丙)
축(丑)	사(巳)	사(巳)	인(寅)

◎ 신금(辛金) 일간이 사월(巳月)에 태어나고 화기(火氣)가 강해 신약금(身弱金)이 되었다.

시지(時支)의 축토(丑土)가 지지(地支)의 열기(熱氣)를 다소 완화하는 형태이지만 신약금(身弱金)을 벗어나기엔 다소 역부족이다.

이 사주는 금토운(金土運)이 들어올 때 발복할 수 있다.

신금(辛金)은 정화(丁火)를 만나면 열즉희모(熱卽喜母)가 되어야 하는데 기토(己土)가 있어 다소 흉(凶)함이 완화된다.

용신은 수기(水氣)이다.

※ 열즉희모(熱卽喜母) : 신금(辛金)이 정화(丁火)를 피해 기토(己土)로 숨는 작용

▨ 신약금(身弱金)이 된 사주

時	日	月	年
병(丙)	경(庚)	경(庚)	임(壬)
자(子)	오(午)	오(午)	오(午)

◎ 경금(庚金) 일간이 오월(午月)에 태어나 화왕절(火旺節)인데 화기(火氣)까지 강해 신약금(身弱金)이 되었다.

다행히 천간(天干)의 경임(庚壬)이 화기(火氣)를 누르고 지지(地支)에서는 자수(子水)와 오화(午火)가 충(沖)하여 화기(火氣)를 약화시키고 있다.
이 사주는 신약금(身弱金)이긴 하지만 충분히 금(金)의 역할을 할 수 있으며 습토(濕土)운 때 발복하는 사주이다.
따라서 금생수(金生水)가 일어나 음금(陰金)의 기운이 나온다.
용신은 습토(濕土)와 수기(水氣)이다.

● **매금(埋金)**

매금(埋金)된 사주는 주체적이고 능동적으로 움직일 수 없기 때문에 당연히 음(陰)적인 성향이 강하게 나타난다.
토다금매(土多金埋)라고도 하는데 토(土)가 많으면 금(金)이 파묻혀 드러나지 못한다는 의미이다.
매금(埋金)은 목(木)으로 극(剋)하거나 금(金)으로 설기(洩氣)시키는 방법이 있는데 가끔은 수(水)로 쓸어버리는 방법이 쓰이기도 한다.
매금(埋金)은 금(金)의 입장에서는 최악의 상황이기 때문에 강력한 화기(火氣)보다 더 큰 두려움을 느끼기도 한다.
이를 외토지첩(畏土之疊)이라고 한다.
실제 토다금매(土多金埋)가 된 사주의 경우 일반적인 사회생활에서는 능력 발휘가 안 되는 데 비해 종교, 활인, 예술, 철학, 육영, 의료 등에서 탁월한 능력을 나타내기도 한다.
또한 매금(埋金)된 사주는 게으르고 우유부단한 모습이 자주 나타나므로 이를 경계해야 한다.

※ 외토지첩(畏土之疊) : 토(土)가 중첩되어 매금(埋金)된 상태로 금(金)이 강한 토(土)를 두려워한다는 의미이다.

▩ 매금(埋金) 된 사주

時	日	月	年
정(丁)	경(庚)	기(己)	무(戊)
축(丑)	신(申)	축(丑)	오(午)

◎ 경금(庚金) 일간이 축월(丑月)에 태어나 수왕절(水旺節)인데 토화(土火)기가 강하여 금(金)이 매금(埋金)되었다.

토다금매(土多金埋)된 사주는 사회적 목적 달성이 어렵고 건강도 나빠지기 쉽다.

매금(埋金)은 운(運)에서 목운(木運) 때 좋아진다. 위 사주는 안타깝게도 목기(木氣)가 없고 금기(金氣)도 약해 매금(埋金)된 사주가 되었다.

따라서 양(陽)적으로 작용하나 목적 실현은 어렵다.

용신은 양목(陽木)이다.

▩ 매금(埋金)이 안 된 사주

時	日	月	年
경(庚)	신(辛)	기(己)	기(己)
인(寅)	축(丑)	축(丑)	해(亥)

◎ 신금(辛金) 일간이 축월(丑月)에 태어나 수왕절(水旺節)인데 토기(土氣)가 강해 매금(埋金)된 사주이다. 수왕절(水旺節)에 화기(火氣)가 없는 경우 토

(土)는 빙하이며 수생목(水生木)은 물론 금생수(金生水)도 작용하지 못한다.
다행히 시주(時柱)에 경인(庚寅)이 있어 천간(天干)의 토기(土氣)를 설기(洩氣)시키고 지지(地支)는 인목(寅木)이 목극토(木剋土)하여 완전한 매금(埋金)에서는 벗어나는 사주이다.
가장 좋은 운(運)은 지지(地支)로 들어오는 유금(酉金)으로 축토(丑土)를 합(合)하여 토기(土氣)를 무력하게 만든다.
위 사주는 매금(埋金)이 안 된 사주로 능동적인 양(陽)의 성향이 강하게 나온다.
용신은 화목금(火木金)이다.

● 침금(沈金)

침금(沈金)은 금생수(金生水)를 기반으로 하고 있고 능동적이며 양(陽)적인 기운이 나오지만 실제로는 목적 실현이 어려워 음(陰)적인 성향으로 보여질 수 있다.
침금(沈金)이란 수다침금(水多沈金)을 의미하는데 수(水)가 많으면 금(金)이 잠긴다는 의미이다.

여기서 중요한 것은 경금(庚金)의 득수이청(得水而淸)과 신금(辛金)의 온윤이청(溫潤而淸)을 침금(沈金)과는 구분해야 한다.
경금(庚金)이 수(水)를 얻으면 빛이 나고 신금(辛金)이 따뜻한 수(水)를 만나면 가치가 만들어지지만 수다침금(水多沈金)은 토다금매(土多金埋)처럼 금(金)을 사금화(死金化)시킨다.

즉 금(金)은 많은 물이 필요한 것이 아니라 자신의 몸을 깨끗하게 닦아줄 정도의 작은 물만 있으면 족하다는 것이다.

그래서 금(金)에게는 지지(地支)의 수(水)는 사용 가치가 없다.

침금(沈金)된 사주는 조토(燥土)로 수기(水氣)를 제거하거나 목기(木氣)로 설기시키는 것이 상책이다.

▧ 침금(沈金) 된 사주

時	日	月	年
임(壬)	경(庚)	계(癸)	무(戊)
오(午)	자(子)	해(亥)	자(子)

◎ 경금(庚金) 일간이 해월(亥月)에 태어나 수왕절(水旺節)인데 수기(水氣)까지 강하여 침금(沈金)이 되었다.

침금(沈金)된 사주는 사회적 목적 달성이 어렵고 건강도 나빠지기 쉽다. 운(運)에서 양목(陽木)과 화기(火氣), 조토(燥土)가 올 때 좋아지고, 금수(金水)가 올 때 매우 위태롭다. 양(陽)적인 기운이 나오지만 목적 달성이 어렵다.

용신은 양목(陽木)과 화기(火氣) 조토(燥土)이다.

▧ 침금(沈金) 된 사주

時	日	月	年
무(戊)	신(辛)	임(壬)	계(癸)
자(子)	축(丑)	자(子)	사(巳)

◎ 신금(辛金) 일간이 자월(子月)에 태어나 수왕절(水旺節)이며 수기(水氣)가 강해 침금(沈金)이 된 사주이다.

다행히 시주(時柱)에 무토(戊土)가 임계수(壬癸水)의 제방 역할을 해주고 있고 지지(地支)에서는 연지(年支)에 사화(巳火)가 습기(濕氣)를 제거하려 노력하고 있지만 목기(木氣)가 없는 것이 매우 안타까운 사주이다.

양목운(陽木運), 화기운(火氣運), 조토운(燥土運) 때 발복하는 사주이다.

양(陽)적인 기운이 나오기 어려운 구조이다.

신금(辛金)은 금생수(金生水) 하기 어렵다.

용신은 양목(陽木)과 화기(火氣) 조토(燥土)이다.

● 결금(缺金)

결금(缺金)은 금극목(金剋木)을 하려다가 오히려 금(金)이 상(傷)한다는 의미가 있다.

즉 능동적이고 주체적인 양(陽)적 기운을 발휘하려다가 실패하고 능욕까지 당한 경우라고 볼 수 있다. 따라서 양(陽)적 기운이 정상적으로 나오기 어렵다.

목다금결(木多金缺)은 목(木)이 많거나 강하면 금(金)이 무력해진다는 의미이다.

특히 목왕절(木旺節)의 목(木)은 수기(水氣)가 있어 매우 질기고 단단하다. 무른 금(金)으로 공격했다가는 오히려 금결(金缺)이 만들어진다.

따라서 목수운(木水運) 때는 매우 불길하며 습토운(濕土運) 화운(火運) 때 발복한다.

금결(金缺)이 일어나면 좋게 의도했던 일이 오히려 나쁘게 변화되고 쉽게 예상되었던 일도 점점 어려워져 중단 지체 현상 등이 발생된다.

금결(金缺)을 가중시키는 요소는 화기(火氣)이며 완화시키는 요소는 습토(濕土)이다.

실제 금결(金缺)은 지지(地支)에서 많이 발생된다.

▩ 금결(金缺)이 된 사주

時	日	月	年
갑(甲)	경(庚)	갑(甲)	갑(甲)
신(申)	오(午)	인(寅)	자(子)

◎ 경금(庚金) 일간이 인월(寅月)에 태어나 목왕절(木旺節)인 데 목기(木氣)까지 강하여 금결(金缺)이 된 사주이다.

금결(金缺)이란 금(金)이 으스러진다는 의미로 자신의 노력 역량 재능에 비해 제대로 된 지위를 찾지 못하고 푸대접을 받는 경우가 많고 뼈 관련 질환에 노출되기 쉽다.

위 사주는 시지(時支)의 신금(申金)이 오화(午火)에 막혀 무력하고 갑목(甲木)은 지지(地支)의 인목(寅木)에 근(根)이 있어 매우 강하다. 위 사주의 금(金)은 양(陽)적 기운이 있으나 목적 달성은 어려운 구조이다.

용신은 금토(金土)이다.

▨ 금결(金缺) 된 사주

時	日	月	年
임(壬)	신(辛)	을(乙)	을(乙)
진(辰)	해(亥)	묘(卯)	미(未)

◎ 신금(辛金) 일간이 묘월(卯月)에 태어나 목왕절(木旺節)인데 지지(地支)가 해묘미(亥卯未) 삼합(三合)되어 목국(木局)이 만들어져 금결(金缺)이 된 사주이다.

시지(時支)의 진토(辰土)는 습토(濕土)라 제방 역할을 하지 못하고 오히려 수기(水氣)를 도와 수생목(水生木)을 강화시킨다.

묘월(卯月)은 화기(火氣)가 없어도 수생목(水生木)이 가능한 시기이다.

양(陽)적 기운이 발휘되기 어렵다.

용신은 천간 병화(丙火) 지지 사화(巳火) 유금(酉金)이다.

지지 삼합(三合)을 깨는 것이 포인트이다.

● 용금(熔金)

용금(熔金)은 화(火)가 강하여 금(金)이 녹는 형상이다.

화(火)의 강도에 따라 용금(熔金)은 쓸모 있게 바뀔 수도 있지만 지나치면 금(金)의 가치를 잃어버릴 수도 있다.

따라서 용금(熔金)은 수동적이고 객체적이며 참모 역할로 만족해야 한다.

화(火)가 너무 많아서 금(金)이 녹아 무력해진다.

용금(熔金)은 경금(庚金)보다는 신금(辛金)에게 더 치명적이며 건강과도 직결되어 있다.

화(火)는 강해질수록 빛(光)이 아닌 열(熱)로 작용하며 금(金)에게는 더욱 치명적인 독(毒)으로 변화된다. 용금(熔金)은 수기운(水氣運)과 습토운(濕土運) 때 완화되며 목화운(木火運)은 물론 조토운(燥土運) 때도 매우 좋지 않다.

예로부터 용금(熔金)은 기화생부(忌火生扶)라 하여 '적은 기승을 부리고 자신은 기진맥진되어 삶이 곤궁해진다'는 의미를 가지고 있다.

▩ 용금(熔金) 된 사주

時	日	月	年
정(丁)	경(庚)	병(丙)	무(戊)
축(丑)	인(寅)	오(午)	오(午)

◎ 경금(庚金) 일간이 오월(午月)에 태어나 화왕절(火旺節)인데 화기(火氣)까지 강하여 용금(熔金)이 되었다.

이를 화왕금용(火旺金熔)이라고 한다. 화왕금용(火旺金熔)은 건강 생명과 직결되는 매우 치명적인 상황이다.

각종 사건사고는 물론 기존의 길(吉)도 흉(凶)으로 바뀌는 형태를 보이기도 한다.

양목(陽木)은 용금(熔金)을 가중시키고 습토(濕土)는 중화시킨다.

용신은 수기(水氣)와 습토(濕土)이다.

▩ 용금(熔金) 된 사주

時	日	月	年
경(庚)	신(辛)	정(丁)	병(丙)
인(寅)	묘(卯)	사(巳)	오(午)

◎ 신금(辛金) 일간이 사월(巳月)에 태어나 화왕절(火旺節)인데 화기(火氣)가 강해 용금(熔金)된 사주이다. 시주(時柱)에 경인(庚寅)이 있어 오히려 천간(天干)의 화기(火氣)를 더욱 강하게 만든다. 또 지지(地支)는 화기(火氣)로 뒤덮여 완전히 용금(熔金)이 된 사주이다.

강력한 습토(濕土)가 약(藥)이 되는 사주이다.

신금(辛金)은 거의 음금(陰金)으로 작용하는데 을목(乙木) 이외에는 다른 목(木)은 극(剋)할 수 없기 때문이다.

용신은 수기(水氣)와 습토(濕土)이다.

◎ 금(金)의 특수 작용 (십성별 특징)

◆ 비겁(比劫)이 금(金)일 때

비겁(比劫)이 금(金)일 때 주체성 자존심 고집 집중력 세밀함 구분 차단 목적지향성이 강해진다.

공감능력이 뛰어나고 순수하지만 경우에 따라서는 감정 기복이 심하고 자기중심적인 행동을 하기도 한다.

금(金)의 비겁(比劫)은 겉보기에는 냉철하고 차가운 기운이 있지만 속마음까지 그런 것은 아니다.

따라서 오해를 사지 않게 표현력에 신경을 써야 한다.

말하지 않고 있으면 화난 것처럼 보이는 경우가 많다.

직업적으로는 자격증이나 면허증을 이용한 자영업이 잘 어울리며 조직 생활도 가능하지만 대인관계에서 어려움이 있을 수 있다.

경금(庚金)의 비겁(比劫)은 저돌성과 추진력이 있고
신금(辛金)의 비겁(比劫)은 승부욕, 경쟁심리가 강하며
신금(申金)의 비겁(比劫)은 마무리가 약한 단점이 있으며
유금(酉金)의 비겁(比劫)은 직관력, 선명성이 강해 타인과 어울리기 어렵다.

◎ 오행의 십성별 특징

구분	십성	장점	단점	비고
경(庚)	비겁(比劫)	추진력이 있다. 목표지향성(저돌성), 의리가 있다. 끈기가 있다.	폭력적이고 욱하는 성향이 있다. 고집이 강하다. 자기과신, 냉정함.	경금(庚金)은 화기(火氣), 신금(辛金)은 수기(水氣)에 의해 가치가 결정된다.
신(申)	비겁(比劫)	역동성이 있다. 긍정적이다. 승부욕이 강하고 충성심이 있다.	구속받기 싫어한다. 자유분방, 허세, 욕망이 강하다.	
신(辛)	비겁(比劫)	명석한 두뇌, 관리지향적, 섬세하고 여성적, 신용이 있다.	예민하고 까칠하다. 욱하는 성향이 있다. 병화(丙火)를 만나면 변화, 배신한다.	병화(丙火)를 만나면 봉신반겁(逢辛返怯)이 되어 변질된다.
유(酉)	비겁(比劫)	직관력, 예민, 현실적이다. 차단 구분하며 순수하고 자기 선명성이 있다.	집착이 있고 색정이 있다. 충성심이 약하고 냉혹하다. 고독하다.	사유축합(巳酉丑合)이 되면 주변 사람들을 동화시킨다.

◆ 식상(食傷)이 금(金)일 때

식상(食傷)이 금(金)일 때 자기표현은 절제되지만 자신과 맞지 않을 시 쉽게 분노하거나 좌절하는 경향을 보인다.

경금(庚金)은 뒤끝은 없으나 직선적으로 표현하며 남성적이고 신금(辛金)은 한 번 상처 받으면 쌓아두는 성격이며 말을 논리적으로 잘하나 상대에게 상처를 주기 쉽다.

특히 신금(辛金)이 상관(傷官)인 사람은 밥을 사 주고도 욕먹는다는 말이 있다. 이는 상대를 배려하지 않는 말로 인해 대인관계에서 손해를 보는 경우가 많다는 것을 의미한다. 따라서 말하기 전에 한 번 더 생각하는 습관을 들여야 하며 언행에 각별히 주의해야 한다.

신금(申金)의 식상(食傷)은 언어보다 행동이 우선이며 유금(酉金)의 식상(食傷)은 도화(桃花)의 기운이 있어 자기 색이 분명하다.

경금(庚金)의 식상(食傷)은 추진력과 행동이 앞서고
신금(辛金)의 식상(食傷)은 섬세하며 주목받고 싶어 하고
신금(申金)의 식상(食傷)은 말보다 행동이 앞서고
유금(酉金)의 식상(食傷)은 자기기운이 강하고 선명성이 있다.

◎ 오행의 십성별 특징

구분	십성	장점	단점	비고
경(庚)	식상(食傷)	직설적으로 표현하며 뒤끝은 없다. 한 번 말한 것은 지키려 노력한다. 명예와 자존심이 강하다.	표현이 거칠고 상대에게 무례해 보일 수 있다. 공감능력이 약하다. 성격이 급하다.	경금(庚金)은 화기(火氣), 신금(辛金)은 수기(水氣)에 의해 가치가 결정된다.
신(申)	식상(食傷)	시작을 잘하고 사교성이 있다. 능동적이고 최선을 다해 일한다. 충성심이 있다.	마무리가 잘 안 되고 실수가 많다. 긍정적이지만 현실감각이 부족하다.	
신(辛)	식상(食傷)	언변이 뛰어나고 타인을 위해 논리적이고 합리적으로 변호한다.	타인에게 상처 주는 말을 잘하며 복수심이 있어 잔인한 면이 있다.	병화(丙火)를 만나면 사랑에 빠진다.
유(酉)	식상(食傷)	자신의 명확한 선명성을 표현하며 절제된 언어를 구사한다.	정신적으로 불안정하고 의심 과대망상 집착이 있다.	사유축합(巳酉丑合)이 되면 예술성이 증대된다.

◆ 재성(財星)이 금(金)일 때

재성(財星)이 금(金)일 때 재물에 대한 집착이나 욕심이 극대화된다. 불필요한 지출이 없고 구두쇠란 칭호를 들을 만큼 검소하다. 특히 정재(正財)의 금(金)은 더욱 그러하다.
재성(財星)은 기본적으로 확장성을 지니고 있으나 금(金)의 재성(財星)은 확장성이 가장 약하다.
그러나 실속이 있고 안정적인 것이 장점이다.
금(金)의 재성(財星)은 재물을 모을 줄만 알고 쓰는 법은 잘 모른다.
투자를 해도 안정성이 확보되는 채권 부동산이며 현금유동성을 중요하게 생각한다.
따라서 금(金)의 재성(財星)은 안성성은 있으나 발전성이 없는 것이 흠이다.

경금(庚金)의 재성(財星)은 보스 기질이 있고 추진력이 강하며 신금(辛金)의 재성(財星)은 관리지향성과 손기술이 발달하고 섬세하다.
신금(申金)의 재성(財星)은 남성의 경우 바람기와 허세가 있고 유금(酉金)의 재성(財星)은 도화(桃花)의 기운이 있어 남녀 모두 이성난에 빠질 수 있다.

◎ 오행의 십성별 특징

구분	십성	장점	단점	비고
경(庚)	재성(財星)	직설적으로 표현하며 뒤끝은 없다. 한 번 말한 것은 지키려 노력한다. 명예가 있다.	표현이 거칠고 상대에게 무례해 보일 수 있다. 공감 능력이 약하다. 성격이 급하다.	경금(庚金)은 화기(火氣), 신금(辛金)은 수기(水氣)에 의해 가치가 결정된다.
신(申)	재성(財星)	시작을 잘하고 사교성이 있다. 능동적이고 최선을 다해 일한다.	마무리가 잘 안 되고 실수가 많다. 긍정적이지만 현실감각이 부족하다.	
신(辛)	재성(財星)	언변이 뛰어나고 타인을 위해 논리적이고 합리적으로 변호한다.	타인에게 상처 주는 말을 잘하며 복수심이 있어 잔인한 면이 있다.	병화(丙火)를 만나면 사랑에 빠진다.
유(酉)	재성(財星)	자신의 욕망을 예술적으로 승화시킬 수 있다.	지나치게 자기중심적이어서 타인과 갈등 구조가 일어나기 쉽다.	사유축합(巳酉丑合)이 되면 재물이 묶이는 현상이 발생된다.

◆ 관성(官星)이 금(金)일 때

관성(官星)은 자신을 통제 제어하는 기능이 있는 십성이다.
관성(官星)이 금(金)일 때 차단 구분하는 성질이 가장 강하게 나타난다. 금(金)은 섬세하고 예리한 모습도 지니고 있다. 그래서 금(金)이 관성(官星)일 때 차단 구분하는 성향이 더욱 명확하게 보이는 것이다.
인간적으로는 차갑게 보일 수 있지만 계산이 정확하며 남에게 피해를 주는 일이 드물다. 또한 명예와 약속을 중히 여기며 책임감이 있고 한 번 마음먹으면 강한 추진력이 발휘되기도 한다. 그러나 융통성이 다소 부족하여 답답한 사람으로 비춰질 수 있다. 직업적으로는 공직 대기업 사무직 연구원 등 조직 속에서 능력이 발휘된다.

경금(庚金)의 관성(官星)은 충성심과 책임감이 강하고
신금(辛金)의 관성(官星)은 스트레스와 예민함이 있고
신금(申金)의 관성(官星)은 역동성과 추진력이 있고
유금(酉金)의 관성(官星)은 여성의 경우 도화(桃花)의 기운이 나와 남성에게 인기가 있다.

◎ 오행의 십성별 특징

구분	십성	장점	단점	비고
경(庚)	관성(官星)	보수적이고 강한 책임감과 충성심이 있다. 추진력과 의리가 있으며 명예를 소중히 한다.	다소 사고나 행동이 경직되어 있고 가족에게는 소홀하나 조직에게는 충성한다.	경금(庚金)은 화기(火氣), 신금(辛金)은 수기(水氣)에 의해 가치가 결정된다.
신(申)	관성(官星)	명예와 의리가 있고 긍정적이고 현실성이 있다. 통제력과 의협심이 있다.	융통성이 부족하고 한 번 잘못된 길로 들어서면 수정하기가 어렵다.	
신(辛)	관성(官星)	정관(正官)으로 작용할 때 의존성이 있으나 여성의 경우 남편 복이 있다.	편관(偏官)으로 작용할 때, 칠살(七殺)이 되어 일간을 공격하여 생명 목숨을 위협한다.	여성의 경우 병화(丙火)를 만나면 행복한 결혼을 한다.
유(酉)	관성(官星)	자신의 욕망을 잘 통제하여 사회적 가치를 만들어 낸다.	여성의 경우 남편 몰래 부정할 수 있다.	사유축합(巳酉丑합)은 바람기가 있다.

◆ 인성(印星)이 금(金)일 때

인성(印星)이 금(金)일 때 차단하고 구분하는 심리가 매우 강하게 작용한다. 절차와 과정을 중시하고 작은 실수도 용납하지 않는 철두철미함을 보여준다. 다소 인간미가 떨어지게 보일 수 있지만 일이나 업무에서만큼은 탁월한 능력을 보인다.

남에게 피해를 주는 경우가 없고 한 번 결정하면 관계가 오래간다. 인성(印星)이 금(金)일 때 전통과 자격에 대한 개념과 갈망이 있다. 그래서 오래된 것에 대한 소중함을 인식하고 귀하게 여긴다. 또한 자격에 대한 욕망이 강해 각종 자격증이나 면허증에 대한 집착이 다소 강하다.

직업적으로는 선생, 의사, 작가, 연구원 등 사람을 키워내고 성장시키는 활인업(活人業)이 잘 맞다.

경금(庚金)의 인성(印星)은 매우 보수적이며 책임감이 강하고 신금(辛金)의 인성(印星)은 세밀하고 섬세하게 구분 차단하고 신금(申金)의 인성(印星)은 까다롭지만 인내심과 끈기가 있으며 유금(酉金)의 인성(印星)은 도화(桃花)의 기운이 있어 학문에 대한 집착과 욕심이 있다.

◎ 오행의 십성별 특징

구분	십성	장점	단점	비고
경(庚)	인성(印星)	성실하고 참을성이 있으며 학문에 대한 깊은 애정이 있다. 여성은 모성애가 있고 남성은 친근감이 있다.	남녀 모두 지나치게 차단하고 구분하는 성향으로 인해 다소 인간미가 떨어질 수 있다.	경금(庚金)은 화기(火氣), 신금(辛金)은 수기(水氣)에 의해 가치가 결정된다.
신(申)	인성(印星)	학문에 대한 대단한 열정이 있으며 보편적인 정신과 아름다운 외모를 지니고 있다.	성격이 수동적이고 외로움을 잘 느끼는 성향이다. 상처를 잘 받는다.	
신(辛)	인성(印星)	정인(正印)의 경우 의학 연구 등에 탁월한 능력을 보이며 실수가 적고 인내심이 강하다.	편인(偏印)으로 작용할 때 의심과 집착이 강하고 자신감이 없고 심리적으로 불안정 하다.	여성의 경우 병화(丙火)를 만나면 행복한 결혼을 한다.
유(酉)	인성(印星)	한 번 시작한 공부는 끝장을 보는 완성의 기운이 있다. 사회적으로 성공하기 유리하다.	완고하여 타인의 의견이나 생각을 잘 받아들이지 못하는 경향이 있다.	사유축합(巳酉丑合)이 되면 수동성 의존성이 커진다.

5) 수(水)의 음양(陰陽)

수(水)는 아래로 흘러 적신다는 윤하(潤下)의 기운을 지니고 있는 가장 음(陰)적인 에너지이다. 때로는 금생수(金生水)를 받아 자신이 주체적으로 작용하기도 하지만 대부분은 수생목(水生木)을 원하고 있다.
심지어 합(合)보다도 우선인 것이 수생목(水生木)이다.
천간합(天干合)이 부부관계라면 수생목(水生木)은 부모 자식 관계와 같다.
따라서 수(水)는 가장 객체적이고 희생정신이 있으며 고요하고 정적이다.
상선약수(上善若水)란 '가장 뛰어난 것은 물과 같다'는 뜻이며 수(水)는 자연을 구성하는 기초물질로서 단 하루만 없어도 생존 자체가 불가한 필수불가결한 근원 오행이다.
수(水)는 윤하(潤下)의 기운이 있으며 목(木)과 토(土)에게는 생명을 불어넣어주고 화(火)의 확산을 조절해 주며 금(金)을 닦아 가치를 만들어 주기도 한다.
수(水)는 만물의 근원이며 오행(五行)의 생극제화(生剋制化)에서도 처음 시작을 의미한다.
수생목(水生木)을 통해 위대한 생명의 여정이 시작되는 것이다.
수(水)는 차가운 북방의 기운이며 검은색을 상징한다.
절기(節氣)로는 해자축(亥子丑) 월(月)이며 입동(入冬), 대설(大雪), 소한(小寒) 등 가장 추운 시기이다.
수(水)는 모이는 힘이 가장 강력한 응축된 정보를 담고 있는 물질이다.
생명이 시작되고 죽음으로 이어지며 다시 생명을 만드는 순환과정의 메커니즘을 지니고 있다.

수(水)가 없는 생명은 존재 자체가 불가하다.

수(水)의 생명과 죽음은 음양(陰陽)처럼 대비되지만 분리될 수 없는 빛과 그림자 같은 관계이다.
살아 있는 것은 모두 죽음을 피할 수 없고 죽음은 다시 새로운 생명의 근거가 되기 때문이다.
따라서 수(水)의 가치는 수(水) 자체가 아닌 목(木)을 성장시키고 화(火)를 드러내게 하며 금(金)을 세척하는 것에서 나온다.
모든 고서에서도 수(水)의 희기(喜忌)를 과유불급(過猶不及)에서 그 근거를 찾고 있다.
적당하고 적절한 수기(水氣)를 반기고 넘치고 과(過)한 수기(水氣)는 꺼리는 것이 수(水)의 희기(喜忌)이다.
즉 수(水)의 희(喜)는 수생목(水生木) 득수이청(得水而淸) 온윤이청(溫潤而淸) 수화기재(水火旣齋)이며 수(水)의 기(忌)는 수다수왕(水多水旺) 수다화식(水多火熄)이라고 할 수 있다.
일간이 다룰 수 없는 수(水)는 광수(狂水)라고도 하는데 토(土)의 제방을 무너뜨리고 화(火)를 죽이며 목(木)의 뿌리를 썩게 만든다.

◎ 수(水)의 목적 및 역할

구분	본질	목적	역할
임(壬) 해(亥)	생각, 경험 역마, 희생	수생목(水生木). 응축압축, 정보 전달, 원원장류(源遠長流)	화기극설(火氣剋洩). 수생목(水生木)을 통해 목(木)의 항상성 유지. 금(金)의 설기(洩氣) 작용
계(癸) 자(子)	계획, 현실, 선명성		

◎ 신강수(身强水)의 희기(喜忌)

신강수(身强水)는 수일간(水日干) 사주에서 수기(水氣)가 강한 것을 의미하는데, 양목(陽木)과 화기(火氣)가 있다면 원활한 수생목(水生木)이 이루어져서 수(水)는 수동적이며 객체적인 역할을 잘 수행할 것이다.
따라서 음(陰)적인 성향이 나올 수 있으며 사회적 목적 실현도 가능해진다.
수(水)가 득령(得令)하였는데 금수(金水)가 강해 다시 생조(生助)하면 신강수(身强水)가 된다.
신강수(身强水)가 되면 가장 위험한 것은 화기(火氣)이며 이를 수다화식(水多火熄)이라고 한다. 수다화식(水多火熄)은 재산, 직장, 명예 등 사회적 가치뿐 아니라 건강, 생명과도 직결되어 있고 특히 심장, 혈관 등과 밀접한 관련이 있다.

신강수(身强水)는 조토(燥土)로 수기(水氣)를 막거나 제거해 주는 방법과 양목(陽木)으로 수생목(水生木)하여 설기(洩氣)시키는 방법이 가장 좋으며 화(火)로 수기(水氣)를 분산하는 방법은 좋지 않다.
그리고 습목(濕木)과 습토(濕土)는 신강수(身强水)에게 도움이 되지 않는다.

▧ 신강수(身强水)가 된 사주

時	日	月	年
병(丙)	임(壬)	경(庚)	기(己)
오(午)	자(子)	신(申)	축(丑)

◎ 임수일간(壬水日干)이 신월(申月)에 태어나 금왕절(金旺節)인데 수금(水金)이 강하여 화기(火氣)가 맥을 못 추고 수왕화식(水旺火熄)이 되었다.

연지(年支)의 축토(丑土)는 습토(濕土)라 토극수(土剋水)를 하지 못하고 오히려 습기(濕氣)를 가중시키고 있는 형상이다.

시지(時支)의 오화(午火)가 수왕화식(水旺火熄)이 되는 상황에서 목기(木氣)와 조토(燥土)까지 없어 위급한 상황이다.

운(運)에서 금수운(金水運)이 들어오면 매우 위험한 상황이 발생될 수 있는 사주 구조이다.

병(病)은 있지만 약(藥)이 없는 하급사주이다.

수생목(水生木)이 되지 않는 수(水)는 양(陽)적인 성향이 나온다.

용신은 조토(燥土) 화기(火氣)목기(木氣)이다.

▧ 신강수(身强水)가 안 된 사주

時	日	月	年
병(丙)	계(癸)	경(庚)	무(戊)
진(辰)	해(亥)	자(子)	오(午)

◎ 계수일간(癸水日干)이 자월(子月)에 태어나 수왕절(水旺節)인데 수금(水金)이 강하여 수다화식(水多火熄)이 되었다.

그러나 다행히 연간(年干)의 무토(戊土)는 조토(燥土)라 토극수(土克水)로 제방을 만들어 주어 계수일간(癸水日干)이 더 확장되지 못하게 막아 주고 있는 형상이다.

시간(時干)의 병화(丙火)는 연지(年支)의 오화(午火)와 서로 근(根)이 되어 도움을 주니 비록 수왕(水旺)할지라도 충분히 막을 여력이 있다.
그러나 운(運)에서 금수운(金水運)이 들어오면 매우 위험한 상황이 발생될 수 있는 사주 구조이다.
병(病)이 있는데 약(藥)도 있어 중급 사주이다.
계수일간(癸水日干)은 주체로 작용할 수 없는 음수(陰水)이다.
용신은 조토(燥土) 화기(火氣)목기(木氣)이다.

◎ 신약수(身弱水)의 희기(喜忌)

신약수(身弱水)는 음(陰)적인 성향을 나타내며 사회성, 대인관계, 성격, 건강 등에 불리하게 작용한다.
수기(水氣)를 실령(失令)하였고 금기(金氣)는 없고 토기(土氣) 화기(火氣) 목기(木氣)가 강하다면 신약수(身弱水)가 된다.
신약수(身弱水)가 되면 사주전체가 건조해지기 때문에 화다수증(火多水烝)이나 토다수탁(土多水濁)이 일어나게 된다.
수기(水氣)는 만물의 근원이다.
사주에서 수기(水氣)가 없다는 것은 매우 치명적이며 특히 목화일간(木火日干)에게는 더 나쁘게 작용한다.
수(水)의 첫 번째 목적이 수생목(水生木)이기 때문이다.
수기(水氣)가 없으면 수생목(水生木)은 물론 목생화(木生火)도 일어나지 못한다.
신약수(身弱水)가 된 사주는 운(運)에서 금수(金水)가 들어오는 것과 개운법을 병행하여 쓰는 것이 큰 도움이 된다.

신약수(身弱水)는 주체성이 약하고 인내심 끈기가 부족하여 사회적 목적 달성이 매우 어렵다.

▒ 신약수(身弱水)가 된 사주

時	日	月	年
을(乙)	임(壬)	무(戊)	병(丙)
사(巳)	술(戌)	인(寅)	오(午)

◎ 임수일간(壬水日干)이 인월(寅月)에 태어나 목왕절(木旺節)인데 조토(燥土)에 화기(火氣)까지 강하여 수(水)가 수증기화되었다.

사주에 임수일간(壬水日干)을 도와줄 것이 전혀 보이지 않는다. 운(運)에서 금수(金水)가 함께 들어와야 겨우 병(病)이 치유될 수 있다. 이 사주는 병(病)이 있는데 약(藥)이 없는 형상으로 하격사주에 속한다. 소극적, 수동적 성향을 나타내며 사회성, 대인관계, 성격, 건강 등이 좋지 않다. 용신은 습토(濕土)와 수기(水氣)이다.

▒ 신약수(身弱水)가 안 된 사주

時	日	月	年
병(丙)	계(癸)	신(辛)	무(戊)
진(辰)	미(未)	미(未)	신(申)

◎ 계수일간(癸水日干)이 미월(未月)에 태어나 화왕절(火旺節)인데 조토(燥土)와 화기(火氣)가 강하여 조토수증(燥土水烝)이 되었다.

그러나 다행히 월간(月干)의 신금(辛金), 연지(年支)의 신금(申金)이 금생수(金生水)하여 간신히 버티는 중이다.
조토(燥土)가 강하면 수기(水氣)는 땅속으로 스며들어 감추어진다.
이 사주는 병(病)이 있는데 약(藥)이 있는 사주로 중급에 해당한다.
용신은 금수(金水)이다.

● 체수(滯水)

체수(滯水)란 금(金)이 강하여 금생수(金生水)가 지나치게 강하게 일어나면서 마치 소화불량에 걸린 형태로 모왕자쇠(母旺子衰)가 되어 물이 흐르지 못하고 고여 썩는 형상이 되는 것이다.
이때 화(火)로 금(金)을 억제하면 좋고 양수(陽水)로 금기(金氣)를 설기(洩氣)시키는 것이 좋다.
그러나 습토운(濕土運)이 들어오면 병(病)이 더욱 중해진다.
또 체수(滯水) 때는 금(金)으로 이미 피상당한 목(木)을 쓰지 못한다.
따라서 체수(滯水)화된 수일간(水日干)은 주체성이 상실되어 음(陰)적으로 작용한다.
체수(滯水)는 강력한 화기(火氣)로 금기(金氣)를 억제하는 것이 최상의 방법이다.
강한 화운(火運)과 양수운(陽水運)이 들어오면 체수(滯水)는 한 번에 해결된다. 지나친 금생수(金生水)가 만들어 낸 최악의 상황이 체수(滯水)이다.
체수(滯水)의 실질적인 모습은 의존성이 강하고 남의 핑계를 잘 대며 무슨 일이든 끈기 있게 하지 못하고 중도에 포기한다. 남성의 경우는 마마보이가 되고 여성의 경우는 게을러진다.

▨ 체수(滯水)가 된 사주

時	日	月	年
정(丁)	계(癸)	신(辛)	무(戊)
사(巳)	유(酉)	유(酉)	오(午)

◎ 계수일간(癸水日干)이 유월(酉月)에 태어나 금왕절(金旺節)이다.
금기(金氣)가 지나치게 강하여 수(水)가 흐르지 못하고 정체되어 있는 상태이다.
시간(時干)의 정화(丁火)는 시지(時支)의 사화(巳火)와 유금(酉金)이 합(合)을 하여 힘을 쓰지 못한다. 즉 정임합(丁壬合)으로 인해 정화(丁火)의 뿌리가 무력해진 것이다. 위 사주는 체수(滯水)가 되어 주체성이 상실되고 음(陰)적으로 작용한다.
용신은 화기(火氣)와 수기(水氣)이다.

▨ 체수(滯水)가 안 된 사주

時	日	月	年
경(庚)	임(壬)	신(辛)	병(丙)
자(子)	인(寅)	유(酉)	신(申)

◎ 임수(壬水) 일간이 유월(酉月)에 태어나 금기(金氣)가 강하여 체수(滯水)가 되었으나 인목(寅木)의 병화(丙火)가 투간(透干)되어 수생목(水生木)하여 다행히 체수(滯水)가 되지 않는다.

또 화기(火氣)가 있어서 금기(金氣)가 흘러갈 수 있다.
따라서 위 사주는 양(陽)적인 성향이 나타난다.
용신은 화기(火氣)와 목기(木氣)이다.

● 축수(縮水)

축수(縮水)란 수기(水氣)는 적고 목기(木氣)가 많아 수기(水氣)가 더 이상 수생목(水生木) 하지 못하고 물이 말라버린 상태를 의미한다.

수생목(水生木)이 되지 않는 수기(水氣)는 객체는 물론 주체로도 작용할 수 없다.

이런 경우는 양(陽)의 성향이 드러나지 않기 때문에 음(陰)적인 성향으로 해석해야 한다.

예를 들어 어떤 사주에 목기(木氣)가 지나치게 많으면 수기(水氣)가 말라버려 토(土)와 수(水)가 모두 오그라든다.

이때 금운(金運)이 들어와 금생수(金生水)가 실현되면 수생목(水生木)이 원활하게 이루어지며 목적 실현이 되는 것이다.

그러나 화기(火氣)나 조토(燥土)운 때는 축수(縮水) 현상이 더욱 가중된다.

▨ 축수(縮水)가 된 사주

時	日	月	年
갑(甲)	임(壬)	갑(甲)	무(戊)
진(辰)	인(寅)	인(寅)	오(午)

◎ 임수일간(壬水日干)이 인월(寅月)에 태어나 목왕절(木旺節)이다.
목기(木氣)가 지나치게 강하여 수기(水氣)가 말라버린 상태이며 건강과 재물 운(運)이 나빠지는 원인이 된다. 이를 치유할 방법은 수기(水氣)를 직접 공급하는 방법과 금극목(金剋木)하여 목(木)을 제거하는 방법이 있다. 용신은 금기(金氣)와 수기(水氣)이다.

축수(縮水)가 안 된 사주

時	日	月	年
갑(甲)	계(癸)	경(庚)	무(戊)
인(寅)	묘(卯)	인(寅)	진(辰)

◎ 계수일간(癸水日干)이 인월(寅月)에 태어나 목왕절(木旺節)이다.
인묘진(寅卯辰) 방합(方合)으로 인해 목기(木氣)가 지나치게 강하여 수기(水氣)가 말라버린 상태이나 다행히 천간(天干)의 경금(庚金)이 금생수(金生水)하여 축수(縮水)가 되는 것을 막고 있다. 따라서 위 수기(水氣)는 음(陰)적으로 작용한다.
용신은 금기(金氣)이다.

● 증수(烝水)
증수(烝水)란 화기(火氣)가 지나치게 강해 화다수증(火多水烝)이 일어나는 것이다. 화다수증(火多水烝)이 일어나면 수기(水氣)는 줄어들고 수증기만 가득 차 있는 형상이 되는 것이다.

증수(蒸水)가 되면 실제 수생목(水生木)은 일어나지 않고 오히려 목(木)을 사목화(死木化)시킨다.

증수(蒸水)의 약(藥)은 수기(水氣)를 직접 보충해 주는 것과 금기(金氣)로 금생수(金生水) 해주는 방법이 있다.

만일 이 두 가지가 여의치 않을 경우 습토(濕土)로 화기(火氣)를 약화시키는 것도 차선책이 될 수 있다.

그러나 가장 이상적인 형태는 양금(陽金)과 양수(陽水)의 보완이다. 증수(蒸水)에게 경금(庚金)과 임수(壬水)는 최고의 운(運)이 된다.

▨ 증수(蒸水)가 된 사주

時	日	月	年
임(壬)	계(癸)	정(丁)	갑(甲)
술(戌)	미(未)	미(未)	오(午)

◎ 계수일간(癸水日干)이 미월(未月)에 태어나 화왕절(火旺節)이다.

화기(火氣)가 지나치게 강하여 화다수증(火多水蒸)이 일어나 증수(蒸水)가 되었다. 증수(蒸水)는 생명과 직결된 사항으로 매우 위험하다. 이를 치료할 제1방법은 습토(濕土)로 화기(火氣)를 제거하고 수기(水氣)를 보충해 주는 것이다.

용신은 습토(濕土) 금기(金氣) 수기(水氣)이다.

▩ 증수(烝水)가 안 된 사주

時	日	月	年
정(丁)	임(壬)	정(丁)	갑(甲)
미(未)	신(申)	축(丑)	오(午)

◎ 임수일간(壬水日干)이 축월(丑月)에 태어나 다행히 화기(火氣)를 제압할 수 있고 일지(日支)의 신금(申金)이 임수(壬水)를 도와주고 있다.
화다수증(火多水烝)이 일어나지만 증수(烝水)가 되지는 않는다.
증수(烝水)은 건강과 성격에 영향을 주며 사회적 가치에도 부정적인 작용을 한다.
용신은 습토(濕土)와 금기(金氣) 수기(水氣)이다.

● 탁수(濁水)

탁수(濁水)란 토기(土氣)가 강하면 수기(水氣)가 더럽혀진다는 의미이다.
탁수(濁水)가 일어나면 득수이청(得水而淸)이 되지 않고 토다금매(土多金埋)와 비슷한 현상이 일어나게 된다.
탁수(濁水)를 희석시키는 방법은 금기(金氣)와 목기(木氣)로 정화(淨化)시키는 것이 유용하다.
그중 금생수(金生水)는 탁수(濁水)를 희석시키는 데 탁월한 효능이 있다.
탁수(濁水)는 물이 고여서 발생되는 사건사고이기 때문에 금생수(金生水)가 되면 물이 원원장류(源遠長流)가 되어 탁수(濁水)를 벗어나게 되는 원리이다.

사주에서 탁수(濁水)되며 착각에 빠져 판단착오를 일으킬 가능성이 매우 높아진다. 대부분 이 시기에 사기사건이나 실패 가능성이 높은 투자가 들어오는 경우가 많다.

물상적으로도 탁수(濁水)는 혼탁하여 앞이 보이지 않기 때문에 많은 위험이 도사리고 있다는 의미를 지니고 있다.

따라서 탁수(濁水)가 되는 시기나 시점에서는 투자나 확장은 금물이다.

▨ 탁수(濁水)가 된 사주

時	日	月	年
병(丙)	계(癸)	기(己)	무(戊)
진(辰)	미(未)	유(酉)	오(午)

◎ 계수일간(癸水日干)이 유월(酉月)에 태어나 금왕절(金旺節)이지만 토기(土氣)가 지나치게 강하여 탁수(濁水)가 되었다.

탁수(濁水)는 일의 지체 현상, 멈춤 현상, 건강 악화 등 여러 가지 문제를 만드는 원인이 된다.

이때 금기(金氣)로 설기시키거나 목기(木氣)로 극(剋)하면 병(病)이 완화된다. 용신은 금기(金氣)와 목기(木氣)가 된다.

▨ 탁수(濁水)가 안 된 사주

時	日	月	年
기(己)	임(壬)	갑(甲)	무(戊)
유(酉)	진(辰)	인(寅)	오(午)

◎ 임수일간(壬水日干)이 인월(寅月)에 태어나 목왕절(木旺節)이어서 토기(土氣)가 지나치게 강해지는 것을 막아 주고 있다.
목왕절(木旺節)이나 목국(木局)에서는 탁수(濁水)가 되지 않는다.
이는 목극토(木剋土)가 되어 탁수(濁水)를 막아 주기 때문이다.
용신은 화목(火木)이 된다.

탁수(濁水)가 된 사주

時	日	月	年
병(丙)	임(壬)	무(戊)	기(己)
오(午)	인(寅)	오(午)	축(丑)

◎ 위 사주는 임수(壬水)가 오월(午月)에 태어나 매우 조열(燥熱)하여 수기(水氣)가 말라버린 상태이다. 따라서 양금운(陽金運)이 들어오기 전까지는 수생목(水生木)이 되지 않으며 탁수(濁水)가 된다. 위 사주는 임수(壬水)가 객체로 작용한다.
용신은 금기(金氣)이다.

탁수(濁水)가 안 된 사주

時	日	月	年
경(庚)	임(壬)	경(庚)	임(壬)
술(戌)	술(戌)	술(戌)	오(午)

◎ 위 사주는 임수(壬水)가 술월(戌月)에 태어나 건조한데 금생수(金生水)가 되어 사회적 목적 실현이 된 사주이다.

술토(戌土)는 임수(壬水)의 제방 역할을 한다.
이 사주에서 임수(壬水)는 주체로 작용한다.
용신은 금기(金氣)이다.

◎ 십성별 수(水)의 형태

◆ 비겁(比劫)이 수(水)일 때

비겁(比劫)이 수(水)일 때 겉은 유연하지만 내적으로는 매우 강한 특성이 있다.

기본적인 성향은 생각이 깊고 모사에 능하며 속을 알 수 없다. 수(水)는 이타적인 성향이 강한 물질이다.

목(木)을 보면 본능적으로 그곳을 향해 움직인다. 그것은 일간이 수(水)여도 마찬가지이다. 그래서 수(水)일간은 주체가 되기 어렵다.

특히 계수(癸水)는 더욱 그러한 기운을 보이는데 이를 종기(從氣)오행이라고 한다.

그러나 임수(壬水)일간은 계수(癸水)와 다소 다른 점이 있는데 지지와 주변 오행에 양금(陽金)이 있을 경우이다.

강력한 금생수(金生水)로 원원장류(源遠長流)가 되었을 때 주체로 작용할 수 있다.

임수(壬水)의 목적과 성향을 해석할 때에는 목(木)을 키우는 수생목(水生木)과 자신이 주체가 되는 원원장류(源遠長流)로 구분해서 적용해야 한다. 수생목(水生木)은 음(陰)적인 작용이고 원원장류(源遠長流)는 양(陽)적인 작용이다.

임수(壬水)의 비겁(比劫)은 공감능력과 추진력이 강하고
계수(癸水)의 비겁(比劫)은 계획과 작전 구성력이 뛰어나고
해수(亥水)의 비겁(比劫)은 고집과 역동성이 있고
자수(子水)의 비겁(比劫)은 배타적이고 선명성이 있다.

◎ 오행의 십성별 특징

구분	십성	장점	단점	비고
임수 (壬水)	비겁 (比劫)	생각이 깊다. 모사에 능하다. 주체형 객체형 등 모두가 적합하다. 주변 오행에 따라 주체와 객체로 구분된다.	생각이 많고 지나치게 행동력은 약하다. 형제, 동료 등 횡적 관계에 의해 스트레스를 받을 수 있다.	일간 임수(壬水) 계수(癸水)는 목금(木金)에 의해 주체와 객체가 구분된다.
계수 (癸水)	비겁 (比劫)	섬세하고 영리하며 참모 역할에 능하다. 자존심이 강하고 모성애가 있다.	의지가 약하고 남에게 의존하려는 성향이 강하다.	
해수 (亥水)	비겁 (比劫)	역동성 추진력이 있고 다양하고 현실성이 있다. 긍정적이고 재주가 많다.	자기중심적이고 행동이 분산되어 다소 산만하고 집중력이 떨어진다.	묘목(卯木) 인목(寅木)을 만나면 성격이 온순해진다.
자수 (子水)	비겁 (比劫)	직관력이 발달해 있고 예민하고 현실적이다. 차단, 구분하며 순수하고 자기 선명성이 있다.	집착이 있고 색정이 있다. 충성심이 약하고 배타성이 강하다.	신금(申金)을 만나면 오히려 거칠어진다.

◆ 식상(食傷)이 수(水)일 때

식상(食傷)이 수(水)인 사람은 평소에는 수동적이지만 결정적인 순간에 폭발성을 지닌 욕망을 숨기고 있다.
잔잔한 냇물이 폭우로 인해 거센 홍수로 변하듯이 순간 돌변성을 지니고 있다.
수(水)의 식상의 가장 큰 특징은 은근한 욕망이며 이러한 욕망은 금(金)이나 토(土)에 의해 드러나게 된다.
은근한 욕망은 욕망의 크기를 나타내는 것이 아니라 형태를 의미한다.
즉 감추고 있다고 욕망이 작은 것은 아니다.
오히려 감춰진 욕망이 금(金)에 의해 증폭될 때 폭발성이 발생하고 토(土)에 의해 막힐 때 욕망은 좌절을 맛본다.
식상(食傷)은 재성(財星)을 향해 달려가는 열차와 같다.
에너지가 다할 때까지 달리고 싶은 욕망이 숨겨져 있다.

임수(壬水)의 식상(食傷)은 예술적 재능과 표현력이 뛰어나고
계수(癸水)의 식상(食傷)은 관리지향성과 응용성이 강하며
해수(亥水)의 식상(食傷)은 자유분방한 역동성이 있고
자수(子水)의 식상(食傷)은 독선적이고 도화(桃火)의 기운이 있다.

◎ 오행의 십성별 특징

구분	십성	장점	단점	비고
임수 (壬水)	식상 (食傷)	자신의 일을 묵묵히 하는 성실함을 보인다. 자신의 행동에 대한 결과를 얻으려는 성향을 보인다.	속이 음흉한 사람이 될 수 있다. 언행이 불일치할 수 있다.	일간 임수(壬水) 계수(癸水)는 목금(木金)에 의해 주체와 객체가 구분된다.
계수 (癸水)	식상 (食傷)	효율적으로 업무나 일을 한다. 실수가 적고 꼼꼼하다.	다른 생각이나 행동에 동화되기 쉽고 타인에 의해 자신의 감정이 조정될 수 있다.	
해수 (亥水)	식상 (食傷)	주체성, 역동성, 추진력이 있으며 이타성, 모성애가 있다.	다양한 관심과 타인에 대한 오지랖으로 인해 자기 생활이 방해받는다.	묘목(卯木) 인목(寅木)을 만나면 표현력이 증대된다.
자수 (子水)	식상 (食傷)	자신의 개성을 사회적 가치로 잘 이용한다. 인간관계가 좁지만 깊이가 있다. 순수하고 자기 선명성이 있다.	집착이있고 색정이있다. 충성심이 약하고 배타성이 강하다.	신금(申金)을 만나면 새로운 일을 시작한다.

◆ 재성(財星)이 수(水)일 때

재성(財星)이 수(水)일 때 재물에 대한 집착이나 욕심이 극대화된다. 겉으로 드러나지는 않지만 은밀하게 재물에 대한 욕망이 숨겨져 있다. 또 남성은 여성에 대한 은근한 집착이 있을 수 있으며 호색한 경향이 있다. 수(水)의 재성(財星)은 유동성 있는 재물인 현금 유가증권과 관련이 깊다. 그래서 선호하는 재물도 부동산보다는 현금성이 좋은 채권이나 주식을 하는 경우가 많다.

왜냐하면 재물이 묶이는 것을 싫어하기 때문이다.

그중 정재(正財)는 부동산에 집착하기도 하지만 편재(偏財)는 유동성 있는 재물에 집착하는 경향이 더욱 강하다.

임수(壬水)의 재성(財星)은 공간감각과 계산력이 뛰어나고
계수(癸水)의 재성(財星)은 수학적 회계적 재능이 강하며
해수(亥水)의 재성(財星)은 사업적 추진력이 강하며
자수(子水)의 재성(財星)은 인색하나 근검절약한다.

◎ 오행의 십성별 특징

구분	십성	장점	단점	비고
임수 (壬水)	재성 (財星)	인간관계에서 자유롭고 유동성이 있으며 통찰력이 탁월하다.	속을 알 수 없는 사람이 될 수 있다. 자기 꾀에 자신이 넘어갈 수 있다.	일간 임수(壬水) 계수(癸水)는 목금(木金)에 의해 주체와 객체가 구분된다.
계수 (癸水)	재성 (財星)	세밀하고 조심스러운 성향을 보이며 돌다리도 두드려 보는 안정성이 있다.	지나치게 신중하여 기회를 놓칠 수 있다. 능동적인 기운이 약하다.	
해수 (亥水)	재성 (財星)	운세가 잘 맞으면 극대화된 욕망이 성취되어 큰 부를 쌓을 수 있다.	운세가 나쁘면 길흉(吉凶)이 극단적으로 작용하여 큰 손실을 볼 수 있다.	묘목(卯木) 인목(寅木)운 때 배신이나 금전 손실이 있다.
자수 (子水)	재성 (財星)	부동적인 재산이 커질 수 있다. 주체성이 강하고 계산이 빠르다.	이성문제로 시끄럽고 망신스러운 일이 발생된다.	신금(申金)이 들어오면 도화살이 작동한다.

◆ 관성(官星)이 수(水)일 때

관성(官星)이 수(水)일 때는 노련함과 통제력이 강한 만큼 사회적으로 인정받고 성공할 가능성이 높다. 그러나 관성(官星)에 충극형(沖剋刑)이 발생되면 건강과 직장, 남편과 직장상사 등까지 모두 위태로워져 세밀하게 관찰해야 한다.

수(水)의 관성(官星)은 일간 화(火)를 극(剋)하기 때문에 수다화식(水多火熄)이 일어나지 않도록 주의해야 한다.

일간의 극(剋) 중에서도 수극화(水剋火)는 건강과 직결되어 있고 여성에게는 이혼, 사별 문제와도 연결되어 있다.

수(水)가 관성(官星)인 남성은 부드러운 카리스마가 있어 이성에게도 인기가 있는 편이다.

여성에게 인성(印星)이 이성을 유혹하는 매력이듯 남성에게는 관성(官星)이 그러하다.

화(火)를 직접 극(剋)하는 것보다는 중간에 통관의 기운이 있으면 상당히 완화된 모습을 보인다.

수(水)가 지나치게 강하면 화(火)는 꺼지게 되어 있고 이것은 생명과 직결되는 문제이기 때문에 목(木)이나 조토(燥土)가 반드시 필요하다.

임수(壬水)의 관성(官星)은 냉철하고 정치적인 성향을 보이며
계수(癸水)의 관성(官星)은 참모로서 충성심이 강하고
해수(亥水)의 관성(官星)은 조직의 해결사 역할을 잘하며
자수(子水)의 관성(官星)은 타인의 시선을 지나치게 의식한다.

◎ 오행의 십성별 특징

구분	십성	장점	단점	비고
임수 (壬水)	관성 (官星)	책임감, 배짱과 뚝심이 있고 인내심, 배려심, 지구력, 명예가 있다.	과중한 책임과 의무로 인해 건강이 상할 수 있다.	일간 임수(壬水) 계수(癸水)는 목금(木金)에 의해 주체와 객체가 구분된다.
계수 (癸水)	관성 (官星)	성실함과 책임감이 있고 지혜 지략이 있어 맡은 바 임무를 완수한다.	조심성이 많아 행동력이 소심할 수 있다.	
해수 (亥水)	관성 (官星)	개인적인 성격 문제발생 해수(亥水)의 관성(官星)은 목(木)을 만나면 부드럽고 대인관계가 좋아진다.	지지(地支)에서 관성(官星)은 여성의 경우 배우자와의 관계를 나타내는데 남편 복이 없다.	묘목(卯木) 인목(寅木) 등이 들어올 때 배신이나 금전 손실이 있을 수 있다.
자수 (子水)	관성 (官星)	선명성이 있고 완성의 기운이 있다. 다만 관도화는 부정을 저지르기 쉽다.	일지에 오화(午火)가 있을 경우 이혼수, 건강 악화가 발생된다.	신금(申金)이 들어오면 도화살이 작동한다.

◆ 인성(印星)이 수(水)일 때

인성(印星)이 수(水)일 때 수생목(水生木)이 되어 가장 이상적인 형태가 된다. 공부, 학문, 배움과 관련이 깊고 신중하고 인자한 성품이 된다. 따라서 인성(印星)에 합충극(合沖剋)만 없다면 최적의 조건에 최상의 과정을 거쳐 학문적 입지를 만들 수 있는 구조이다. 이런 경우 대부분 부모 덕도 있는 편이며 주변에 항상 도와주는 사람과 환경이 조성되어 있다. 인성(印星)이 목(木)을 만나고 목(木)이 다시 화(火)를 만나는 구조가 가장 이상적이며 수(水)의 인성(印星)의 특성은 인내, 끈기, 절차, 과정, 전통, 자격 등 인간이 사회생활 하는 데 가장 중요한 요소들을 지니고 있다. 결국 수인성(水印星)의 결과와 목적 달성은 목화(木火)에 달려 있다.

임수(壬水)의 인성(印星)은 계획적이며 책임감이 강하고
계수(癸水)의 인성(印星)은 세밀하며 인내심이 강하며
해수(亥水)의 인성(印星)은 학문적 재능과 기억력이 뛰어나고
자수(子水)의 인성(印星)은 도화(桃花)의 기운이 있어 학문에 대한 집착과 욕심이 있다.

◎ 오행의 십성별 특징

구분	십성	장점	단점	비고
임수 (壬水)	인성 (印星)	지혜와 인내의 아이콘이다. 희생, 모성애가 있으며 관성을 만나면 최고의 인간관계를 형성하게 된다.	지나치게 까다로운 검증 과정으로 인해 행동력이 약화되고 기회를 놓칠 수 있다.	일간 임수(壬水) 계수(癸水)는 목금(木金)에 의해 주체와 객체가 구분된다.
계수 (癸水)	인성 (印星)	완벽한 참모 역할을 수행한다. 지략과 모사에 능하다.	조심성이 많아 행동력에 제약을 받고 지나치게 예민하고 소심할 수 있다.	
해수 (亥水)	인성 (印星)	목화(木火)의 관계에 의해 성격이 결정되며 사회적 가치가 만들어지는데 화(火)는 천간에 목(木)은 천간지지 어디에 있든 모두 좋다.	목화(木火)가 없거나 무력할 경우 사회적 목적 달성이 어렵고 무능하고 가치 없는 사람이 된다.	묘목(卯木) 인목(寅木) 등이 들어올 때 배신이나 금전 손실이 있을 수 있다.
자수 (子水)	인성 (印星)	학문적 선명성이 있고 완성의 기운이 있다. 식상이 있으면 선생이 적합한데 이때 식상은 반드시 천간에 있는 것이 좋다.	일지에 오화(午火)가 있을 경우 문서의 훼손과 사기수 여성은 이혼수, 건강 악화가 발생된다.	신금(申金)이 들어오면 도화살이 작동한다.

4장

허자이론과 공망이론

4장 허자(虛子)이론과 공망(空亡)이론

> 허자(虛子)와 공망(空亡)이론은 음양오행(陰陽五行)을 기반으로 하고 있는 사주명리에는 맞지 않는 논리이다.
> 허자(虛子)와 공망(空亡)이론이 성립되기 위해선 시간이 정지되어 있어야 한다.
> 그러나 지구가 자전과 공전하는 한 시간은 정지될 수 없다. 두 이론의 잘못된 논리를 통하여 음양오행의 원리를 이해할 수 있게 하였다.
> 사주명리의 해석에 있어 어떤 원리도 음양오행(陰陽五行)의 법칙에 위배되면 무효이다.
> 왜냐하면 사주명리는 음양오행의 학문이기 때문이다.

자연의 모든 현상은 시(時)와 공(空)에 의해 사건사고로 구성되어 있다. 그런데 이에 반한 이론이 허자이론과 공망(空亡)이론이다.

허자이론은 없는 것을 있다고 하는 것이고, 공망이론은 있는 것을 없다고 우기는 것이다.

여기서 우긴다고 하는 표현이 적절한가에 대한 논쟁의 여지도 있을지 모르지만 유학과 음양오행을 공부한 학자의 시선으로는 도저히 받아들일 수 없는 고전 이론일 뿐이다.

그 근거는 고서에 일부 명기되어 있고 이것이 현대에 와서 다시 재구성되는 형태를 보인다.

지금은 없지만 훗날에 있을 수 있고 훗날에는 있지만 지금은 없는 것이라고 표현할 수도 있다.
하지만 여기에는 시간이라는 조건이 빠져 있다.
즉 운(運)이라는 시간의 흐름을 간과한 것이다.
시간이 존재하지 않는다면 허자이론과 공망(空亡)이론은 맞을 수도 있다.
하지만 운(運)이라는 시간이 존재하는 한, 지금 없는 것이 있는 것이 되고, 있는 것이 없는 것이 되는 일은 발생될 수가 없다.
그것은 자연법칙에 위배되고 음양오행의 원리에도 맞지 않기 때문이다.
허자이론의 오류를 아주 간단하게 비유하여 입증해 보도록 하겠다.

요리사가 떡볶이를 만들기 위해 떡과 부재료를 준비했는데 고추장만 빠져 있다.
그러면 고추장을 구해오든지 아니면 고추장 없는 떡볶이를 만들든지 선택해야 한다.
고추장을 구해오는 것은 운(시간)을 기다리는 것이고 고추장 없는 떡볶이를 만드는 것은 없는 오행을 인정하는 것이다.
그런데 허자이론은 없는 고추장이 생겨 빨간 떡볶이가 되었다고 주장하는 것과 같다.

아마도 이 이론은 자신에게 절실하게 필요한 오행이 없는데 있었으면 하는 바람으로 만들어진 이론이 아닌가 싶다.
또는 왕이나 황제의 사주가 나쁘다고 할 수는 없으니 없는 것을 있다고 하여 왕의 노여움을 피하려는 것이 아니었을까 하는 생각을 해 본다.

허자이론을 보면 동화에 나오는 '벌거벗은 임금님'이 떠오른다.

공망(空亡)이론은 반대로 있는 것을 없다고 주장하는 것이다.
자연에서 발생되는 모든 사건사고는 시간과 공간에 의해 생성된다.
공망(空亡)이론도 허자이론처럼 시간의 연속성을 무시한 결과로 나온 착시일 뿐이다.
세상에 존재하는 모든 시간은 천간(天干)과 지지(地支)가 만나 60개의 간지(干支)가 만들어지고 이를 60갑자(甲子)라 한다.
60갑자(甲子)는 갑자(甲子)부터 계해(癸亥)까지 60개로 구성되어 있지만 계해(癸亥) 다음에는 다시 갑자(甲子)로 연결되며 뫼비우스의 띠처럼 영원히 순환하는 관계에 있다.

즉 시간의 영속성(永續性)으로 60갑자(甲子)는 계속 무한반복되고 이어진다는 것이다. (지구의 공전과 자전이 영속성의 근원이다.)
공망(空亡)이론은 시간의 연속성을 무시한 논리이다.
공망(空亡) 논리가 맞기 위해서는 시간은 정지되어 있어야 한다.
하지만 시간은 끊임없이 사건사고를 만들며 이어지고 있다.

이것을 떡볶이 요리에 비유하면 요리사가 고추장을 넣은 매운 떡볶이를 만들어 놓고는 '난 매운 것을 못 먹으니 이것은 고추장을 뺀 하얀 떡볶이이야'라고 주장하는 것과 같다.
이미 만들어진 매운 고추장 떡볶이는 다시 고추장 없는 떡볶이로 돌아갈 수 없다.

결론은 있는 것은 있음으로 작용과 역할을 하고 없는 것은 없는 대로 작용과 역할을 하지 못한다는 것이다.
아래는 공망이론의 근거인 공협(共挾) 비합(飛哈) 도충(倒沖)에 대한 설명이다.

◎ 공협(共挾)
지지(地支)의 연월일시 사이에 두 글자 중 한 글자가 비면 중간의 글자를 가져온다.
◎ 비합(飛哈)
일간이 천간합(天干合)을 이루려는 글자를 천간(天干)에 두지 않았을 때 짝을 그리워하는 마음
◎ 도충(倒沖)
지지(地支)에 같은 글자가 셋 이상이면 충(沖)을 만든다.

※ 위 내용은 참고적으로 알고 있는 정도면 된다. 실제 적용할 때 맞지 않는 이론이며, 나쁘면 왜 나쁘고 맞지 않으면 어떤 이유로 맞지 않는지 분명히 이해해야 한다.

◐ 음양오행(陰陽五行)을 마치며…

음양(陰陽)사상에는 상반(相反)과 응합(應合)의 논리가 함축되어 있다. 상반(相反)은 (+)와 (-)의 대립관계이고, 응합(應合)은 상호보완 관계이다. 대립과 보완의 상반된 기운은 만물의 근원을 만들어 낸다.
밤과 낮을 만들고 여름과 겨울을 만들며 남자와 여자를 이어지게 한다.

시초에는 양(陽)이 성장하였고
그다음은 양(陽)이 성숙하여 경지에 도달하니
음(陰)이 새롭게 성장을 시작하여
곧 음(陰)이 성숙하여 힘을 발휘하게 된다.

태초의 음(陰)과 양(陽)은 어둠과 밝음으로 시작하였다.
어둠과 밝음은 차가움과 뜨거움으로 분화되었고, 차가움과 뜨거움은 다시 아침, 점심, 저녁, 밤이 되었으며, 하루는 계절이 만들고 계절은 4계절이 되어 1년이 되었다.

음양(陰陽)은 서로 다른 특성을 가지고 대립되면서도 상호 보완적인 힘이 작용하여 우주의 삼라만상(森羅萬象)의 변화(變化)를 만들어 내고 있다. 즉 일음(一陰)과 일양(一陽)은 스스로 팽창과 수축을 반복하면서 상반(相反)과 응합(應合)작용으로 삼라만상을 유지시키는 것이다.

《음양설》에서는 '음(陰)과 양(陽)이라는 서로 다른 두 가지의 기운이 있어, 이들 간에 서로 대립되는 작용이 온 세상의 무궁한 변화가 일어나게 만든다'라고 기록되어 있다.
즉 대립과 보완이 변화와 항상성을 만든다는 의미가 담겨져 있다.

사주 공부에서 가장 어렵고 난해한 부분이 음양오행이다.
모든 철학의 근원사상인 음양오행이론은 단순해 보이지만 매우 이해하기 어려운 구조로 되어 있다.
이는 인간의 뇌가 오감에 의해 수치적으로 분석하려는 데 익숙해져 있기 때문이다.
음양오행은 나무가 자라고 과일이 익어가는 기운을 느끼는 것이다. 하늘에서 비를 내려주면 땅은 물을 저장하고 저장된 물은 나무뿌리를 통해 나무를 성장시키고 과일을 익게 만드는 과정을 거치게 된다.
이러한 기(氣)의 순환과정이 음양오행의 핵심 원리인 것이다.
음양오행을 완전히 체화하기 위해서 가장 먼저 해야 할 일은 자연의 변화를 읽어 내는 것이다.
포기하지 않는 한 패배한 것이 아니다.
사주 공부는 하루아침에 이루어지지 않는다.
다소 어렵더라도 절대 포기하지 말고 끝까지 궁리한다면 반드시 길이 열릴 것으로 믿는다.

5장

한의학과 음양오행

- 한의학이란 무엇인가?
- 한의학을 어떻게 이해하고 있는가?
- 한의학을 경험해 보았는가?
- 사상의학은?

1) 한의학(韓醫學)의 이해

반만년의 역사를 가지고 현재까지 우리들의 건강과 예방을 책임지고 있는 위대한 우리 고유의 지적 재산인 한의학(韓醫學)은 음양오행(陰陽五行)을 기반으로 자연과 인간이 하나라는 천일합일(天人合一) 사상, 병(病)의 발생 후 치료보다는 발생 전에 몸과 마음을 다스려야 한다는 치미병(治未病) 사상을 바탕으로 이루어진 예방의학적 성격이 함께하는 의학이다.

한의학(韓醫學)은 통합의학으로 서양의학과는 다른 의미를 가지며 몸에서 나타나는 증상 위주의 표증(表症)치료를 하는 것이 아니고 음양오행(陰陽五行)과 기(氣), 혈(血)을 기반으로 하여 원인을 알아내고 근원적 치료를 하며 예방하는 것이다.

① 한의학(韓醫學)과 음양오행(陰陽五行)

"음양오행(陰陽五行)은 곧 나 자신이고 이 세계이다."

나와 우리의 몸은 음양오행(陰陽五行)을 근거로 움직여지고 있다.

한의학의 음양이론(陰陽理論)은 인체의 각 장기 《(간肝), (심장心臟), (위장胃臟), (폐肺), (신장腎臟)》가 나타내는 생리와 질병 현상을 인식하는 방법이 되고, 한의학에서는 음양이론(陰陽理論)을 통해 양생, 예방, 질병 치료라는 목표를 수행하는 것이다.

그럼 한의학과 음양오행의 관계를 살펴보자.

◆ **음양(陰陽)의 특성(特性)**

(1) 음(陰)이란

한의학적인 음(陰)의 개념은 사주의 음(陰)과 다르지 않으나 그 특성이 인체에 국한하여 세분화되었기 때문에 자세히 구분할 필요성이 있다.
한의학적 음(陰)은 양(陽)과 대비되는 개념(概念)으로 즉, 음(陰)은 물질(物質)을 가르키고 양(陽)은 기능을 말한다.
음(陰)의 운동의 방향성은 안(內)으로 향하는 것을 말하고, 아래로 향하며, 억제하는 것, 감약되는 것, 혼탁스러운 것, 무거운 것, 안으로 감춰지는 것, 움직이지 않는 것, 부드럽고 약한 기운, 변하지 않는 것, 고요한 것, 수렴하는 것, 어두운 것, 수동적인 것 등의 이러한 성질을 가지고 있다.

한의학에서 신체적으로 흉복강내의 내부조직이 이에 속하며 저장과 분비, 정기를 제조하는 기능이 있는 장부(臟腑)를 5장(5臟)이라 하는데 심,

간, 비, 폐, 신(心, 肝, 脾, 肺, 腎)을 말하며 이것을 음(陰)의 장부라 한다.

〈난경36난〉에서는 신(腎)을 좌(左)와 우(右) 양(兩) 장으로 나누어 왼쪽의 것을 신(腎)이라 하고 오른쪽의 것을 명문(命門)이라고 하여 심, 간, 비, 폐, 신(心, 肝, 脾, 肺, 腎) 그리고 명문(命門)을 포함하여 6장(腸)이라고 불렀다.

* 명문(命門): 생명의 문(門) 또는 생명의 근본이라는 뜻으로, 한의학에서는 우리 몸이 타고날 때 가지고 나오는 기운은 콩팥에 저장이 된다고 한다. 생명의 문(門)이란 뜻을 담고 있으며, 명문(命門)은 생명을 유지하는 요소이다. 명문(命門)의 작용을 개괄해서 말하자면, 명문(命門)은 원기(元氣)의 근본이며 인체의 열에너지를 만드는 발원지이다.

(2) 양(陽)이란

양(陽)이란 음(陰)과 상반(相反)되는 개념(概念)이다. 양(陽)은 움직임을 말한다. 양(陽)은 기능(機能)을 말하는 것으로 운동의 방향성(方向性)은 밖(外)으로 향하는 것, 위로 향하는 것, 외부로 순환(循環)하는 것, 증가(增加)하는 것, 지속적인 움직임이 있는 것, 강화(强化)하는 것, 가벼운 것, 맑은 것, 드러나는 것, 끊임없이 변화하는 것, 밝은 것, 적극적인 것 등의 이러한 성질을 가지고 있다.

한의학에서는 부(腑)는 일반적으로 흉복강내(胸腹腔內)에 있는 속이 비어 있는 기관을 말하는데 이것은 수곡(水穀)의 출납(出納)과 전송(轉送) 및 전환(轉換)의 기능을 가지며 화생(化生)된 물질을 전화(轉化)는 하나 저장(貯藏)하지 않는 특성이 있다. 6부(6腑)를 양(陽)의 장부(臟腑)라 하며, 6부(6腑)는 담(膽), 위(胃), 대장(大場), 소장(小腸), 방광(膀胱), 삼초(三焦)를 말한다.

양(陽)이란 기(氣)를 말하기도 하는데 기(氣)란 우주(宇宙)에 살아 있는 모든 생명이 가지고 있는 에너지를 의미한다.
한의학에서는 장부(臟腑)조직의 활동능력을 말하는데 기능과 활동에 따라서 대기(大氣), 진기(眞氣), 위기(衛氣), 곡기(穀氣), 영기(營氣), 종기(宗氣)로 분류한다.
대기(大氣)는 모든 우주 만물의 자연의 공기, 즉 일반적으로 우리가 호흡하는 기(氣)를 말하고, 진기(眞氣)는 다르게 정기(正氣)라고도 말하며 인체의 생명활동의 원동력이 되는 것으로 선천적인 원기(元氣)와 후천적인 곡기(穀氣)가 합쳐진 것을 말한다.

위기(衛氣)는 인체의 양기(陽氣)의 한 부분으로서 섭취한 음식물로부터 발생하기 때문에 비, 위(脾, 胃)가 근원이 되고 이것은 몸의 외부를 순환하기도 하며 안으로는 신체의 각 장부(臟腑)에 이르고 밖으로는 피부와, 주리(腠理)에 모두 운행함으로서 이 위기(衛氣)의 범위는 광대하며 신체의 어느 곳에나 영향을 준다. 신체의 안으로는 각 장부(臟腑)를 운행하며 자양시키고 밖으로는 몸의 체온을 맞춰주며 피부의 땀구멍을 조절하는 등 중요한 기능을 갖는다.

(3) 오행(五行)이란

오행이란 중국고대의 철학적 이론이고 동양철학에서 우주만물(宇宙萬物)의 변화를 5가지의 형태로 분류한 것이며 물질의 속성과 그에 따른 상호관계를 설명한 것이다.
오행(五行)이라는 것은 목, 화, 토, 금, 수(木·火·土·金·水)의 다섯 가지 속성을 말하는데, 문헌상에서 가장 먼저 보이는 것은 〈상서(尙書)〉, 〈홍범(洪範)〉이다. 거기에서는 오행(五行)으로서 수·화·목·금·토(水·火·木·金·土)의 순(順)으로 열거되며, 각각의 성질이나 맛이 기억되고 있다.

오행(五行)이란 음(陰)과 양(陽)이 끊임없이 변화하는 과정을 표현한 것으로 오(五)는 만물을 구성하는 것이 5가지인 것이고 행(行)은 이 5가지의 요소가 끊임없이 움직여서 만물을 만들어 내는 것을 말한다. 즉, 음(陰)이 양(陽)이 되고, 양(陽)이 다시 음(陰)이 되는 과정, 음양(陰陽)의 변화하는 모습을 다섯 단계로 표현한 것이 오행(五行)인 것이다.
모든 생물체의 기본이 되는 것으로 우주 만물의 모든 발생(發生)과 성장(成長), 마무리하여 제자리로 돌아오는 것이다.

오행(五行)은 목(木), 화(火), 토(土), 금(金), 수(水)의 다섯 가지 대표적 물질이 가지는 속성으로, 우주만물을 구분하여 이해하는 이론체계(理論體系)이다.
음양(陰陽)이 해와 달의 속성을 상징(象徵)한다면 오행(五行)은 지구 주위의 주요한 다섯 개의 행성(行星)이 지니는 독특한 기운을 의미한다. 에너지와 시간의 흐름에 따른 사물의 변화를 반영한 개념으로 춘하추동(春夏秋冬)과 생로병사(生老病死) 등 자연계의 특징을 관찰한 결과가 오행(五行)이라는 표현으로서 이론화(理論化)된 것이다.

목(木)은 탄생과 발생, 화(火)는 성장과 팽창, 토(土)는 저장과 변화, 금(金)은 결실과 성숙, 수(水)는 휴식과 저장을 의미한다. 인간의 성장과정으로 볼 때 태어나서부터 유년기가 목(木)이 되고, 혈기왕성한 청년기가 화(火)가 되며, 결혼하고 자식이 생길 때가 토(土)이고, 원숙한 장년기가 금(金)이 되며, 병들고 쇠약하여 자연의 품으로 돌아가는 것을 수(水)라 하였다.
한의학에서는 장부(臟腑)기관, 생리, 병리의 현상을 오행(五行)의 속성으로 구분하였다.

첫째, 장부(臟腑)로는 A.목(木); 간(肝), 쓸개. B.화(火); 심장, 소장(心臟, 小腸.) C.토 (土); 비장, 위장(脾臟, 胃腸) D.금(金); 폐, 대장(肺, 大腸). E.수(水); 신장, 방광(腎臟, 膀胱.)으로 구분하고 있다.
둘째, 장부(臟腑)기관의 생리현상을 상생(相生)과 상극(相剋)의 관계로 설명하였다.
셋째, 상승(相乘)과 상모(相侮)의 관계로서 병리변화(病理變化)와 치료방법을 설명하였다.

※ 상생(相生) : 상호 지원, 촉진, 조장을 말한다. 오행학설(五行學說)은 상생의 관계로서 사물에 상호협동 등의 일면이 있음을 설명하는데

구체적으로 목생화, 화생토, 토생금, 금생수, 수생목(木生火, 火生土, 土生金, 金生水, 水生木)이다. 정상적인 범위에 속한다.

※ 상극(相克) : 상호 제약, 배제, 혹은 극복을 말한다. 오행학설(五行學說)은 상극(相克)의 관계로서 사물에 상호대항의 일면이 있음을 말한다. 구체적으로 목극토, 토극수, 수극화, 화극금, 금극목(木剋土, 土剋水, 水剋火, 火剋金, 金剋木)이다. 그러나 상극(相克)은 본래 정상적인 범위 내의 제약에 속한다.

※ 상승(相乘) : 허를 틈타서 침투한다는 의미로 상극(相剋)의 정상적인 범위 안에서 제약의 정도를 초과하는 것으로 병증을 말한다. 병리변화의 범주에 속한다.

※ 상모(相侮) : 강한 것이 약한 것을 업신여긴다는 의미로 상극(相克)의 반대로 정상적인 상태를 벗어난 병적상태를 말한다. 병리변화의 범주에 속한다.

한의학에서는 오행이치(五行理致)를 운용(運用)하여 5장(臟)을 중심으로 인체의 상호자생(相互自生), 상호제약(相互制約) 관계를 설명한다. 상생(相生)과 상극(相克) 관계는 서로 도와주고 견제하는 것으로 인체에 있어서의 역할이다. 오행(五行)을 장부(臟腑)로 즉, 음양(陰陽)이 간장 목(肝臟, 木) à 심장화(心臟火) à 비장, 토(脾臟, 土) à 폐, 금(肺, 金) à 신장, 수(腎臟, 水)로서 목화토금수(木火土金水)의 순으로 변화(變化)를 되풀이하는 것이다.

음양론(陰陽論)은 이원론적 일원론(二元論的 一元論)이라고 할 수 있으며, 하늘에 속하는 양(陽)의 개념은 땅을 제외한 모든 것을 말하고, 그 하늘은 양(陽)의 두 가지 면을 가지고 있는데, 그것은 낮에는 태양으로써 밤에는 달로써 그것을 나타낸다.

음(陰)이라고 하는 것은 문자 그대로라면 '그늘'이고 양(陽)은 '빛'이다.
이런 의미에서 음양(陰陽)은 그림자와 빛만을 가리키지 않고, 또한 음(陰)과 양(陽)은 서로 대립적인 존재가 아니라, 물체나 인체의 양면(兩面)처럼 서로 밀접한 관련을 가진 개념이다.
음양(陰陽)은 인체의 생명현상으로, 성장(成長)과 소멸(消滅)이 반복되면서 나타나는 조화의 원리(原理)요, 변화의 원동력(原動力)이라 말할 수 있다.
음양론(陰陽論)은 이원론적 일원론(二元論的一元論)으로 음(陰)과 양(陽)이라고 하는 두 개의 현상이 대립과 통일(統一), 성쇠(盛衰)와 변화(變化)라는 관점에서 우주의 현상을 관찰하는 이론이고, 음양론(陰陽論)의 핵심은 서로 대립과 조화로운 관계 속에서 상생(相生)한다는 개념이다.

만물의 운동은 음양(陰陽)의 대립 작용과 변화규칙에 의하여 나타나며, 그것은 능히 만물을 생장수장(生長收藏)하게 하며 그것을 되풀이한다고 하였다.
자연계의 보편적으로 존재하는 모든 사물 중 대립적인 두 측면을 음(陰)과 양(陽)으로 명명하고, 어떠한 사물이라도 그 내부에는 음(陰)적인 면과 양(陽)적인 면을 서로 공유함으로써 서로 상호소장(相互消長) 및 전환의 관계를 형성하고 있다.

음(陰)과 양(陽)의 관계를 통해 사물과 현상을 파악하고 설명하려는 이론으로 음(陰)과 양(陽)의 개념을 각각 정의함에 있어 서로 독립적으로 정의될 수 없고 개념적으로 의존해 있다는 점에서 상대적이라고 한다. 이는 아인슈타인의 상대성 이론의 원리와도 비슷하다.

음양이론을 통해 인체 생명현상을 인식한다고 하는 것은 음양이론이 함축하고 있는 여러 가지 의미들을 받아들이고 이를 인체에 적용한다는 것을 의미한다.

인간은 자연과 생활여건에 따른 환경의 지배를 받고 있다. 즉 인간이 살아가는 동안 끊임없이 자극을 받으며 서로 상호적인 관계에서 살아가고 있는 것이다.

이러한 환경에서 살고 있는 인간의 인체의 활동기전도 우주의 움직임과 같으므로 우리는 인신소우주(人身小宇宙), 즉 인체를 소우주(小宇宙)라고 부른다.

동양철학의 음양(陰陽)의 원칙에 따르는 한의학은 우리들의 인체도 우주와 같은 유기체로 보아 질병을 진단하고 치료하는 것이며, 인체기관의 모든 활동과 작용을 자연의 섭리인 음양(陰陽)의 조화로서 고찰되어 인식하고 있다.

※ 《영추(靈樞)》〈세로론(歲露論)〉: "인체는 우주 자연계(天地)와 서로 부합(參)하고, 해와 달이 운행하는 법칙과 상응한다"고 하여 우주자연과 인체가 서로 상응관계가 있음을 밝혔다.

※ 《동의보감(東醫寶鑑)》〈내경편(內景篇)〉 :

　　인체를 소우주(小宇宙)로 보고 인체와 자연과의 상응관계를 다음과 같이 설명한다. 소우주(小宇宙)란 우리가 몸담고 있는 지구의 자연계와 천체를 대우주(大宇宙)라고 하는 데 비하여 인체가 대자연계에 살아가는 또 다른 우주인 동시에, 대우주(大宇宙)에서 일어나는 모든 현상을 해석하는 방법으로 인체의 현상을 해석할 수 있다는 의미에서 붙여진 이름이다. 한의학의 큰 특징이요, 중요한 인체관이기도 하다.

(4) 음양이론(陰陽理論)

우주의 모든 생명의 원칙은 음양(陰陽)으로 이루진다는 중요한 사실을 함축하고 있다.
이 의미는 우주의 동력체계는 상반된 두 에너지가 균형을 이룬 평형상태는 힘들다는 것을 내포하고 있다.
여기서 말하는 평형상태(平衡狀態)란 정지와 정체의 의미인데 이것은 어떠한 변화나 활동이 이루어지지 않는다는 뜻이므로 고로 존재하지 않는다는 것이다.
우주에서 일어나는 모든 활동은 항상 서로 대립하는 기운이 상호작용하는 것으로 이것들 중 하나가 배제되어서는 실제로 물리적인 활동은 불가능한 것이다. 모든 현상에는 양면(兩面)을 가지고 있으며 그리하여 대립(對立)이 있으므로 항상 이 두 가지 측면을 고려해야만 한다.
음양학설(陰陽學說)의 중심인 4가지 특징을 상호대립(相互對立), 상호의존

(相互依存), 상호소장(相互消長), 상호전화(相互轉化)로 설명할 수 있다.

A 상호대립(相互對立) : 음양(陰陽)의 상대성

음양학설(陰陽學說)에서 우주의 모든 사물은 서로 대립되는 음, 양(陰, 陽)의 양면(兩面)으로 이루어져 있으며 한 조(組)를 이룬다고 한다.

즉, 하늘은 양(陽), 땅은 음(陰)이고, 낮은 양(陽), 밤은 음(陰)이며, 인체의 체표(體表)와 기능은 양(陽)에 속하고, 내장(內臟)과 물질은 음(陰)에 속하며, 기(氣)는 양(陽), 혈(血)은 음(陰)에 속하고, 동(動)은 양(陽), 정(靜)은 음(陰)이 되고, 빛은 양(陽)이고 어둠은 음(陰)을 표(表)는 양(陽), 리(裏)는 음(陰)을 나타낸다고 한다.

이와 같이 서로 상반되는 것을 대립의 관계라고 한다.

이처럼 우주의 모든 사물은 하나가 둘로 나누어져서 그 본질 내에서 또 다른 음(陰)과 양(陽)으로 나뉘게 된다.

즉, 낮은 양(陽)이지만 오전은 양(陽) 중의 양(陽) 양중지양(陽中之陽)이 되고, 오후는 양(陽) 중의 음(陰) 양중지음(陽中之陰)이 되는 것이다. 이러하듯 완벽한 양(陽)과 음(陰)은 불가능하다는 것이며 이것은 음(陰) 속에 양(陽)이 있고 양(陽) 속에 음(陰)이 있다는 것으로 표현된다.

그러니 양(陽)과 음(陰)은 서로 다르고 대립적인 성격을 가지고 있다.

인간의 음양(陰陽)에 대해서 말하자면 바깥(외) 부분은 양(陽)이며, 안(내)부분은 음(陰)이라고 할 수 있다.

사람의 몸의 음양(陰陽)에 대해 말하자면 배 부분이 양(陽)이고, 복부 부분이 음(陰)이라고 할 수 있다.

사람 몸의 장부(臟腑) 중의 음양(陰陽)에 대해 말하고자 하면, 곧 오장(五臟)이 음(陰)이고, 6부(6腑)가 양(陽)이라고 할 수 있다.

다시 말하자면 간(肝)·심(心)·비(脾)·폐(肺)·신(腎)의 오장(五臟)이 음(陰)이며, 담(膽)·위(胃)·대장(大臟)·소장(小臟)·방광(膀胱)·삼초(三焦) 등의 6부(腑)가 모두 양(陽)이라고 할 수 있다.

B 상호의존(相互依存) : 음양(陰陽)의 일원성

음(陰)과 양(陽)은 서로 대립과 의존을 동시에 가짐으로서 그 어느 것도 다른 한 면과 분리되어 단독으로 존재할 수 없다.

한의학에서 인체의 기능은 양(陽)에 속하고 물질은 음(陰)에 속하는데, 물질이 없으면 기능이 있을 수 없고, 기능이 없다면 기혈(氣血)·진액(津液) 등의 물질이 만들어지는 것은 불가능하다고 말하고 있다.

이것은 어느 장기도 홀로 독자적으로 움직일 수 없는 인체의 유기체적인 관계를 설명하는 것이다.

※ 진액(津液) : 체내의 모든 정상수액의 총칭이다. 주로 체액을 가리키며 한액, 타액, 위액, 장액, 뇨액 등의 분비와 배설액도 포함한다.
※ 기혈(氣血) : 기(氣)와 혈(血)

한의학에서 장상학설(藏象學設)은 내장의 생리기능과 병리현상을 설명할 때 주로 사용되는데 각각의 장부 자체의 특징과 장부 사이의 상호관계를 아주 중요하게 생각하고 있다.

C 상호소장(相互消長) : 음양(陰陽)의 역동성

음양(陰陽)이 서로 대립, 의존한다는 것은 이들이 정지·불변의 상태에 있지 않고 끊임없는 소장(消長)과 운동 및 변화를 거듭하고 있다는 뜻이다. 사계절의 기후 변화를 보면 겨울에서부터 봄·여름까지는 기후가 점차로 한(寒)에서 열(熱)로 변해가는 이른바 음소양장(陰消陽長)의 과정을 이루고, 여름에서부터 가을, 겨울까지는 열(熱)에서 한(寒)으로 변해가는 이른바 양소음장(陽消陰長)의 과정을 이루게 된다.

인체의 각종 기능은 양(陽)에 속하는데 이러한 기능 활동이 이루어지기 위해서는 음(陰)에 속하는 영양물질이 반드시 소모되어야 하고, 각종 영양물질의 신진대사는 일정한 에너지를 필요로 하므로, 이러한 음양(陰陽)의 상호소장(消長)이 상대적인 평형상태를 유지하지 못하면 질병이 발생하게 된다.

※ 음소양장(陰消陽長) : 음(陰)의 세력이 작아지고, 양(陽)의 힘이 자라나서 커지는 것을 말함
※ 양소음장(陽消陰長) : 양(陽)의 힘이 줄어들어 작아지고, 음(陰)의 힘이 길어져서 커지는 것을 말함
※ 사시(四時) : 춘하추동(春夏秋冬)의 사계절을 말함

D 상호전화(相互轉化) : 음양(陰陽)의 역동성

사물은 발전 과정에서 일정한 단계에 이르면 각자 서로 상반되는 쪽으로 변하여 음(陰)은 양(陽)이 되고 양(陽)은 음(陰)이 되기도 한다.
예를 들면, 중독성 폐렴 환자의 경우 처음에는 고열이 나고 얼굴이 붉

어지며, 맥이 빠르고 힘 있게 뛰다가 병(病)이 발전하여 위중한 단계에 이르면 손·발이 얼음처럼 차가워지고 안색이 창백해지며 맥이 가늘고 약해지는 것을 볼 수 있다.

② 한의학의 청진기

한의학은 음양오행(陰陽五行)이 기준이 되어 진찰을 통해 환자의 증상을 인지하고 분석하여 병(丙)의 과정을 추측하고 진단하며 치료의 방향을 결정하는 것이다. 이러한 과정이 끝나면 치료법이 결정되고 치료법에 따라서 약물 치료법(한약재), 침구 치료법(침과 뜸), 물리요법이 정해진다.

진단은 주로 외부로 드러나는 병(病)적인 현상을 근거로 삼게 된다. 오행(五行)에 따른 색상 청(靑), 적(赤), 황(黃), 백(白), 흑(黑)은 각각의 오장(五臟)에 대입하여 진단에 참고하며 색상은 안면(顔面, 얼굴색)이나 설태(舌苔, 혀 색과 모양)의 색에서, 그 외에 얼굴의 눈, 코, 귀, 입, 입술, 머리카락, 온몸에 나는 털, 손톱의 모양과 색깔, 몸의 냄새 등 이런 고유의 상태가 구체적으로 활용된다.

진맥은 수천 년의 풍부한 임상경험을 바탕으로 한 경험적 데이터베이스로 병의 원인이 자리 잡고 있는 기관의 상태를 알려주는 파동인 것이다.
맥(脈)을 짚을 때에는 검지, 중지, 약지를 사용하여 맥을 짚으려는 손목의 엄지 부위에 튀어나온 뼈 위에 중지를 올려놓는다는 느낌으로 손 쪽에서부터 차례로 검지, 중지, 약지의 순서로 가볍게 올려놓는 것이다. 이때, 한의사는 맥이 뛰는 시간, 굵기, 두께, 속도, 규칙성, 길고 짧음, 선명함, 힘의 정도 등을 체크하여 장기의 상태와 병을 알아낸다.

③ 한의학(韓醫學)의 신경정신 치료

한의학에서는 사람의 신체와 정신은 서로 밀접한 관계에 있기에 이를 심신증(心身症)이라고 한다. 심신증(心身症)이란, 신체의 증상을 주요 증상으로 하면서 그 진단과 치료과정에서의 심리적인 요인이 중요하게 작용하는 질환이다.

여성들에게 자주 발생할 수 있는 방광염(오줌소태)도 방광염의 증상은 있지만 검사결과는 아무런 문제가 발견되지 않았을 때 한의학에서는 심장(心臟)이나 다른 장기(臟器)의 원인으로 보아 그것을 조절해 주는 것이다. 다른 예로는 양방의 신경성 위장장애도 이에 속한다. 인체적으로 위장에는 아무런 문제가 없으나 스트레스나 신경이 예민해질 경우 위장이 쓰리거나 아프거나 메슥거리고 통증을 유발하기도 한다.

한의학에서는 인체적으로 나타나는 증상에 의존하여 반드시 그 장기(臟器)에 문제가 있다고는 단정 짓지 않고 정신적 요인과 신체적 요인을 종합하여 필요한 치료를 한다.
한의학적으로는 이를 칠정상(七情傷), 오로소상(五勞所傷), 칠상(七傷) 등의 요인이라고 진단하며 한약, 침, 뜸, 부항 등의 한방적 치료를 선택한다.

※ 칠정상(七情傷) : 칠정이란 노(怒), 희(喜), 사(思), 비(悲), 우(憂), 공(恐), 경(驚)의 정신적 변화의 일곱 가지의 종류를 표현한 것을 말한다. 이것은 외부의 요인에 의한 반응이며 이것들로 인하여 발병의 원인이 되는 이유는 이들의 정신적인 활동이 지나치게 강력하고 지속적일 경우 이는 장부기혈(臟腑氣血)의 기능에 영향을 미치거나 이미 정신활동의 영향을 받는 경우이다.

※ 칠상(七傷) : 일곱 종류의 과로로 인한 병을 말한다. 노, 희, 사, 비, 우, 공, 경(勞, 喜, 思, 悲, 憂, 恐, 驚) 지나친 노여움은 기(氣)가 위로 올라가 간이 손상되고 무거운 것을 들거나 습(濕)한 곳에 오래 앉아 있으면 신(腎)이 상하며 찬 음식을 많이 먹거나 몸이 차면 폐(肺)가 손상되고 근심과 걱정은 심(心)을 손상시키고 바람, 비, 더위는 몸을 손상시키며 심한 두려움은 위(胃)를 손상시킨다고 《병원후론(病源候論)》에서는 말하고 있다.

※ 오로소상(五勞所傷) : 노동과 휴식의 부적당으로 인하여 기, 혈, 근, 골(氣, 血, 筋, 骨)의 활동이 실조되어 발생하는 다섯 가지 종류의 손상을 말한다.

④ 질병으로부터 자신을 지키는 방법

한의학에서는 치료와 더불어 예방도 중요시한다. 음양(陰陽)의 균형유지와 수승화강(水升火降)의 원칙이 양생의 기본적 원칙으로 양생을 통하여 생기(生氣)를 제대로 유지하는 것이 더 중요하다고 보기에 도인법(導引法)이나 수련법(修練法)이 중요하게 취급되는 이유도 이 때문이다.

수승화강(水升火降)과 생기(生氣)의 균형을 위해서는 머리는 차게, 손과 발은 따뜻하게, 가슴은 서늘하게, 아랫배는 따뜻하게 하는 것이며 여름에도 배를 차갑지 않게 하기 위해 이불을 덮는 것 등이 모두 이러한 기본적 양생의 원리를 적용한 것이다.

음식을 통한 양생 또한 음양(陰陽)이 서로 균형을 유지하는 것을 원칙으로 삼았다. 예를 든다면, 찬 음식이나 더운 음식을 먹을 때는 항상 균형에 신경을 써야 하며, 요리 시에는 항상 찬 성질이 있는 재료와 열이 있는 재료를 함께 사용하여 음양(陰陽)의 균형을 유지하도록 하였다. 음양(陰陽)의 균형이 어느 한쪽으로 치우치면 음식의 기능보다는 약으로도 작용되기 때문이다.

※ 수승화강(水升火降) : 신수(腎水)는 위로 올라가고 심화(心火)는 아래로 내려간다. 이것을 한의학적 의미로 다시 말하자면 물의 기운은 위로 올라가고 불의 기운은 아래로 내려간다는 뜻이며, 수승화강이 잘 되어야 기(氣)의 순환이 잘 이루어져 건강할 수 있다는 것이다.

※ 도인법(導引法) : 도가에서 무병장수를 위하여 행하는 인체 운동과 호흡법으로 구성된 건강법. 옛날에 사용된 보건과 치료 방법의 일종이다. 크게 세 가지로 나누어 설명하면, 첫째는 사지와 몸을 움직이는 것이고, 둘째는 스스로 안마하는 것이며, 셋째는 심호흡을 하는 것이다. 《황제내경(黃帝內經)》에서는 사계절에 따른 구체적인 양생원칙을 제시하였다.

"봄에는 식물들이 싹을 틔우는 것과 마찬가지로 취침시간은 조금 늦게 하고 아침에는 일찍 일어나 산책을 하는 것이 좋고, 여름에는 만물이 번영하여 꽃을 피움으로 취침시간은 늦어도 좋으나 아침에는 일찍 일어나는 편이 좋고 노여움이 일지 않도록 해야 한다. 가을에는 낙엽이 떨어지는 기운과 같은 찬 기운이 몸에 영향을 미치지 않도록 일찍 자고 일찍 일어나는 것이 좋으며 저녁에는 기운을 제대로 거두어야 하며, 겨울에는 모든 만물이 찬 기운 속에서 겨울잠을 자는 것처럼 양기가 몸속으로 들어가야 하므로 늦게 일어나고 몸이 차가워지지 않도록 땀을 흘려 양기를 소모시키는 일이 없도록 해야 한다."

"성인 불치이병 치미병(聖人不治已病 治未病)"
훌륭한 의사는 이미 생긴 병을 치료하는 것이 아니라 아직 생기지 않은 병을 치료한다는 뜻으로 건강할 때 또는 병의 기미가 있을 때 미리 방비한다는 의미로 해석할 수 있다. -《황제내경(黃帝內經)》

⑤ 명의(名醫)

편작(중국 전국시대의 명의)에게는 의사인 형이 둘 있었다. 편작에 비해 형들의 명성은 그리 신통치 않았다. 어느 날 위나라의 문공이 편작에게 삼 형제 중 누구의 의술이 가장 뛰어난지를 물었다. 편작은 큰형이 가장 뛰어나고 둘째 형이 그다음이며, 자신이 가장 하수라고 대답한 뒤 그 이유를 이렇게 말했다.

"큰형은 사람이 병(病)의 증상을 느끼기도 전에 얼굴빛만 보고 장차 병(病)에 걸릴 때를 알아내 미리 예방함으로써 사람들이 병(病)에 걸리지 않게 하며, 둘째 형은 사람의 병세가 미미할 때 병(病)을 알아차리고 치료해 주었는데, 저는 환자의 병(病)이 깊어 고통을 느낄 때 비로소 병(病)을 알아보고 치료를 해 주니 제가 가장 하수입니다.

다만, 사람들은 큰 병(病)을 고쳤다고 명의라 말하며 고마워하지요. 이런 이유로 삼 형제 중 실력이 가장 미천한 제가 명의라 소문난 것입니다."

2) 사상의학(四象醫學)

이제마(李濟馬)가 1894년(광무 31) 《동의수세보원(東醫壽世保元)》에서 처음으로 창안, 발표하였다. 사상의학에 따르면 사람은 태어나면서부터 불균형 상태에 있는 불완전한 것으로 보고, 타고난 심성이 달라서 각각의 체질도 다르고 장부의 기능적 구조도 다르고, 신체적 특징이 다르며, 성품적으로도 어느 정도 차이가 있다고 주장한다.

사상의학에서 사람의 체질은 성격에 따라서 폐, 비장, 간장, 신장(肺, 脾, 肝, 腎)의 대, 소(大, 小)를 이야기하고 체형의 변화와 병증의 발생을 주도하여 사상인(四象人) 태양인, 소양인, 태음인, 소음인(太陽人, 少陽人, 太陰人, 少陰人)으로 나누어진다고 한다.

예를 들면 평소에 땀이 많이 나는 것이 건강함을 나타내는 체질이 있는가 하면 반대로 땀을 많이 흘리면 허약해졌다는 징후가 되는 체질이 있기 때문에 체질에 따라서 의학적 처방을 완전히 다르게 해야 한다는 것이 사상의학의 중심이다.

사상의학의 주요 특징은 선천적으로 부모와 조상의 특징 즉, 생김새, 성격, 질병에 이르기까지 태어날 때 이미 결정되어 있다는 것이다. 따라서 치료는 체질에 따라 그 특징이 차이가 있으므로 그 체질적 차이를 고려하여 같은 병이라 하여도 치료 방법을 다르게 적용할 필요가 있다는 것이다.

사상체질을 구분하는 기준은 체형, 용모, 성격, 개인에 따라 병증이 다르게 나타나며 공통된 특징을 가진 체질을 구분하여 음식과 처방을 달리하게 된다.

① 사상체질(四相體質)이란?

사상에서 체질을 구분하는 기준은 첫째, 체형기상(體形氣像)으로 외모는 체형과 용모를 중심으로 하고 둘째, 용모사기(容貌詞氣)는 각각 다른 얼굴의 생김새와 말의 어투를 보며 셋째, 성질재간(性質材幹)은 각 개인의 성격, 행동, 성향을 살피고, 넷째, 병증약리(病證藥理)는 체질마다 각 개인에게 다르게 나타나는 병의 깊이에 따라서 관찰한다.

이러한 기준으로 사상체질은 크게 4가지로 나뉘는데, 각 체질의 특징은 아래와 같다.

- 태양인(太陽人)은 폐대간소(肺大肝小), 상초(上焦)의 기(氣)가 성(盛)하다.
- 소양인(少陽人)은 비대신소(脾大腎小), 중상초(中上焦)의 기(氣)가 성(盛)하다.
- 태음인(太陰人)은 간대폐소(肝大肺小), 중하초(中下焦)의 기(氣)가 성(盛)하다.
- 소음인(少陰人)은 신대비소(腎大脾小), 하초(下焦)의 기(氣)가 성(盛)하다.

(1) 외형(外形)

A 태양인(太陽人)

머리가 크고 목과 가슴이 크며 귀가 크다.

상체가 발달한 반면 하체는 부실하여 오래 걷거나 서 있기 힘들다.

여자는 자궁발육이 나빠 아이를 낳지 못하는 경우가 많고 살이 많이 찌지 않는다. 전체적인 체형은 역삼각형이다. 하체는 약한 편이며, 가슴 부위가 발달되어 있고 대머리가 많은 편이며 특히 정수리 부분의 탈모가 많다.

B 태음인(太陰人)

허리 부위가 크고 코가 크거나 광대뼈가 나오고 비대한 편이 많다. 키가 크고 체격이 좋다.

마른 사람도 있으나 골격은 건실하고, 전체적으로 체격에 비해 머리와 가슴이 빈약해 보이는 삼각형의 체형이다. 얼굴은 둥글며 코, 입술이 두툼하다.

걸음걸이가 안정되어 있으며 손발이 두툼하다. 만일 대머리가 된다면 앞머리의 탈모가 많다

C 소양인(少陽人)

어깨가 크고 눈이 잘생겼으며 상체가 발달되었다.

하체가 가벼워서 걸음걸이가 빠르고 민첩하며 미남 미녀가 많다.

상체보다 하체가 약한 편이며 피부가 하얗다.

팔과 다리가 날씬하고 땀이 적은 편이며 엉덩이가 약한 편이고 눈썹은 곱고 눈빛이 강렬하다.
머리카락은 검고 대머리는 잘 안 되는 체질이며 곱슬머리가 많은 편이다. 턱과 콧수염이 적고 목소리는 맑은 음성이다.

D 소음인(少陰人)

상복부가 약하며 엉덩이가 크고 입이 잘생기고 구강이 크며 살이 적고 뼈대가 크나 체격은 작고 마른 편이 많다. 상체보다 하체 엉덩이 부근이 발달되어 있고
걸을 때는 상체가 앞으로 숙여진다. 보편적으로 키가 작고 아담하고 체격이 마른 편이고 하체가 균형 있게 발달해 있으며 허리는 잘록한 편이다. 수족이 차가운 편이며 얼굴은 달걀형으로 미남 미녀 타입이다.

(2) 성정(性情)

A 태양인(太陽人)

태양인은 강직하고 화통하고 과단성이 있으며 직선적이다.
자존심도 강하고 감정적이며 표현이 솔직한 편이다.
인간관계에 적극적이어서 타인을 만나고 사귀는 일은 잘하나 독단적인 면이 강하고 매사에 조심하지 않으며 급한 성격으로 남을 배려하지 않으므로 타인을 통솔해 나가기는 힘들다.
일을 하는 데는 계획성이 없고 거침없이 행동하며 항상 앞으로 나가려 하며 물러서지 않는다.

우월감 때문에 방종하거나 남을 시기하는 마음이 있다.

급박지심(急迫之心), 즉 성질이 급하고 조급증이 있어 화를 잘 낸다. 지나친 흥분이나 분노를 조절해야 한다.

B 태음인(太陰人)

태음인은 고집이 세고 맡은 일을 끝까지 이루어 내는 지구력이 있어 보스형 기질이 있고 스스로의 일을 묵묵히 해 가는 성실성도 있다.

차분한 편이며 가정적이고 남의 칭찬을 좋아한다.

겁심(怯心)이 있어 가슴이 두근거리는 정충증이 생기기 쉽다.

변화를 싫어하고 보수적이다.

자기 것에 대한 애착이 지나치면 탐욕이 된다.

C 소양인(少陽人)

소양인은 사교적이고 적극적이며 활발하여 여러 사람들에게 인기가 많고 다정다감하며 외향적인 편이고 의협심이 강하다. 일을 꾸리고 추진을 잘하며 사무에 능하나 인내심이 부족한 면도 있고, 경솔해 보이기도 한다.

자기 스스로의 감정에 충실하고 순발력이 있으며 창의력이 뛰어나다.

항상 무슨 일이 생길까 두려워하는 구심(懼心)이 있는데 구심이 커져 공포심이 되면 건망증이 생기기 쉽다.

공적인 것과 사적인 것을 구분하여 처리하는 원칙이 부족하여 자기 기분에 좌우된다.

D 소음인(少陰人)

소음인은 항상 침착하고 조심스럽다. 착실하고 합리적이며, 끈질긴 면이 있으며 인내심이 강하고 세심하다. 내성적인 편이며 공상을 좋아한다.
매사에 용의주도하고 치밀하여 사람들을 잘 모으나 경계심이 있어 낯선 사람과는 잘 사귀지 못한다. 사소한 일에도 조바심이 나고 불안하다.
걱정이 많고 가슴이 답답할 때가 많다.
감정보다는 이성이 앞서며 이기적이 되기 쉽다.

(3) 질병(疾病)

A 태양인(太陽人)

소변이 잘 나오지 않거나 얼굴빛이 검어지면 건강이 나빠진 신호이다.
음식을 잘 토하고 성질이 급하여 실신 졸도하는 일이 많고 하체무력증이 있다.
위, 식도 등에 암이 걸리기 쉽다.
여성의 경우 불임의 가능성이 높다.
※ 주요 질환 : 고혈압, 안질, 소화불량, 황달, 고열성 질병, 담석 등

B 태음인(太陰人)

평소보다 땀이 적어지거나 피부가 단단해지면 건강이 나빠진 신호이다.
호흡기계(비염, 기관지염, 천식폐렴), 순환기계(중풍, 고혈압, 심장병), 간질환, 피부질환, 대장염 등을 앓기 쉬우며 비만, 과식을 조심해야 한다.

※ 주요 질환 : 중풍, 대장질환, 심장병, 고혈압, 기관지 천식, 치질, 습진, 간질환 등

C 소양인(少陽人)

대변이 잘 나오지 않고 변비가 생기며 가슴이 답답해지면 건강이 나빠진 신호이다.

코피가 자주 날 수 있고 열성 전염병이나 정신질환, 화병, 비뇨기, 생식기질환 등을 조심해야 하지만 평소 잔질병은 없는 편이다.

※ 주요 질환 : 신장 기능, 요통, 피부병, 코, 부종, 신경통, 성기능 장애, 목감기 등

D 소음인(少陰人)

평소보다 땀이 많이 나거나 소화가 안 되고 설사가 잦으면 건강이 나빠진 신호이다.

항상 위장이 약하고 냉하여 만성소화불량, 복통, 설사, 사지무력증, 빈혈, 수족냉증, 불면증이 있으며 두통, 신경통 종류의 통증이 많으나 사상 체질 중에 가장 장수하는 체질이다.

※ 주요 질환 : 위장병, 복통, 변비, 설사, 두통, 빈혈, 소화불량 등

(4) 음식

체질을 알면 보약(補藥)이 따로 없다. 몸에 맞으면 음식도 보약이 되는 것이다.
사상은 음식으로 신체의 불균형을 조절하며 보완해 나간다는 원리이지만 그렇다고 해서 음식으로만 모든 것이 해결된다는 절대적인 의미는 아니고 체질에 맞는 음식을 위주로 섭취하고 다른 식품은 보조적인 측면에서 섭취하라는 의미인 것이다.

A 태양인(太陽人)

폐(肺)가 크고 간이 작아서 기름진 음식을 분해시키는 힘이 약하므로 야채 위주로 식사하되 메밀, 모과, 다래 등이 좋고 화를 내선 안 된다. 먹은 음식을 토하기 쉽다.
※ 좋은 음식 : 영지버섯, 붕어, 포도 양배추, 돼지고기 등
  나쁜 음식 : 송이버섯, 당근, 인삼, 바나나 등

B 태음인(太陰人)

간(肝)이 크기 때문에 육류를 분해시키는 힘이 있으므로 쇠고기, 비늘 있는 생선, 장어 등을 잘 먹고 콩 음식이 매우 좋으며 특히 발효 음식이 좋다. 지나치게 많이 먹으면 고지혈증(高脂血症)이 되기 쉽다.
※ 좋은 음식 : 두부, 땅콩, 오징어, 당근, 콩 등
  나쁜 음식 : 육류, 닭고기, 인삼, 돼지고기, 조개, 꿀, 포도 등

C 소양인(少陽人)

비위(脾胃)가 좋은 편이어서 어패류나 돼지고기가 체질에 잘 맞는 식품이고 팥, 참외, 오이 등이 좋고 특히 콩팥이 잘못되기 쉬우므로 주의해야 하고 인삼이나 꿀 같은 음식을 삼가해야 한다.

※ 좋은 음식 : 홍합, 보리, 배추, 새우 등
　나쁜 음식 : 파, 복숭아, 고추, 사과 등

D 소음인(少陰人)

속이 냉하고 위가 약하니까 모든 음식을 따뜻하게 해먹고 인삼이나 꿀, 사과, 귤 같은 성질이 따뜻한 음식을 먹되 기분 좋게 먹어야 한다.

※ 좋은 음식 : 닭고기, 꽁치, 마, 귤, 계란, 보신탕 등
　나쁜 음식 : 냉면, 오이, 아이스크림, 참외, 맥 등

3) 한의학과 서양의학의 차이

옛날 선조들은 뜨거움과 차가움의 균형을 맞추고자 여름에 차가운 음식 섭취로 상할 수 있는 몸을 보충하기 위해 인삼과 황기 등을 넣은 삼계탕을 끓여 먹었다.
황기는 몸의 수분과 원기를 보강하고 인삼은 비, 위를 건강하게 하면서 자칫 더워서 떨어지는 입맛으로 인한 몸의 에너지를 충족시키는 것이다. 그리고 닭고기는 영양분이 풍부하여 더운 여름에도 지치지 않게 만드는 것이다.

이러하듯 자연의 속성과 우리의 몸은 원래의 상태로 돌아가 균형을 맞추고자 하는 항성성의 원리에 의해서 움직여지고 있으며 이것은 음양오행의 조화로 자연을 따르는 순응적 원리이다.

한의학에서는 인체 오장육부의 관계를 오행사상을 중심으로 설명한다. 균형은 오행의 상생(相生)과 상극(相克) 관계로 설명할 수 있는데, 이는 서로 도와주고 견제하는 것으로 인체의 중심이 되는 역할이다. 목화토금수(木→火→土→金→水)의 순으로 변화(變化)를 되풀이하고 있다.
우리 몸의 기, 혈, 진액을 만들고 자연의 변화에 따라 우리 몸속의 환경과 장기들을 맞춰주는 역할을 한다.

여기서 우리가 반드시 이해해야 하는 것이 있다.
한의학에서 말하는 오장은 현대의학에서 말하는 오장과는 다르다는 것이다. 한의학에서 보는 관점과 서양의학에서 보는 관점이 전부 일치하지는 않는다.

한의학과 서양의학에서 보는 질병의 관점은 많이 다르다. 서양의학은 해부학적인 방법으로 접근하고 한의학은 각 장기가 균형이 잘 이루어져 있는지에 중심을 둔다. 그래서 질병의 진단은 같아도 사용하는 언어와 치료법은 다른 것이다.

예를 들면 중풍을 서양의학에서는 뇌졸중이라는 단어를 사용한다. 그 이유는 한의학에서는 중풍의 원인으로 간의 기능상의 문제가 포함되는데, 간은 오행상 바람으로 보고 있기 때문에 우린 중풍이라고 한다. 말 그대로 바람이 가운데 들어와 질병을 유발했다는 뜻이며 성질은 바람처럼 빠르고 움직임이 강하다. 그래서 중풍 환자들은 간이 주관하는 근육의 문제로 인해 반신불수나 구안와사, 근육의 경직, 수축 등이 나타난다.

서양의학에서는 해부학적으로 뇌의 발병부위이므로 병의 명칭도 뇌졸중이라고 하는 것이다. 치료법 또한 다르다.

그럼 한의학에서 오장이 우리 몸에 어떻게 작용하는지 살펴보자.

4) 주요 병증와 한의학적 치료 과정

① 췌장(당뇨)
※ 인슐린 호르몬 : 췌장에서 분비되는 체내의 포도당을 우리 몸의 세포들이 잘 사용할 수 있도록 조절하는 호르몬

(1) 당뇨병이 뭔가요?

당뇨란 인슐린의 분비량이 부족해서 생기는 대사질환의 일종으로, 포도당이 소변으로 빠져나가는 병을 말한다.

인슐린이 조금 나오거나 아예 안 나오면 혈중 포도당의 농도가 높아지는 고혈당이 되는 것을 말한다.

◎ 당뇨의 원인

기름지고 단 음식의 과다섭취, 운동 부족, 스트레스와 지나친 성생활 때문인데, 이런 경우 몸에 열(熱)이 많아지고 많아진 열(熱)은 지방으로 축적되며, 이렇게 쌓인 몸의 지방은 주로 소화기계에 쌓이게 된다.

◎ 한의학적 당뇨

당뇨를 소갈(消渴)이라 한다.

소갈(消渴)이란, 무엇인가를 태워 없애버리기 때문에 배가 자주 고프고, 목이 마른 증상이 나온다.

위장(胃腸)열이 많아져 음식을 많이 먹게 되고, 갈증을 느껴 물을 많이 마시게 되며, 소변을 많이 보게 된다.

많은 소변량《다뇨(多尿)》로 인하여 체액의 결핍 상태가 이루어지고 이를 보충하기 위해 많은 음식과 물을 섭취하는 다음(多飮), 다식(多食)의 증상이 반복되는 것이다.

※ 당뇨의 3대 증상 : 다음(多飮) 다식(多食) 다뇨(多尿)

(2) 당뇨병과 비슷하지만 구분지어야 할 질환
◎ 구갈증(口渴症)
입 안과 목이 마르면서 갈증이 많이 나는 증상으로 입 냄새가 나며 혀의 색깔이 붉고, 혓바닥이 갈라져 보인다.
(폐위(肺胃)에 열(熱)이 있거나 진액(津液)이 부족하여 생긴다.)

◎ 갑상선 기능 항진증
비정상적으로 갑상선 호르몬을 과다하게 분비하여 갑상선 중독 증상이 나타나는 상태이다.
(심장(心), 간장(肝), 신장(腎)의 과도한 양기(陽氣) 또는 부족한 음기(陰氣)로 인해 생긴다.)

〈갑상선 기능 항진의 대표적인 증상〉
- 식욕이 좋음에도 체중이 줄어든다.
- 체력 소모가 심하며 쉽게 피로를 느낀다.
- 손발이 떨린다.
- 열 발생이 많아져 더위를 참기 어렵다.

- 땀이 많이 나며 가슴이 두근거린다.
- 심장 박동수의 증가 (노인이나 기존 심장질환이 있는 경우 부정맥 발생 가능)
- 신경이 예민해지고 불안해진다.
- 설사를 하기도 한다.
- 여성은 생리 불순, 불임이 되기도 한다.
- 안구돌출이나 목 부위의 종괴도 있다.

(3) 당뇨병의 종류
한의학에서는 당뇨를 크게 4가지로 분류한다.

- 첫 번째로 열(熱)이 많아 생기는 열(熱)당뇨
  증상 : 몸의 열로 인해 입이 마르고 갈증이 나며, 쉽게 허기짐을 느끼고 체중도 감소한다. 혈당보다는 요당의 수치가 높게 나오기도 한다.

※ 혈당 : 혈액 속에 함유되어 있는 포도당
※ 요당 : 소변에 당이 섞여 있는 상태 (신장 기능에 문제가 있거나 혈당이 너무 높을 경우 당이 소변으로 빠져나오게 된다.)

- **두 번째로는 잘못된 식생활습관으로 소화기(위장, 췌장, 간) 등에 노폐물이 쌓여 발병되는 누적형 당뇨**
  증상 : 과체중으로 속이 더부룩하고 몸이 무겁다.
  간 수치와 콜레스테롤 수치도 높게 나오며 공복혈당과 식후혈당의

차이가 많이 나게 된다.

- 세 번째로 극심한 피로와 만성 쇠약 상태로 몸이 허약한 사람들에게서 발병되는 쇠약형 당뇨

  증상 : 어지럽고, 눈가와 입가가 자주 떨리며, 소화 장애가 있다. 늘 배가 부르면서 무기력하고, 성 기능 저하까지 오게 되며, 운동을 심하게 하거나 밥을 적게 먹으면 저혈당에 노출된다.

- 네 번째는 스트레스형 당뇨. 심한 스트레스나 정신적 피로감이 지속되어 뇌와 심장의 에너지 소모가 급격하게 일어나 당 대사에 문제가 생겨 발병되는 당뇨

  증상 : 가슴이 두근거리고 답답함과 통증을 느끼며 식은땀을 흘린다. (정신적, 심리적 영향이 원인)

(4) 당뇨병 의심 증세

사람은 누구나 갈증이 있고 피로할 수 있기 때문에 모두가 다 당뇨는 아니다.

(우리나라 인구의 15% 정도가 당뇨 환자라고 한다.)

◎ 당뇨병의 초기 증상

- 피로감 : 포도당은 우리 몸의 에너지원인데 이 물질이 부족하면 신체적, 정신적으로 피로감을 느끼게 된다.

- 수면 장애 : 혈중 내 당 수치가 일정치 않을 경우, 수면 장애가 발생한다. (평균 6시간 이하의 수면은 몸에 이롭지 못하다.)
- 갈증 : 우리 몸의 에너지원인 포도당에 문제가 생겼을 때, 세포 활동에도 영향을 끼치며 이는 몸의 타액 생성과 연관이 있어 입이 마르고 갈증이 생기는 것이다.
- 빈뇨(잦은 소변) : 혈당이 높으면 이를 정화시킬 목적으로 신장의 활동은 더욱 왕성해지고 결국 신장에 과부하가 발생되어 비뇨 계통 문제가 발생한다.
(정상인일 경우 소변의 양은 하루 1.5리터이지만 당뇨 환자일 경우는 3리터로, 약 2배가 된다.)
- 코골이 : 심한 코골이는 스트레스 호르몬인 코르티솔 분비를 증가시켜 체내 포도당 수치를 높이고 그로 인해 혈당이 높아져 당뇨병을 유발한다.
일주일에 나흘 이상 코를 골게 된다면 정상보다 인슐린 저항성이 높고 내당 능력이 떨어져 당뇨 가능성이 30%가량 높다는 연구 결과도 있다.
- 하얗게 변한 손톱 : 손톱이 거칠고 두꺼워지며, 붉은빛이 없고 하얗게 변한다면 만성 신장병이나 당뇨병일 수 있다.
- 소변에서 과일 향이 난다 : 케톤산혈증이 있으면 혈액 속에 케톤산이라는 물질이 다량으로 생겨 소변으로 배출되는데 이때 소변에서 과일 향이 나기 때문에 당뇨를 의심해야 한다.
- 식욕이 넘치는데 체중이 줄어든다 : 몸이 무기력해지고 이유 없이 살이 빠질 때도 당뇨병을 의심해 봐야 한다.

당뇨병이 생기면 당을 세포 속으로 이동시키는 인슐린 기능에 문제가 생겨 포도당을 제대로 사용하지 못하게 된다. 그로 인해 몸에 필요한 에너지를 당이 아니라 지방이나 단백질에서 가져오게 되면서 자연스럽게 살이 빠지게 된다.

또한 포도당을 공급하라고 뇌에서 지시를 내리기 때문에 배고픔을 느끼게 된다.

따라서 식욕이 비정상적으로 늘어나는 것도 당뇨병의 증상이다.

식욕 증가와 체중 감소, 전혀 어울리지 않는 두 증상이 동반된다면 당뇨병일 가능성이 높다.

- 건조한 피부: 순환기 문제와 수분 부족으로 인해 피부가 건조해진다.
- 요로 감염 : 혈액 속에 포도당이 증가하면서 면역 체계가 약해져 이런 현상이 생기는데 그로 인해 항체 생성이 줄어들고 신체는 바이러스나 박테리아, 곰팡이에 더 쉽게 감염된다.
- 손발이 무감각해지거나 따끔거린다. : 당뇨병이 손발에 있는 감각 신경에 영향을 미쳐 신경을 손상시키기 때문이다.
- 상처 회복도 둔화 : 피부에 생긴 궤양이나 상처가 오랜 시간이 걸려도 제대로 치유되지 않는다면, 혈액 속에 포도당이 많이 쌓였다는 뜻으로 보아야 한다.
- 발 문제 : 발은 순환 문제와 체액 저류가 생기기 쉬운 부위이고, 당뇨병 증상이 가장 분명하게 나타날 수 있는 신체 부위 중 하나이다. 신경에 손상이 생겨 발의 감각이 무뎌지고 계속 바늘로 찌르는 듯한 따끔거리는 증상이 나타날 수 있다.

※ 위의 증상 중 3가지 이상일 경우 혈당을 측정해 보자. 뚜렷한 증상이 나타나지 않기 때문에 자신이 당뇨병인지도 모르고 병이 진행된 후에야 알게 되는 경우가 대부분이기 때문이다.

(5) 당뇨병의 치료
당뇨병의 치료법은 원인과 부위별로 다르다.
(열, 담음(노폐물), 어혈, 스트레스, 체질)
체질로는 태음·태양·소음·소양에 따라 분류할 수 있다.
한의학에서는 당뇨의 근본적인 원인을 밝혀내 혈당을 낮추는 방법과 개인에 맞는 치료를 하고 있다.
예를 들면 심장에 열(熱)이 많은 사람은 열(熱)을 제거해 주고 몸에 진액(津液)을 만들어 영양분을 원활히 흡수하여 신진대사가 잘 이루어지도록 치료하는 것이다.

(6) 당뇨병 치료 후 관리
치료보다 더 중요한 것이 치료 후 지속적인 혈당 유지이다.
과로와 스트레스를 피하고 규칙적인 생활과 적당한 휴식, 운동, 식생활 개선을 통해 신진대사를 원활하게 하면 면역력은 높아지고 당뇨병의 근본 원인인 췌장 기능도 정상적으로 유지될 수 있다.

(7) 당뇨병의 예방
당뇨는 식습관과 밀접한 관계가 있으므로 예방이 가능하다.
(잘못된 식습관은 만병의 근원이 된다.)

◎ 당뇨 예방법

- 자신에게 맞는 적정 체중과 허리둘레를 유지

  * 정상적인 허리둘레 : 남자 90cm, 여자 85cm 이하

- 규칙적인 운동이나 신체활동

  * 권장 운동 : 일주일에 3일 이상 유산소와 근력운동

    운동시간 : 식후 30분~1시간 사이 (혈당이 가장 높아지는 시간)

    곡류 과다 섭취자 : 근력운동 (탄력밴드, 바벨, 아령 등)

    육류 과다 섭취자 : 유산소운동 (조깅, 줄넘기, 자전거 등)

- 건강한 식단과 습관

  * 하루 섭취 비율 : 탄수화물 (전체 칼로리의 50~60%)

    단백질 (전체 칼로리의 15~20%)

    지방 (전체 칼로리의 25% 이내)

    탄수화물은 당 지수가 낮은 음식을 통해 섭취

    (전곡류, 콩, 과일, 채소, 유제품 등)

    불포화지방산이 풍부한 음식 섭취는 권장하나, 포화지방이나 트랜스지방의 섭취는 가급적 피한다.

  * 금연과 금주

  * 수면 시간 : 성인은 하루 7~9시간, 65세 이상 노인은 7~8시간을 권장

- 정기적인 검진

  * 모든 40세 이상 성인과 여러 가지 증상이 의심이 될 경우는 검진을 권장

(8) 당뇨에 특효 차(茶)의 종류

◎ 평소에 마실 수 있는 당뇨에 좋은 한약 차의 종류

- 황기차 : 황기는 천연 혈당강하제로서 인슐린을 쓰지 않는 환자의 피로와 혈당 강하에 효과가 있으며 꾸준히 먹는 것이 좋다.

구성 : 황기 30g, 산마 100g, 생지황 9g, 천화분 6g, 오미자 2g, 물 2리터 (1일 분량)

방법 : 약재를 잘 씻은 다음, 물과 함께 센 불로 끓인 후 약한 불로 30분간 더 끓여 따뜻하게 마시면 된다.

(오미자는 다 끓인 약차 물에 넣는다.)

복용 방법 : 1일 기준 3-4회

- 쇠비름차 : 쇠비름은 혈당수치를 낮추는 데 매우 좋은 효과가 있다.

구성 : 쇠비름 35g (그늘에서 잘 말린 것, 1일 분량)

방법 : 약재를 잘 씻은 다음, 물과 함께 센 불로 끓인 후 약한 불로 30분간 더 끓여 따뜻하게 마시면 된다.

복용 방법 : 1일 기준 3-4회

- 맥문동차 : 맥문동 차는 갈증이 심한 환자에게 아주 좋은 차이다.

구성 : 맥문동 15g, 오미자 3g, 진피 5g (그늘에서 잘 말린 것, 1일 분량)

방법 : 약재를 잘 씻은 다음, 물과 함께 센 불로 끓인 후 약한 불로 30분간 더 끓여 따뜻하게 마시면 된다.

(오미자는 다 끓인 약차 물에 넣는다.)

복용 방법 : 1일 기준 3-4회

- 율무차 : 율무의 알리신이라는 물질이 인슐린 분비를 촉진하고 포만감이 있어 식욕억제에 효과가 있다.
구성 : 율무 40g (그늘에서 잘 말린 것, 1일 분량)
방법 : 약재를 잘 씻은 다음, 물과 함께 센 불로 끓인 후 약한 불로 30분간 더 끓여 따뜻하게 마시면 된다.
(율무는 식사대용으로 죽을 끓여 드셔도 좋습니다.)
복용 방법 : 1일 기준 3-4회

(9) 당뇨에 좋은 음식
- 당뇨에 좋은 한약재 : 우슬, 생지황, 마늘, 무화과 열매, 녹두, 콩류, 호박, 율무, 맥문동, 황련, 감초, 인진쑥, 겨우살이, 두릅나무, 달맞이 꽃, 헛개나무, 구기자, 옻나무, 다래 등
- 당뇨에 좋은 차 : 현미차, 둥굴레차, 녹차, 오미자차, 표고버섯차 등
- 당뇨에 좋은 음식 : 우엉, 콩, 마늘, 양파, 돼지감자, 다시마, 브로콜리, 생오이, 파프리카, 생채소류 등
- 당뇨에 해로운 음식 : 조미료, 젓갈류, 가공식품, 탄산음료, 흰쌀, 육류, 국류, 찌개류, 매실청, 오미자 청, 설탕을 첨가한 각종 발효청 등

② 고혈압

(1) 고혈압이 뭔가요?
여러 원인으로 인해 혈압이 지속적으로 높은 상태를 말한다.
고혈압은 두통이나 어지러움, 심계항진(心悸亢進), 피로감 등 혈압 상승

에 의한 증상과, 코피나 혈뇨(血尿), 시력 저하, 뇌혈관 장애 증상, 협심증 등 혈관 질환에 의한 증상으로 나타난다.

※ 심계항진(心悸亢進) : 심장이 평소보다 훨씬 빨리 뛰고, 펄떡이는 느낌이다. 운동 후나 힘든 일을 한 후의 느낌과는 다르고 불쾌한 기분이 든다. 평소에 불안감이나 긴장감을 유발하며 어지러움, 메스꺼움, 공황발작, 인후통, 목과 가슴 부위의 통증과 호흡곤란을 유발한다.

※ 혈뇨(血尿) : 소변에 피가 섞여 나오는 것으로 비정상적인 양의 적혈구가 섞여 배설되는 것이다.

※ 혈압 수치(대한고혈압학회와 미국심장학회의 혈압의 기준)
(1) 정상 혈압 : 최고혈압(수축기) 120mmHg 미만, 최저혈압(확장기) 80mmHg 미만
(2) 고혈압 전 단계 : 최고혈압(수축기) 120~139mmHg이거나, 최저혈압(확장기) 80~89mmHg
(3) 1기 고혈압(경도 고혈압) : 최고혈압(수축기) 140~159mmHg이거나, 최저혈압(확장기) 90~99mmHg
(4) 2기 고혈압(중등도 이상 고혈압) :
최고혈압(수축기) 160mmHg 이상이거나, 최저혈압(확장기) 100mmHg 이상 (수축기 혹은 이완기 둘 중 하나만 높아도 고혈압에 해당된다.)

※ 혈압 측정 방법 : 앉은 자세에서 5분 이상 안정을 취한 후 왼쪽 팔을 걷고 심장 높이에서 측정해야 한다. 측정 전 30분 이내에 담배나 카페인 섭취를 피하며, 혈압은 2분 간격으로 2회 이상 측정하여 평균치를 구한다. (혈압을 1회만 측정할 경우 정확하지 않다.)

(2) 고혈압의 종류와 원인

◎ **본태성 고혈압**

고혈압의 약 90% (일차성, 본태성, 원발성 고혈압)
혈압의 대부분을 차지하는 본태성 고혈압은 한 가지 원인에 의해 유발되지 않고, 여러 가지 요인이 모여서 고혈압을 일으킨다.
- 유전적 소질 : 심혈관질환의 가족력을 말함. (가장 흔한 요인)
- 술, 담배, 커피, 노화 (60세 이상의 노년층과 폐경 이후의 여성)
- 비만증, 스트레스, 운동 부족
- 기후, 노동, 과로 등의 기타 생활조건
- 영양소 불균형 요인 : 나트륨, 지방, 알코올의 과잉 섭취와 칼륨, 마그네슘, 칼슘 섭취 부족
- 약물 요인 : 경구 피임약, 제산제, 항염제, 식욕억제제

◎ **2차적인 원인이 있는 고혈압**

고혈압의 약 10% (속발성, 이차성 고혈압).
내분비계 질환, 신장(콩팥)질환, 대동맥 협착증, 약물 등의 특정한 원인에 의해 발병하는 고혈압이다.

- 신장의 질환 : 만성사구체 신염, 당뇨, 다발성 낭종 등
  (신장의 손상이나, 염증이 있으면 혈압이 올라갈 수 있다.)
- 호르몬성 질환 : 원발성 알도스테론증, 갈색세포종, 쿠싱증후군 등
- 혈관성 질환 : 대동맥염, 대동맥협착증 등
  (대동맥 혈관이 선천적으로 좁아지는 혈관 기형이 있으면 혈관이 좁아서 피를 공급해야 하므로 고혈압이 발생할 수 있다.)
- 신경계통성 질환 : 뇌염, 만성 뇌막염, 뇌종양 등
- 임신중독증 : 임신 중에는 혈액의 양이 늘어나서 혈압이 오를 수 있다.
- 약물중독 : 코카인이나 필로폰과 같은 마약과 피임약은 혈압을 올릴 수 있다.
- 부신질환 : 부신에서 호르몬을 많이 생성하면 혈압이 올라갈 수 있다.
  (부신 : 신장 바로 위에 있는 작은 기관으로 아드레날린과 같은 호르몬을 만들어 생성한다.)
- 갑상선질환 : 갑상선에서 분비되는 갑상선 호르몬은 인체의 대사 작용에 관여하는데, 심장박동을 빠르게 하고 혈압을 올리는 작용을 한다.
- 기타 질환 : 각종 종양 또는 혈종, 요로폐쇄증, 수면무호흡증 등

◎ 한의학에서의 진단

간(肝)에 화기(火氣)가 오르는 것이 고혈압의 근본 원인이다.
간(肝)은 스트레스에 예민하게 반응하는데, 스트레스가 많아지면 간(肝)의 기운이 막히거나 필요 이상으로 강해진다. 이런 상태에서 화기(火氣)가 몸의 상부로 치솟아 얼굴에 열을 오르게 하고 머리를 아프게 하거나 어지럽게 한다.

◎ 고혈압의 종류
- 본태성 고혈압 : 특별한 원인이 없고, 유전적이며, 심혈관질환의 가족력이 있는 가장 흔한 형태로 90%가 이에 해당된다.
- **이차성 고혈압** : 체내에 특수한 질병이 발생하여, 그것과 연관성 있는 질환으로 고혈압환자의 약 10%가 이에 해당된다. (예) 만성 신장질환이나 특정 내분비 질환
- 수축기 고혈압 : 최저혈압(확장기)은 정상이나 최고 혈압(수축기)만 높은 경우이며 주로 노인에게 잘 나타난다.
- 백의(진료실) 고혈압 : 정상 혈압을 가진 사람이 병원을 방문했을 때 일시적으로 혈압이 상승하는 것을 말하며 병원에서 혈압이 높게 측정된 사람의 약 20%가 여기에 속하는데, 정신적 부담감으로 혈압이 올라간다.
- 반응성 고혈압 : 심하게 흥분하거나 긴장하여 일시적으로 혈압이 올라가는 형태이다.
- 가성 고혈압 : 대부분 노인에게 나타나는 것으로 혈관이 탄력성을 잃어 정상 혈압이면서도 높게 측정되는 형태이다.
- 악성 고혈압 : 고혈압 환자 중에 갑자기 혈압이 많이 올라가면서 심장이나 신장에 손상을 가져오는 형태이다

(3) 고혈압의 치료와 사후 관리

고혈압은 여러 가지 복잡한 요인으로 발생되지만, 한방치료를 통해서 탁해진 혈액이 맑아져 혈액순환이 잘되면, 혈압은 정상으로 돌아올 수 있으며, 올바른 식생활습관, 체중 조절, 금연과 운동을 병행한다면 충분

히 치료가 가능하다.

◎ 치료 후 자기관리 요법

- 고혈압 방지 식이요법 대시(DASH)(Dietary Approaches to Stop Hypertension)를 실천한다.

  대시(DASH)는 미국에서 가장 유명한 식사요법으로 고혈압과 다이어트에 도움이 되며 혈압 수치를 낮추는 식사법이다. 대시(DASH) 식사법의 가장 큰 특징은 균형 있는 식단이다.

※ 대시(DASH) 식사요법과 대시(DASH) 식단의 원칙
1. 현미 등의 곡류, 채소와 과일, 유제품 섭취를 권장한다.
2. 단백질은 닭이나 생선 등을 통해 섭취하며 붉은 육류의 섭취량을 줄인다.
3. 지방이나 단당류 설탕을 제한하고 모든 음식에 소금(나트륨) 사용량을 줄인다.
4. 소금(나트륨) 섭취를 낮추고 칼륨을 충분히 섭취한다.
5. 저지방 단백질 섭취를 권장한다.

※ 대시(DASH) 식단의 예
　아침 - 현미밥, 채소, 과일, 사과, 베리, 자몽. 변비 예방, 체내 지방 축적 최소화
　점심 - 현미밥, 두부, 채소, 생선(연어, 고등어). 염증을 줄이고 체중 감량의 효과

저녁 - 닭가슴살, 샐러드(고단백 저칼로리로). 근육 손실을 막고 몸의 기초대사량을 증가시킴
　　간식 - 견과류(호두, 아몬드, 피스타치오), 무지방 요거트, 저지방 우유(단백질 함유량이 높아 포만감을 주고 식욕 억제의 효과도 있다.)

- 운동은 체지방을 줄일 수 있는 유산소 운동 위주로 한다.
　비교적 낮은 강도로 하루 30~60분씩, 1주일에 4~5일 정도 하는 것이 좋다.
※ 권장운동 : 유산소 운동(걷기, 자전거 타기, 수영, 조깅 등)

- 스트레스 탈출과 충분한 수면 : 우리 몸은 흥분하거나 긴장하면 교감신경(신체가 위급할 때 대처하는 신경계)이 활성화되어 맥박이 빨라지고 혈압이 오르기 때문에 평소 심리적인 안정을 취하고 스트레스를 받지 않도록 노력해야 한다. 스트레스는 간(肝)에 화기(火氣)를 만들어 혈액을 탁하게 하는 주범이니 되도록 스트레스를 피해야 하며, 숙면을 취하는 것은 몸의 원활한 신진대사에 도움이 된다.

(4) 고혈압의 예방

과체중이나 비만인 사람들은 정상 체중을 만들어 유지하고 꾸준히 운동해야 한다. 비만이 되면 혈관에 지질이 쉽게 쌓여 혈관내피 기능에 문제가 생기고, 혈관이 좁아지면서 혈압이 높아지기 때문이다. 실제 비만은 고혈압을 일으키는 가장 위험한 인자로 체중이 1kg 감소하면 최

고혈압(수축기)이 최대 2.5mmHg 낮아진다고 알려졌다. 따라서 체중만 줄여도 고혈압 위험을 낮출 수 있다.
정상인들도 무리한 음주나 스트레스, 과식을 피하고 규칙적인 생활과 운동, 균형 잡힌 식단으로 충분히 예방할 수 있다.

(5) 고혈압에 좋은 한약 차
- 대조두충차 : 신장 기능을 보강하고, 심리적 안정과, 혈중 콜레스테롤 수치도 낮춘다.
  구성 : 대조 10g, 두충 20g, 상엽 20g, 물 500리터 (1일 분량)
  방법 : 약재를 잘 씻은 다음, 물과 함께 센 불로 끓인 후 약한 불로 30분간 더 끓여 따뜻하게 마시면 된다.
  복용 방법 : 1일 기준 3-4회
- 겨우살이차 : 이뇨작용을 하며 심장을 튼튼하게 한다.
  구성 : 겨우살이 20g, 물 500리터 (1일 분량)
  방법 : 약재를 잘 씻은 다음, 물과 함께 센 불로 끓인 후 약한 불로 30분간 더 끓여 따뜻하게 마시면 된다.
  복용 방법 : 1일 기준 1-2회

- 우엉차 : 차가운 성질을 갖고 있어 화가 나거나 조급한 마음을 차분히 다스려 주고, 식이섬유는 장내 독소를 해소시켜 변비를 예방하며, 우엉 껍질에 함유된 사포닌 성분이 피를 맑게 한다.
  구성 : 우엉 15g, 물 500리터 (1일 분량)
  방법 : 약재를 잘 씻은 다음, 물과 함께 센 불로 끓인 후 약한 불로

30분간 더 끓여 따뜻하게 마시면 된다.

복용 방법 : 1일 기준 2-3회

- 감국차(국화차) : 고혈압, 간의 열로 인해 눈이 붉게 충혈되는 것을 예방하고 간 기능 회복에 좋다.

구성 : 감국 30g, 물 500리터 (1일 분량)

방법 : 약재를 잘 씻은 다음, 물과 함께 센 불로 끓인 후 약한 불로 30분간 더 끓여 따뜻하게 마시면 된다. 기호에 따라 꿀을 첨가해도 좋다.

복용 방법 : 1일 기준 3-4회

(6) 고혈압에 좋은 음식

◎ 고혈압에 좋은 한약재

당귀, 두충, 생지황, 숙지황, 복령, 우슬, 구기자, 결명자, 진피, 대조, 산사, 천마, 인진쑥, 계피, 삼황 등

◎ 고혈압에 좋은 음식

양파, 계피, 마늘, 바나나, 올리브오일(저염), 시금치, 등 푸른 생선(고등어), 연어, 견과류, 버섯류, 미역, 김(마른 김) 등이다. 소금 대용으로 식초, 후추, 겨자, 고추냉이(와사비) 등의 향신료나 레몬즙, 유자청, 마늘 등 향이 강한 과일, 채소 등을 조리 시에 사용한다.

◎ 고혈압에 나쁜 음식

빵, 카페인 음료, 버터, 마가린, 샐러드 소스, 치즈, 편육, 당류, 피클, 정제된 가공육, 페스트 푸드, 알코올, 국물 위주의 식사(나트륨), 튀김류, 버터를 사용한 과자류 등

③ **비만(肥滿)**

(1) 비만이 뭔가요?

비만이란 섭취하는 영양분에 비해 에너지 소비가 적을 때 지방세포의 수가 증가하거나 비대해져서 체지방의 형태로 축적되는 상태를 말한다. 비만은 유전적인 배경과 환경이 상호작용하여 발생하며, 어느 연령대에서나 비만해질 수 있다.

남자는 체지방이 체중의 25% 이상일 때, 여자는 체중의 30% 이상일 때이다.

1996년 세계보건기구가 '비만은 장기 치료가 필요한 질병'으로 규정하였다.

※ 체지방 : 우리 몸의 에너지 보급이 중단될 경우에 대비하여 에너지를 저장해두는 곳
※ 과체중 : 단순히 체중이 많이 나가는 상태
※ 비만 : 과도하게 체내에 체지방이 쌓여 있는 상태

(2) 비만의 원인

일반적으로 비만은 1차성 비만과 2차성 비만으로 나누어지는데, 1차성 비만은 전체의 90% 이상으로 대다수의 비만이 이에 해당되고, 2차성 비만은 전체의 10%에 해당한다.

◎ **1차성 비만의 원인**

1차성 비만은 한가지의 원인만으로 설명하기 어렵다. 식습관, 생활 습관, 연령, 인종 등 다양한 위험 요인이 복합적인 경우가 많다. 과도한 음식 섭취로 인한 칼로리 과잉과 상대적인 활동량 감소로 인한 에너지 소모량 감소가 주된 원인이다.

◎ **2차성 비만의 원인**

2차성 비만은 유전 및 선천성 장애, 약물, 신경 및 내분비계 질환, 정신과 질환 등이 주된 원인이다.

※ 신경 및 내분비계 질환

두부 외상이나 종양, 감염성 질환, 두개강 내 수술, 또는 뇌압의 상승 등에 의해 비만이 발생할 수 있고, 쿠싱 증후군, 갑상선기능저하증, 인슐린종, 다낭성 난소증후군, 성인 성장호르몬결핍 등이 비만을 일으킬 수 있다.

※ 유전 및 선천성 장애

대부분은 드문 질환이며 비만의 일차적인 원인으로 고려되지는 않는다.

※ 약물
항정신성 약물, 삼환계 항우울제, 항전간제, 당뇨병 치료제, 스테로이드 제제 등이 체중 증가를 유발하는 원인이 될 수 있다. 혈당강하제로는 인슐린, 설폰요소제(Sulfonylurea), 티아졸리디네디온(Thiazolidinedione)은 체중 증가를 유발한다.

※ 정신질환
행동장애 또는 정서장애, 폭식장애 및 계절성 정동장애가 비만을 유발한다.

◎ 생활 속 비만의 원인
- 식사 : 인스턴트 음식이나 지방 함유량이 많은 음식, 고지방, 고열량 음식, 야식, 정크푸드라고 불리는 피자, 햄버거 등의 패스트푸드의 잦은 섭취와 짧은 식사 시간
- 생활습관 : 오랜 시간 앉아서 업무를 보거나, 누워서 텔레비전 시청하며 간식 먹기(하루 2시간 이상의 텔레비전 시청은 비만 위험도를 23% 증가시킴), 컴퓨터 게임, 스마트폰 이용, 불면이나 수면 부족(5시간 미만), 일부의 니코틴 중단(금연) 등, 활동량의 감소는 에너지 소모를 줄여 체중을 증가시키고, 비만의 직접적인 원인이다.
- 기타 원인 : 임신 중의 흡연, 임신성 당뇨병(자녀의 비만을 증가), 출생체중이 높은 경우(향후 성인기에서 비만의 위험률이 증가)

※ 습담(濕痰) : 몸 안의 지방세포 조직의 증가로 인한 비만을 뜻한다.

※ 습열(濕熱) : 기름지고 지방이 많은 음식, 음주로 인해 발생한 비만을 뜻한다.

(3) 비만의 한방치료

중등도 이상의 비만에 주로 적용하며 허증(虛證)과 실증(實證)으로 나눈다.

◎ 허증(虛證)

소화기를 강화하는 건비법(健脾法)을 선택한다.

◎ 실증(實證)

습기(濕氣)이나 담탁(痰濁)을 제거하는 거습화담(祛濕化痰) 위주로 어혈(瘀血: 정체되어 있는 죽은 피)을 제거하고 소화에 부담을 줄여주는 방법을 선택한다.

◎ 기타 방법

지방 분해침, 한방 물리요법, 식이요법, 운동요법, 행동요법, 한약치료 등

(4) 비만 측정(비만의 기준)

WHO(세계보건기구)에서 규정한 조건에 따라서 비만도를 측정한다.

◎ 비만의 측정법

정상인의 신체 구성은 수분 60%, 고형 성분 22%(단백질 17%, 회분 5%), 지방 18%의 비율이다.

따라서 남자는 20%, 여자는 30% 이상 체지방이 증가되었을 때 비만이라고 한다. 비만의 진단에는 여러 가지 방법이 있다.

◎ **표준체중법**

표준 체중의 계산 공식 : (신장-100) × 0.9

비만도는 실제 체중에서 표준 체중을 뺀 값을 표준 체중으로 나눈 다음 100(%)을 곱한 값이다.

성별, 연령별, 신장별 표준체중(50백분위수)을 이용하여 비만도를 계산한다. 20% 이상을 비만이라고 하는데 20-30%를 경도 비만, 30-50%를 중등도 비만, 50% 이상을 고도 비만으로 분류한다.

- 체질량지수(Body mass index, BMI)법 : 가장 보편적으로 사용되고 있는 방법이다. 체질량지수는 키와 체중을 이용하여 비만의 정도를 평가하는 방법 중의 하나로서 체중(kg)을 신장(m)의 제곱으로 나눈 값(BMI= kg/m^2)이다.

  WHO(세계보건기구)에서는 체질량지수를 정상 20-25 kg/m^2, 과체중(overweight)은 25-30 kg/m^2, 비만(obesity)은 30 kg/m^2 이상으로 정의한다.

- 피부 두께(Skinfold thickness) 측정법 : 피하지방량과 체지방량은 밀접한 관계가 있으므로 피부(피하 지방)의 두께를 측정하여 체지방량을 추정하는 방법이다.

  체내 지방의 약 50% 정도가 피하층에 존재하므로 피부 두께를 측정하여 간접적으로 체지방량을 측정하는 방법. 팔의 삼두박근 또는 견

갑골 하부의 피부두께를 측정하여 성별, 연령별 비교가 95백분위수 이상이면 비만이다. 그러나 측정하는 사람에 따라 차이가 많이 나는 단점이 있다.
- 허리둘레 측정법 : 남자 94cm 이상, 여자 88cm 이상이면 비만이다.
- 컴퓨터 단층촬영 : 컴퓨터 단층촬영을 이용하여 체지방량을 측정하는 방법. 지방이 내장과 피하에 분포되어 있는 것을 구분할 수 있으며 비만도가 ±10% 이내를 정상, 10% 이상~30% 미만 (체중도 110~130%)을 비만, 30% 이상을 병적 비만증이라고 하여 치료 대상으로 판정

《참고 기준 도표》

판정	비만도 (%)
저체중	80 미만
경증 저체중	80 이상 90 미만
정상 저체중	90 이상 110 미만
과체중	110 이상 120 미만
경도 비만	120 이상 130 미만
중도 비만	130 이상 150 미만
고도 비만	150 이상 200 미만
위험 비만	200 이상

비만도(%) = (현재 체중÷표준 체중) × 100

내 체중 상태	계산한 체질량지수(BMI)
저체중	18.5 미만
정상 체중	18.5 이상 23 미만
과체중	23 이상 25 미만
비만	경도 30 미만 중도 30 이상 35 미만 고도 35 이상

신장과 몸무게

※ BMI = 체중(kg) / (키(m) × 키(m))

※ 10월 11일은 세계보건기구(WHO)가 정한 '세계 비만의 날'

(5) 비만의 종류

◎ 소아비만(지방세포 증식형)

생후 1년간과 사춘기에 지방세포의 수와 크기는 급격히 증가한다. 양쪽 부모가 모두 비만이면 자녀가 비만이 될 확률은 80%, 한쪽 부모가 비만일 때는 40%, 양쪽 모두 비만이 아닐 경우 7% 정도라는 통계가 있다.

《체중 신장 비만도》

키 \ 성별	남자	여자
150cm	45~54kg	43~52kg
155cm	48~57kg	46~55kg
160cm	51~61kg	49~58kg
165cm	55~64kg	53~62kg
170cm	59~68kg	56~65kg
175cm	63~72kg	60~69kg
180cm	67~76kg	64~73kg

※ 소아비만은 성인비만으로 이행되어 당뇨병, 지방간, 고혈압, 고지혈증 등이 나타나며, 부정적인 신체 발달, 자존감 저하, 우울증, 대인관계 기피 등의 심리적 문제를 초래할 수 있다.

◎ 성인비만(지방세포 비대형)

성인이 되어 비만이 된 경우에는 지방세포의 크기가 증가된 경우이고, 다이어트 시 비교적 체중감량이 쉽고 위험성도 적다.

◎ 중심성비만(사과형 비만)
복부내장에 지방이 쌓이는 형태이다. 심근경색, 협심증 등의 관상동맥경화증과 당뇨병 등의 위험이 높다.

◎ 말초성 비만(서양배형 비만)
허리 아래에 지방이 쌓이는 형태이다.

◎ 비만의 단계 : BMI 기준
- 고도 비만 : 40 이상
- 중등도 비만 (2단계 비만) : 35 - 39.9
- 경도 비만 (1단계 비만) : 30 - 34.9
- 과체중 : 25 - 29.9
- 정상 : 18.5 - 24.9
- 저체중 : 18.5 미만

(6) 비만의 치료
비만은 많은 질병을 유발하기 때문에 건강을 위해 반드시 치료가 필요하다.

◎ 비만은 왜 위험한가?
비만은 고혈압, 제2형 당뇨병, 지방간, 고지혈증, 퇴행성관절염, 일부 암성 질환 등 다양한 만성 퇴행성 질환들을 유발할 수 있다. 비만으로 인한 합병증이 심각하기 때문에 하나의 질환으로 인식하고 치료할 필요가 있다.

고혈압은 비만일 경우 정상인보다 약 2배 정도 위험이 높다고 한다. 비만해지면 혈당과 혈압이 같이 상승하여 고혈압과 당뇨병이 발생하기 쉽다. 무거운 체중으로 인한 관절의 부담으로 퇴행성관절염이 오고, 지방이 대사되면서 생기는 요산(찌꺼기)이 관절에 축적되어 통풍(관절통)을 유발한다. 여자는 월경불순과 불임, 남성은 정력 감퇴, 성기능 장애 등이 유발된다. 비만인 사람들은 코를 많이 골며 심한 경우 잠을 자다가 숨을 쉬지 않는 수면 무호흡증후군이라는 심각한 질병을 유발하여 돌연사의 원인이 된다. 그 밖에 대장암이나 유방암과 같은 암 발생 빈도도 매우 높다고 보고되고 있다. 특히 비만증 환자는 사회활동 장애나 열등감 등으로 심각한 정신적인 장애까지 유발할 수 있다.

※ 비만과 연관된 합병증 : 심근경색, 협심증, 고지혈증, 고혈압, 당뇨병, 동맥경화, 지방간, 담석증, 통풍, 월경불순, 불임, 정력 감퇴, 성기능 장애, 관상동맥 경화증, 심장질환 등

◎ 비만치료 후 관리
치료 후 자기관리는 건강을 지키는 가장 좋은 방법이다.

- 일정한 양의 영양분 섭취 : 무조건 섭취량을 줄이는 행동은 많이들 반복하는 실수 중 하나이며 되도록 평소 식사량의 500kcal 이상은 줄이지 않아야 한다.
- 운동을 통한 열량 소비 : 식이조절만으론 감량한 체중을 유지하는 데

에 한계가 있다. 열량을 소비하는 운동을 반드시 병행함으로써, 기초대사량을 높이면서 체중을 유지해야 한다.
- 예전 생활습관으로 돌아가지 않는다 : 올바른 식습관이나 생활패턴을 유지한다. 스스로 건강한 생활습관을 가지려고 노력하고, 규칙과 긴장감을 상기하면서 생활한다.
- 단백질 보충 : 단백질은 체중감량이나 유지할 때 꼭 필요한 영양소이다. 포만감도 높을 뿐만 아니라 근육생성에 도움을 주는 영양소이므로 다른 음식은 줄여도 단백질은 충분히 섭취해야 감량된 체중을 유지할 수 있다.
- 폭식은 삼가고 간식을 먹는다 : 견과류 중 피스타치오와 호두에는 지방세포를 없애고 근육생성에 도움이 되는 항산화물질이 많이 들어 있고, 바나나는 소화를 늦춰 포만감이 오래도록 지속되게 하는 저항성 전분(지방을 소모하는 촉진제 역할)이 들어 있어, 식욕 억제에 도움이 된다.
- 아침식사는 규칙적으로 한다 : 아침식사를 거르면 공복감으로 폭식할 확률이 높아지며 기초대사량과 에너지소비량이 낮아져 살찌기 쉬운 체질로 변한다.

(7) 비만에 좋은 한약 차

◎ 한약재
갈근, 감초, 당귀, 복령, 홍화, 소목, 천궁, 목통, 등심, 대황, 차전자, 우슬, 속단, 산수유, 상백피, 음양곽, 황기, 택사 등

◎ 한약 차

평소에 꾸준히 먹으면 식욕 조절과 몸의 부기나, 신진대사 조절에 도움이 된다.

- 당귀차 : 여성들에게 특히 좋으며 한방의 대표적 보혈제이다.
  구성 : 당귀 5g, 감초 2조각, 대조 2알, 물 300리터 (1일 분량)
  방법 : 약재를 잘 씻은 다음, 물과 함께 센 불로 끓인 후 약한 불로 30분간 더 끓여 따뜻하게 마시면 된다.
  복용 방법 : 1일 기준 1-2회
- 복령차 : 이뇨작용에 좋으며 심신을 안정시킨다.
  구성 : 당귀 10g, 대조 2알, 물 500리터 (1일 분량)
  방법 : 약재를 잘 씻은 다음, 물과 함께 센 불로 끓인 후 약한 불로 30분간 더 끓여 따뜻하게 마시면 된다.
  복용 방법 : 1일 기준 2-3회
- 황기차 : 기를 돕고 이뇨작용을 하며 신진대사를 높인다.
  구성 : 황기 10g, 대조 2알. 육계 2g, 물 500리터 (1일 분량)
  방법 : 약재를 잘 씻은 다음, 물과 함께 센 불로 끓인 후 약한 불로 30분간 더 끓여 따뜻하게 마시면 된다.
  복용 방법 : 1일 기준 2- 3회

(8) 비만에 좋은 음식

- 로메인 상추 : 상추는 칼로리가 거의 없고, 저작운동을 통해 포만감을 느끼게 해준다. 그리고 아주 풍부한 영양소가 들어 있다(비타민

C, 베타카로틴, 비타민 K, 엽산, 망간, 크롬). 크롬 성분이 들어있는 음식을 섭취하고 운동을 하면 복부 지방 감소에 효과적이다.
- 자몽 : 자몽이 복부 지방을 태우는 데 가장 좋은 음식 중 하나이고, 식전에 자몽을 반 개씩 먹는 것이 좋은데, 이때 주스를 마시는 것보다 생과일을 먹는 것이 더 좋다.
- 생강 : 생강의 가장 좋은 점은 지방을 태우는 식품이고, 신선하게 먹으면 최고의 효과를 얻을 수 있다. 생강을 갈아서 사용하거나 으깨서 음식의 양념으로 넣어도 좋다.
- 흰콩 : 지방을 태우는 식품으로 맛도 좋고 영양분도 풍부하다. 정기적으로 섭취할 경우, 복부지방에 많은 효과가 있다. 흰콩은 저칼로리 고단백으로 섬유질 함량도 높아 조금만 먹어도 포만감을 느낀다. 변비 예방에도 도움이 된다.
- 잣 : 복부 지방을 제거하는 효과가 있다. 그러나 고열량이니 조금씩만 섭취해야 한다.
- 닭 가슴살 : 단백질이 풍부하면서 지방과 탄수화물을 거의 함유하고 있지 않고, 비타민 B3, B6의 훌륭한 공급원이다.
- 계피 : 계피는 다이어트와 관련하여 놀라운 효능을 가지고 있다. 하루에 계핏가루 1/2 작은술만 섭취해도 충분하다. 이 정도면 신체가 인슐린을 더 잘 처리하고 복부 지방을 태우는 데 도움이 된다.
- 달걀흰자 : 달걀흰자는 훌륭한 단백질 공급원이며, 지방과 열량이 낮고 수분이 많이 함유되어 있다. 하지만, 달걀 전체를 섭취하는 해야 하는 이유는 노른자에는 철분, 아연, 비타민 A, D, E, B12가 풍부하게 함유되어 있기 때문이다. 바쁜 아침에 참 좋은 음식이다.

④ 중풍

(1) 중풍(뇌졸중)이 뭔가요?
◎ 뇌졸중이란?
뇌졸중은 뇌에 혈액을 공급하는 혈관이 막히거나 터져서 뇌 손상이 오는 질환으로, 우리나라에서 단일질환으로 매년 인구 10만 명 이상의 환자가 발생하고 그중 80명 이상이 사망하는 제1위의 질환으로 혼수, 반신불수, 감각장애, 언어장애, 신체장애 같은 후유증을 유발시킨다.

뇌졸중은 크게 3가지로 구분된다.

- 뇌경색 뇌혈관이 막혀 피가 통하지 못해 뇌로 영양분과 산소를 공급하지 못하는 상태다.

- 뇌출혈 뇌혈관이 터진 상태로, 뇌내출혈(뇌 안에 피가 고이는 상태)과 지주막하출혈(동맥류가 터지면서 뇌를 싸고 있는 지주막 밑에 피가 고이는 상태)로 나뉜다.

- 일과성뇌허혈발작(미니 뇌졸중) 좁아진 뇌혈관으로 피가 흐르지 못하다가, 다시 흐르는 상태로 수 분~수 시간 내 좋아지기 때문에 일시적인 피로나, 어지럼증이라고 판단한다. 그러나 일과성 뇌허혈 발작을 경험한 사람들 중 30% 정도가 3년 이내에 뇌졸중이 발생하기도 한다.

※ 중풍진단표준화위원회(2005년)는 "중풍이란 뇌혈관의 순환장애로 인해 국소적인 신경학적 결손을 나타내는 뇌혈관질환을 포함하는 것으로서 의식이 없는 상태(人事不省), 한쪽 또는 양쪽의 손발이 마비된 상태(手足癱瘓), 입과 눈이 삐뚤어진 것(口眼喎斜), 말이 둔하거나 힘들며 심하면 전혀 말을 못하는 상태(言語蹇澁), 한쪽만 저리고 시린 아픈 증상(半身麻木)을 나타내는 병증이다"라고 정의하였다.

(2) 중풍(뇌졸중)의 원인

고혈압(중풍 원인의 60~70% 차지), 당뇨병, 심장병, 나이(고령), 유전적 요인(가족 중에 중풍이나 고혈압, 당뇨병, 심장질환, 고지혈증, 동맥경화증 환자가 있는 사람), 고지혈증 및 동맥경화, 흡연과 음주, 비만 및 운동 부족, 과로와 스트레스, 약물(경구용 피임약), 혈관기형(동맥류, 동정맥기형 등)

한의학에서 중풍(中風)은 바람 풍(風)의 단어처럼 그 힘이 세고 빠르며 변화무쌍하게 인체에 적용되는 질환이라고 표현한 것이다.

◎ 한의학에서 중풍의 원인 : 풍(風), 화(火), 담(痰), 허(虛)

- 화(火) : 정신적 육체적 스트레스에서 생기는 화병(火病). 어떤 정신적 충격으로 화(火, 熱, 스트레스)가 몹시 끓게 되어 생긴 중풍
- 허(虛) : 피로하고 기(氣)와 혈(血)이 부족한 허증(虛症) 상태. 중년 이후 기(氣)가 허(虛)해지고 극도로 피곤함을 느낄 때 생긴 중풍
- 풍(風) : 풍(風)이란 외부적 기후 변화(外風)와 장부(臟腑)의 기능장애로 오는 내풍(內風), 감정의 폭발이나 폭음, 폭식하고 추운 곳에 노출되

어 생긴 중풍
- 담(痰) : 체액이 병(病)적으로 뭉쳐지고 변화한 것, 뚱뚱한 체질로 기(氣)의 순환이 안 되는 탓에 열(熱)로 쌓여 습열(濕熱)이 생성되어 생긴 중풍.

(3) 한의학적 중풍 치료법
- 체질에 따른 침술과 뜸 등 침구치료 : 기혈(氣血)의 순환을 촉진하고 인체대사와 뇌의 기능을 개선시켜, 두통, 어지럼증, 언어장애, 항강 등을 치료한다.
- 탕제 환약을 사용하는 약물 요법 : 뇌의 혈액순환을 돕고 노폐물(담·화·어혈)의 배설을 촉진하여 뇌기능을 개선시키며 우황이나 사향 같은 응급약을 처방하기도 한다.
- 마비된 신체 부위를 재활시키는 물리요법과 재활치료 : 중풍의 후유증을 최소화하며, 마비된 근육을 강화하고 근력의 약화를 방지한다.
- 자연식이요법 : 환자의 체질에 맞는 음식으로 몸의 기혈(氣血) 균형을 맞추어 재발을 방지하도록 한다.

(4) 중풍의 종류
- 뇌경색 : 뇌혈관이 막히는 경우이다. 장에서 떨어진 피딱지(혈전)가 뇌로 가는 큰 혈관을 막아버리는 뇌색전과 뇌의 조그만 혈관이 막히는 뇌혈전으로 나눌 수 있다.
- 소혈관질환 (Small Vessel Disease) : 동맥경화로 인하여 뇌 안의 작은 혈관들이 좁아져 뇌 조직으로의 혈류공급이 충분치 않아 나타

나게 된다.
- 심인성 색전 뇌경색증(Cardiogenic embolic infarction) : 심방세동 등 심장의 불규칙한 박동에 의하여 혈전이 생성되어 뇌혈관을 막아 나타나게 된다.
- 뇌출혈 : 뇌혈관이 터진 경우이다. 뇌출혈은 일반적으로 뇌실질조직에 있는 뇌혈관이 터지는 것과 뇌를 싸고 있는 거미줄처럼 생긴 막 아래에서 동맥류가 터져서 생기는 지주막하출혈이 있다.
- 뇌내출혈(Intrecerebral Hemorrhage) : 뇌실질에 출혈이 있는 것으로 가장 흔한 원인은 고혈압이다. 오랜 기간의 고혈압으로 인해 혈관의 탄력성이 저하되면 갑작스러운 혈압상승을 견디지 못하고 파열되어 나타나게 된다. 그 외 동맥류의 파열에 의하여 나타나기도 한다.
- 거미막하출혈(Subarachnoid Hemorrhage) : 주로 동맥류 파열 및 혈관기형의 파열로 지주막하 공간에 출혈이 발생하여 나타난다. 갑자기 발생하는 심한 두통이 가장 큰 특징이며, 치사율이 높은 심각한 질환이다.
- 경막하출혈(SDH) & 경막외출혈(EDH) : 주로 외상에 의하여 발생하며 두개내출혈의 일종으로 뇌졸중으로 포함시키지는 않는다.
- 일과성뇌허혈 : 일시적으로 뇌 빈혈상태에 빠지는 경우 일과성 허혈 발작(TIA) 중풍 증상이 발생했다가 수 분 내지 12시간 내에 회복되는 현상으로, 뇌혈관이 일시적으로 막혔다가 다시 뚫리게 되어 발생한다. 이러한 증상이 나타난 사람 중 약 1/3에서 중풍이 발생하게 된다.
- 경막하혈종 : 뇌경막에 혈종이 생기는 경우
- 뇌혈관기형 : 뇌의 동맥과 정맥에 기형이 있는 경우

◎ 중풍의 시기별 분류
- 급성기(응급기) : 발병 초기 3일에서 2주까지의 시기. 변화가 심한 시기로 절대안정이 필요하다.
- 아급성기(회복기) : 발병 후 2주에서 3개월까지로 손상된 신체 기능이 점차 회복되는 시기. 침뜸, 부항 및 약물치료, 재활물리치료, 레이저 침 치료 등을 위주로 하여 적극적인 운동과 관리가 필요한 시기이다.
- 후유증기(재발 방지기) : 발병 후 3개월에서 1년 또는 6개월에서 3년까지의 시기 회복이 완만하지만 점차 호전을 보이는 재발 방지를 위한 시기이다.

(5) 중풍의 예고 증상
◎ 중풍을 예고하는 전조 증상
- 일시적인 운동장애 : 손에 힘이 없어 물건을 떨어뜨림
- 감각장애 : 손발 저림, 무감각, 안면근육의 경련과 감각의 저하
- 의식장애 : 갑자기 의식을 잃거나 쓰러진 적이 있는 경우
- 언어장애, 발음장애 : 말을 하고 싶은데 혀가 잘 돌아가지 않고 발음이 잘 안 되는 경우
- 갑작스런 두통 : 조금만 신경 써도 머리가 아프다.
- 어지러움증 : 현기증, 현훈, 구토 등이 나타나는 경우
- 이명과 불면 : 귀가 울리며 가슴이 답답하고 열이 상충하는 느낌이 있어 잠을 설치는 경우
- 시력 저하와 복시 : 갑자기 한쪽 눈이 잘 보이지 않거나 시야가 흐려지고 물체가 두 개로 겹쳐 보임

- 갑자기 기억력이 떨어지는 경우
- 하품을 자주 하는 경우

※ 해당되는 문항이 4문항 이상이면 중풍 의심

(6) 중풍(뇌졸중) 치료와 예방

양·한방 협진으로 치료를 한다면 아주 좋은 치료 결과를 얻을 수 있다. 다만 중풍이라는 것은 후유증이 있는 질환이니만큼, 회복기에 있어 재활훈련도 꾸준히 해야 한다.

뇌졸중이 발생하면 신체의 움직임이 원활하지 못하므로 근육과 면역에 영향이 있다.

※ 합병증 : 욕창, 흡인성 폐렴, 혈전증, 심부정맥, 골절, 만성통증, 요로감염, 배변장애, 근육의 약화 등이 있다.

가장 위험한 것은 폐렴이라고 할 수 있다. 정상인은 음식이 식도를 통해 위장으로 가지만 일부 뇌졸중의 환자는 바로 음식이 폐로 넘어가기 때문에 폐렴이 발생하고 심하면 사망에도 이른다.

◎ 중풍도 예방

중풍, 고혈압, 동맥경화, 당뇨병, 심장질환 등의 가족력이 있는 경우에는 미리 검진을 받아 그 유무를 확인하고 평소에 치료 및 관리를 하는 것이 중요하다.

《중풍 예방법》

▶ 올바른 식사습관
- 적정 체중을 유지한다.
- 동물성 지방의 섭취를 줄이고 식물성 기름(참기름, 들기름, 해바라기 기름, 콩기름)의 섭취를 늘린다.
- 섬유소가 많은 야채를 많이 먹는다.
- 염분, 당분의 섭취를 최소한으로 줄이고, 커피, 콜라 등의 기호식품을 삼간다.
- 탄수화물의 섭취는 총열량의 60%로 제한하고, 단 음식도 피한다.
- 설탕, 사탕, 케이크, 과자류, 빵류, 탄산음료는 절제한다.

▶ 올바른 생활습관
- 적당한 운동의 생활화(유산소 운동을 위주로 하루에 30분 이상을 권한다)
- 충분한 휴식과 수면
- 금연, 적당한 음주 : 음주 횟수를 일주일에 3회 이하. 적절한 음주량은 소주 3잔 이하, 맥주 1병 이하, 막걸리 2사발.
- 갑작스런 기온차를 피할 것
- 여성의 경우 피임약 사용에 주의할 것
- 스트레스를 가능한 피하거나 조절한다.

※ 뇌졸중 예방 위해선 유산소 운동

미국 사우스캐롤라이나대학교 연구팀은 심폐기능 활성화를 돕는 유산소운동이 뇌졸중을 예방한다고 미국 뇌졸중협회에 발표한 바 있다. "일주일에 다섯 번, 하루 30분 걷기 등의 심폐 운동이 좋다"고 조언했다. 심폐 기능 향상에 좋은 유산소운동으로는 빨리 걷기, 달리기, 자전거 타기, 수영 등이 있다.

(7) 중풍에 좋은 한약의 종류

◎ 한약재

천마, 황금, 황련, 황백, 치자, 생지황, 황기, 육계, 삼백초, 익모초 등

◎ 한약 차

- 천마 차 : 뇌질환의 최고의 신약이라 불린다.

  구성 : 천마 20g, 물 500리터 (1일 분량)

  방법 : 약재를 잘 씻어, 물과 함께 센 불로 끓인 후 약한 불로 30분 간 더 끓여 따뜻하게 마시면 된다.

  복용 방법 : 1일 기준 3-4회

- 대황이황 차 : 변비를 완화시켜 주고 몸에 열을 내린다.

  구성 : 대황 8g, 황련 8g, 황금 4g, 진피 4g, 건강 2g, 물 800리터 (1일 분량)

  방법 : 약재를 잘 씻어, 물과 함께 센 불로 끓인 후 약한 불로 30분 간 더 끓여 따뜻하게 마시면 된다.

  복용 방법 : 1일 기준 3-4회

- 오가피백출차 : 마비와 손발 저림에 좋다.

  구성 : 오가피 8g, 백출 4g, 진피 4g, 물 500리터 (1일 분량)

  방법 : 약재를 잘 씻어, 물과 함께 센 불로 끓인 후 약한 불로 30분간 더 끓여 따뜻하게 마시면 된다.

  복용 방법 : 1일 기준 3-4회

- 두충천마차 : 신의 약인 천마와 두충은 어지러움, 두통, 몸의 마비, 다리, 손발, 허리의 저림과 통증에 좋다.

  구성 : 두충 10g, 천마 10g, 홍화 4g, 백작 4g, 진피 4g, 물 500리터 (1일 분량)

  방법 : 약재를 잘 씻어, 물과 함께 센 불로 끓인 후 약한 불로 30분간 더 끓여 따뜻하게 마시면 된다.

  복용 방법 : 1일 기준 3-4회

◎ 중풍에 좋은 음식

《뇌졸중에 좋은 음식》

- 바나나 : 바나나 속 '칼륨' 성분이 뇌졸중 위험을 감소시킨다. 칼륨(potassium)은 체액을 구성하는 주요 전해질로 몸속 수분과 산성-알칼리 균형을 조절하고, 혈압을 낮추는 기능이 있어 고혈압 예방·치료에 효과적인 것으로 알려져 있다.
- 다크초콜릿 : 심뇌혈관 질환을 예방하는 효과가 있다.
- 녹차 : 뇌졸중 발생 위험을 줄여준다. 녹차 속 카테킨이라는 폴리페

놀 성분이 혈압을 조절하고 혈액의 흐름을 개선하고 체내 염증을 막는 기능도 한다.
- 연어 : 연어의 지방에는 동맥경화나 혈전을 예방하는 EPA와 뇌의 활동을 좋게 하는 DHA가 함유되어 있다.
- 블루베리, 라즈베리, 딸기 등 베리류 : 안토시아닌은 붉은색이나 보라색을 띠는 항산화 물질로 딸기류에 다량 함류되어 있으며 동맥경화와 고혈압을 개선하고 심혈관질환으로 인한 사망 위험을 낮춘다.
- 토마토 : 비타민 A, B, C가 고루 들어있어 피를 맑게 하며 심장병, 동맥경화에 좋다. 혈전이 생기는 것을 막아주므로 뇌졸중, 심근경색증을 예방하는 효과가 있다.
- 호박 : 옐로우 푸드로 불리는 호박은 콜레스테롤의 산화를 예방한다. 산화된 콜레스테롤은 혈관의 벽에 쌓여 동맥경화·심장병·뇌졸중 등 심각한 혈관 질환을 일으키는데 항산화물질인 베타카로틴이 이를 막아준다. "동지에 호박을 먹으면 중풍에 걸리지 않는다"는 옛말도 있다.

※ 중풍 때 우황청심원을 복용법: 우황청심원은 중풍의 구급약으로뿐만 아니라, 고혈압, 동맥경화증, 자율신경실조증, 정신불안증, 히스테리, 불면 등의 심뇌혈관계 및 신경계 질환에 널리 효과가 있다.
특히 최근 연구에 의하면 중풍 발병 후 뇌혈류를 유지시켜 주고, 뇌세포가 파괴되는 것을 막아 중풍의 진행을 방지한다고 한다. 〈단, 연하장애(삼키기 어려움)가 있는 경우에는 주의하여야 한다.〉

◎ 중풍 때 각종 응급 치료
- 침구치료는 중풍예방 및 치료에 매우 효과적이며, 매우 안전한 치료법이다. 침치료는 뇌로 가는 혈액의 양을 증가시켜 혈액공급이 충분치 못한 뇌경색 부위의 혈관에 혈액순환을 증가시키고, 손상된 뇌세포 기능을 대신하는 역할을 하며, 중풍에서 오는 운동마비를 개선시킨다.
- 중풍 때, 손끝에 피를 내면 도움이 된다.

응급처치로 일부분 도움이 된다. 손발의 끝에서 혈액을 빼주는 방법은 의식회복과 말초순환장애개선 등의 효과가 있다. 하지만, 증상에 대한 정확한 진단과 치료가 더 시급하므로 빠른 시간 안에 가까운 병원이나 한의원, 한방병원을 찾는 것이 바람직하다.

◎ 중풍 발병 후 한방치료는 얼마나 해야 할까?
개인마다 차이가 있고, 중풍의 진행과 예후는 병변의 부위와 크기에 따라 다르다. 하지만, 보통의 경우에는 6개월 이상 치료하는 것이 좋다. 혈압약, 당뇨약과 한약을 함께 복용해도 된다. 한약은 이미, 많은 연구에서 병용투여의 안전성이 검증되었다. 양약과 한약을 같이 복용하는 이유는 치료기간을 단축하고, 상호보완 치료효과를 높이기 위함이다. 그리고 원인질환에 대한 양약들은 필수적인 경우가 많으므로, 환자 임의로 복용을 중단하면 안 된다.

※ 한약 안전 복용법
- 한약을 많이 먹어도 간에 영향이 없다.

과학적 검증을 통하여 한약의 장기투여가 간 손상에 미치는 영향과 한약 복용 전후의 간 수치변화를 관찰한 결과 한약의 장기복용이 간 손상에 영향을 미치지 않으며 도리어 간 기능 회복에 도움을 주는 것으로 증명되었다. 지금도 간에 관련된 질환에 아주 훌륭한 치료결과를 얻고 있다.

⑤ **신부전증**

(1) 신부전증이 뭔가요?
양쪽 2개의 신장(콩팥)이 여러 가지 원인에 의하여 정상적인 기능을 하지 못하는 것이다.

◎ 신장의 위치 및 증상
오른쪽은 간의 아랫부분, 왼쪽은 횡경막 아래의 비장 근처에 있고, 등쪽에 딱 붙어 척추 뼈를 가운데 두고 좌우로 하나씩 마주 보고 있다. 콩처럼 생긴 붉은 모양으로 길이는 약 19cm, 넓이는 약 5cm, 두께 3cm, 무게는 150g 내외, 혈액량은 120L, 만들어지는 소변량은 1-2L이다. (개인마다 조금 차이가 있다.)

- 증상 : 신부전의 조기발견과 치료는 매우 중요하다.
  주요 증상으로 얼굴이나 손발이 붓고 배뇨(排尿, 소변배출)량이 줄고 옆구리 통증, 혈압 상승, 소화불량이나 가려움증이 발생할 수 있다.

(2) 신부전의 원인 및 기능

신부전증을 일으키는 원인 질환으로는 당뇨병과 고혈압 등이 있는데 이 중에서 가장 큰 원인은 바로 당뇨병이다.

당뇨 합병증으로 만성 신부전 환자가 점차 늘고 있고 신부전 환자의 절반가량이 당뇨병에서 발생하고 있는 것으로 나타난다.

신부전증은 치료를 해도 병세가 잘 낫지 않고 악화되기 때문에 만성 신부전 환자들은 병을 잘못 관리하면 신장이 망가져 투석이나 이식을 받아야 한다.

신장의 기능은 혈액 속의 노폐물과 수분을 걸러 소변으로 배출하고 몸 안의 수분을 일정하게 보관하며, 염분(소금기)을 몸 전체에 퍼지게 하고 산도를 조절, 적혈구의 생성, 비타민 D의 활성화, 빈혈 교정, 칼슘과 인 대사에 중요한 호르몬들을 생성, 활성화하는 내분비 기능, 혈압을 조절하고 유지한다.

(3) 신부전증의 종류

◎ 급성신부전

두 개의 신장이 갑작스럽게 기능 저하되는 것으로 이것은 일시적 현상이며 대부분 치료 후 신장기능을 회복한다.

- 증상 : 초기에는 거의 증상이 없고, 신기능의 저하가 심해지면 야뇨증, 수면장애, 피로감, 소화 장애, 구역, 구토, 소변량 감소, 부종, 기억력 감퇴, 호흡곤란, 심부정맥, 경련, 소변 배출량 급감, 다리나 무릎이 부어오름, 혈압이 현저히 상승, 호흡곤란, 피로, 혼수가 발생하며

치료하지 않으면 사망할 수 있다.

- 원인 : 첫째, 신전성 원인(신장으로 가는 혈류의 감소, 급성 신부전의 55~70%)은 심한 혈액 손실이나 탈수혈액의 흐름이 떨어진다. (허혈상태)

  저혈량과 저혈압은 신장을 손상시켜 급성신부전이 된다.

  장기적인 이뇨제 복용, 췌장염, 복막염, 패혈증, 심한 탈수, 과다 출혈, 화상, 심한 구토 등이 원인이다.

  둘째, 신성 원인(신장 자체의 직접적인 손상. 급성 신부전의 25~40%,) 신장 질환, 신장 독성물질에 의해 발생한다.

  셋째, 신후성 원인(신장 이후의 요로의 이상으로 발생, 급성 신부전의 약 5%) 결석, 종양, 요로협착 등 요로계의 어느 부위가 폐쇄되어 발생한다.

◎ 만성 신부전

장기간에 걸쳐 두 개의 신장기능이 나빠져 3개월 이상 지속되어 몸에서 만들어지는 노폐물을 정상적으로 배출하지 못해 생긴다. 혈액투석이나 신장이식을 받지 못하면 생명을 유지하기 어려운 무서운 난치병이다.

- 증상 : 초기 증상으로는 특징적인 소견은 없으나 체중감소, 식욕부진, 메스꺼움 및 구토, 무력감, 두통, 반복되는 딸꾹질 및 가려운 느낌 등이 있다. 대개 후기 증상으로는 소변양의 감소 및 증가, 야뇨(밤에 자주 소변을 봄), 쉽게 멍들거나 출혈, 주의력 결핍, 무력감, 혼돈 상태, 피부가 검게 되거나, 손톱이 쉽게 부서지거나, 근육 경련, 창백 또는

호흡에 요독 냄새가 날 수 있다.
- 원인 : 원인은 다낭성신질환, 사구체신염 등의 기존 신장 질환이 진행하는 경우와 당뇨병, 고혈압 등의 전신질환과 관련하여 신장기능이 저하되는 경우, 전립선 비대증, 요로(소변이 나오는 길)폐색이 발생한다.
- 증상 : 다리에 부종이 생기는 경우는 직업상 장시간 서 있거나 앉아 있는 사람들에게서 자주 발생한다. 약간의 활동, 운동에도 근력이 약한 경우에는 붓는다. 다른 원인은 야식을 먹거나 과로, 스트레스, 월경, 짠 음식 등이다.

부종이 자주 발생한다면 자극적이고 기름진 음식, 카페인의 섭취는 자제를 한다.

※ 신장은 우리말 표현으로 콩팥이라고 하고, 문자 그대로 콩 모양에 팥 색깔의 장기라는 의미이다. 서양의학의 신장과 한의학의 신장이 모두 일치하지는 않는다. 그러나 신장의 기능과 인체에서 반응은 같다. 한의학에서 신장은 오행으로 수(水)에 해당된다. 수(水)는 정지되지 않고 흘러야 하는 것이 그 특징인데, 만약, 수(水)가 정지되어 있으면 우리의 몸은 전신 부종을 비롯해 많은 문제를 일으킨다. 인체의 오행 중 토(土)인 비, 위장은 과도한 수(水)로 인해서 구토나 메스꺼움, 식욕부진이 나타날 것이고 금(金)인 폐는 본래 맑고 적당히 촉촉해야 하는데 지나친 수(水)로 인해 피부가 가려울 수도 있다. 신장의 기능이 저하되면 소변량이 급감하고 배출이 어려워진다.

(4) 한의학에서의 신장의 개념
- 오행 : 수(水)에 해당하며, 나무의 뿌리이다. (생명의 근간, 에너지) 나무의 줄기인 간장 목(木)과는 상생의 관계에 있다.
- 인체 : 얼굴에서 귀로 나타나며, 허약해지면 이명이 발생한다. 머리털과 다리, 허리를 담당하여 성생활이 지나치거나 열이 위로 오르면 머리털이 빠지기도 하고 허리에 통증을 느끼며 이유 없이 다리가 아프고 힘이 없다.
- 생식의 기능 : 남자의 정자, 여자의 난자를 만들고, 임신, 출산을 담당한다. (남성의 정력, 여성의 임신 기능)
  생식, 발육, 성장 등의 기능 인체의 모든 진액을 총괄한다.
  신장은 뼈와 골수(뇌, 척수)를 주관한다.
- 감정 : 무서움으로 표현되며 극히 공포가 생기면 대소변이 통제가 안 된다.

※ 《동의보감》에서 말하는 얼굴로 알아보는 신장
  얼굴빛이 검고 살결이 부드러운 사람은 신이 작고, 살결이 거친 사람은 신이 크다. 귀가 높이 달린 사람은 신이 높이 위치하며, 귀가 뒤쪽 아래로 숨은 사람은 신이 아래에 위치한다.

(5) 신부전증의 관리
신부전증은 무엇보다도 식사습관이 중요하다.
만성신부전증의 식사원칙은 염분을 줄이고 단백질 섭취를 늘리며 열량을 충분히 섭취한다. 심한 부종이 있을 경우에만 수분을 제한한다.

◎ 주의 식품(피해야 할 음식)
- 칼륨과 인 함량이 높은 식품 : 현미밥, 검정쌀, 율무, 오트밀, 옥수수, 은행, 팥, 감자, 고구마 등

※ 칼륨 함량이 높은 식품
채소류 : 아욱, 근대, 쑥갓, 시금치, 미나리, 양송이버섯, 늙은 호박, 죽순, 머위, 참취, 부추 등
과일류 : 토마토, 바나나, 참외, 멜론, 건과일(건포도, 곶감 등), 천도복숭아, 키위
기타 : 잡곡류, 두류(콩류, 동부, 녹두, 팥 등), 감자, 고구마, 토란, 밤, 초콜릿, 캐러멜, 로얄제리

※ 인 함량이 높은 식품
유제품 : 우유, 치즈, 요거트, 아이스크림, 커스터드크림
어육류 : 멸치·뱅어포 등의 건어물, 명란/대구알, 육류의 간, 햄
기타 : 콩·팥 등의 잡곡류, 땅콩·호두·아몬드 등의 견과류, 콜라, 초콜릿

◎ 신장에 좋은 음식
- 마늘 : 알리신 성분은 향균, 항바이러스, 항진균, 항산화 효능이 뛰어나 콩팥병의 주요 원인인 당뇨병과 고혈압을 치유하는 효능이 있다.
- 양배추, 브로콜리, 컬리 플라워 : 섬유소, 비타민 C, 비타민 K 함량이 풍부해 콩팥을 보호해 준다.
- 양파 : 항암작용을 하는 산화방지제가 들어 있어 암과 심장병 예방에

효과적이고, 특히 생양파는 항염증 효과가 탁월해 콩팥 질환에 좋다.
- 달걀흰자 : 흰자는 비타민과 미네랄, 단백질이 풍부하고, 칼륨과 인 성분은 적어 콩밭 질환 환자에 좋다.
- 생선류 : 연어, 송어, 청어, 정어리다. 단백질과 오메가-3 지방산이 풍부하게 들어 있어, 심장병과 고혈압 발병 위험을 줄여주는데, 이는 곧 콩팥 질환 발병 확률 또한 줄여준다고 볼 수 있다.
- 아스파라거스 : 이뇨와 항류머티즘, 혈액을 정화하는 '글리코시드'와 '사포닌' 같은 천연 화합물이 풍부하게 들어 있다. 이들은 콩팥 내의 세포 활동을 활성화하며, 요로 결석을 만드는 산과 염분을 용해하는 역할을 한다고 알려졌다.
- 수박 : 콩팥이 균형을 맞추는 데 문제를 일으키는 칼륨과 인이 수박에 적게 들어 있고, 대부분 알칼리성 수분으로 이뤄져 있어 몸에 쌓인 독소를 씻어내는 데 효과적이다. (당뇨 환자는 섭취에 주의)

◎ 신장에 좋은 한약재
한약재는 특정한 한 가지의 기능보다는 인체의 조화 속에서 고유한 기능이 강화되는 약재이다.
구기자, 질경이, 두충, 복분자, 어성초, 토사자, 산수유, 까마중, 골쇄보, 회향, 하수오, 육종용, 쇄양 등이 있다.

◎ 신장에 좋은 한약 차
- 산수유차 : 간과 신장을 보호한다. 시장의 기능 강화와 정력증가에 좋다.

구성 : 산수유 20g, 물 500리터 (1일 분량)

방법 : 약재를 잘 씻어, 센 불로 끓인후 약한 불로 30분간 더 끓여 따뜻하게 마시면 된다.

복용 방법 : 1일 기준 3-4회

- 토사자차 : 간과 신장을 보호하고 튼튼하게 해 준다. 허리와 무릎에 좋다.

구성 : 토사자 10g, 물 300리터 (1일 분량)

방법 : 약재를 잘 씻은 다음, 센 불로 끓인 후 약한 불로 30분간 더 끓여 따뜻하게 마시면 된다.

복용 방법 : 1일 기준 3-4회

- 개다래 차 : 신장의 기능을 돕는다.

구성 : 개다래 6g, 감초 1g, 물 700리터 (1일 분량)

방법 : 약재를 잘 씻어, 센 불로 끓인 후 약한 불로 다시 30분간 더 끓여 따뜻하게 마시면 된다.

복용 방법 : 1일 기준 3-4회

- 차전초 차 : 신장의 기능을 돕고 방광염, 신우염, 신장염에 효과가 있다. 이뇨작용에 도움을 준다.

구성 : 차전초 6g, 물 600리터 (1일 분량)

방법 : 약재를 잘 씻어, 센 불로 끓인후 약한 불로 30분간 더 끓여 따뜻하게 마시면 된다.

복용 방법 : 1일 기준 3-4회

- 복분자 차 : 신장과 간장을 튼튼하게 하고 신장 기능을 강화해 유정과 몸정을 치료하며 소변의 양을 조절하고 신장의 문제를 개선시킨다.

구성 : 복분자 10g, 물 500리터 (1일 분량)

방법 : 약재를 잘 씻어, 센 불로 끓인 후 약한 불로 30분간 더 끓여 따뜻하게 마시면 된다.

복용 방법 : 1일 기준 3-4회

《신장 기능 자가 검진표》

증 상	그렇다	아니다
소변색이 붉다		
소변에서 거품이 난다		
소변이 시원하게 잘 나오지 않는다		
밤에 소변을 보기 위해 2-3번 깬다		
2-3일 사이에 체중이 1-2kg씩 늘어난다		
소변 줄기가 가늘다		
옆구리가 아프고 소변색이 뿌옇다		
몸에 열도 있고 춥기도 하다		
당뇨병을 10년 넘게 앓고 있다		
이유 없이 쉽게 피곤하다		
속이 울렁거리고 토하기도 한다		
숙면이 어렵고 몸이 푸석하게 붓는다		
종아리를 누르면 쑥 들어간다		
빈혈증세가 있다		
요즘 손, 발이 자주 붓는다		
갑자기 이명이 생겼다		
저혈압이나 고혈압이 있다		

※ 위의 항목 중에 5가지 이상이 해당되면 신부전증 의심

⑥ 위암

(1) 위암이 뭔가요?

위암이란 위에 생기는 암을 통틀어 위암이라고 한다.
위암은 크게 조기위암과 진행성위암으로 나눌 수 있다.
조기위암은 암세포가 점막층에만 국한되어 있는 것이며, 진행성위암은 암세포가 위벽근육층이나 장막층에 침입한 것이다.
위암은 세계적으로 발병률이 제일 높은 암 가운데 하나이고 우리나라에서 발생되는 1위의 암이기도 하다. 위암환자는 남성이 여성에 비해 2~3배 더 많은데, 이유는 음주와 흡연율이 더 높기 때문이다. 나이로 볼 때 30~70세에 많이 발생한다.
위암은 초기에는 특징적 증상이 없고, 위염이나 위궤양 증상이 있던 사람에게 주로 발생하기 때문에 장시간 위가 쓰리고 아프고 통증이 있으면 정확한 검사부터 받는 것이 중요하다.

※ 위는 소화기관 중에서 가장 넓은 부분으로 음식물의 소화를 담당하는 장기이다. 음식물이 소화될 때 나오는 위산과 위액은 단백질을 녹이고 분해하며, 음식물에 섞여 있는 각종 세균을 죽인다.

※ 위는 평소에 성인의 주먹 크기 정도이지만 음식물이 들어가면 2L 정도까지 저장될 수 있으며 한 번 저장된 음식물은 약 2시간에서 6시간 정도 보관된다.
  이렇게 음식물을 저장하는 위 덕분에 우리는 하루 3번만 식사를 해

도 공복감을 느끼지 않을 수 있다.

위장은 위로는 식도와 연결되어 있고 아래로는 십이지장과 연결되어 있으며, 왼쪽 갈비뼈 바로 아래에 위치하고 있다.

(2) 위염의 종류

한국인이 가장 흔히 생기는 질환은 위염이다. 그 종류도 다양한데, 위암으로 발전해 생명에 위협을 준다.

◎ 위염이란?

위장점막에 손상이 가해지거나 위장의 기능을 제대로 수행하지 못하는 것을 말한다.

◎ 위염의 종류(위암의 신호)

- 급성 위염

  염증이 일시적으로 발생되었다가 없어진다.

  * 급성 미란성 위염 : 위벽이 깊게 패이지 않고 살짝 벗겨진 정도
  * 급성 출혈성 위염 : 위 점막에 출혈이 생기면서 위벽이 살짝 벗겨진 경우

- 만성 위염

  염증이 3개월 이상 지속된다.

  * 표재성 위염 : 위 표면에 불규칙하게 발적이 있거나 손톱으로 긁은 듯한 붉은 줄이 빗살모양으로 나 있는 경우

* 위축성 위염 : 위의 염증이 지속되어 혈관이 보일 정도로 위 점막이 얇은 경우
* 화생성 위염 : 위 점막이 오랫동안 자극을 받아 원래 위의 모습이 아닌 소장 점막이나 대장 점막 모양으로 변한 경우이고, 내시경상으로 위 점막에 무수한 융기를 볼 수 있으며, 위벽이 붉지 않고 회백색의 색조이다.
* 위축성 위염, 장상피화생 : 위축성 위염(atrophic gastritis)과 장상피화생(intestinal metaplasia)은 정상세포가 암으로 진행되는 과정이다.

 헬리코박터균이 가장 큰 원인으로 이 염증의 환자가 헬리코박터균 감염이 확인되면 암으로 발전할 가능성이 더 높아진다. 그러므로 위축성 위염과 장상피화생의 치료를 할 때 반드시 헬리코박터균 치료도 함께해야 한다.

 위암의 원인은 식이습관, 헬리코박터균 감염, 유전적 소인, 만성 위축성 위염, 선종성 용종, 악성 빈혈, 흡연 등이다. (만성 위축성 위염이 위암으로 진행되는 데는 약 15년 정도가 소요된다.)

◎ 위암의 원인

햄이나 베이컨, 소시지 등 가공 육류와 염장음식이 위암과 관련 있다. (2015년에 WHO(world health organization)에서 붉은 고기와 가공 육류를 발암물질로 규정지었다.)

- 헬리코박터균 감염 : 헬리코박터균 감염은 위염이나 위궤양의 원인균이면서 동시에 위암을 일으키는 발암물질로 정식 등록되어 있다.
- 유전적 소인 : 암 관련 가족력이 있는 경우 젊은 나이에도 위암에 걸릴 가능성이 높다.
- 그 외의 원인 : 위 점막 손상, 발암 물질의 반복적인 자극, 선종성 용종, 탄 음식과 훈제되고 방부 가공된 음식(아질산염), 염장 음식, 흡연
- 환경적 요인 : 석면, 철가루 먼지, 공해, 전리방사선, 흡연, 방부제, 농약, 산업폐기물 등이 있다.

※ 세계보건기구(WHO)에서는 담배를 위암을 발생시키는 발암물질로 규정지었다. 담배연기에는 청산가스, 비소, 페놀 등을 포함한 69종의 발암 물질과 4,000여 가지의 독성 화학 물질을 포함

한의학에서는 암과 정확하게 일치되는 용어는 없지만 암에 관련된 병의 증상은 있었다. 암에 대한 원인으로 기체혈체(血滯血瀦, 기와 혈이 막힌다)와 폐(肺), 비(脾), 신(腎) 장부의 기능 상실과 정기허즉성암(正氣虛卽成癌, 인체의 면역력이 약화되면 암을 일으킨다)이라고 기록한다. 이는 내 몸 안의 정기(正氣)가 약하여 인체를 방어하지 못해서 암이 생기는 것으로, 면역력 저하가 그 원인이다.
《황제내경(黃帝內經)》에서 적취(積聚), 장담(腸覃), 비만(痞滿), 석하(石瘕), 징하(癥瘕), 류(瘤), 오장지적(五臟之積) 등으로 기록되었고 반위(反胃), 식액(食液), 위완통(胃脘痛), 적취(積聚)의 범위에 속하며, 원인은 무절제한 식생활, 기아, 과식, 정신적 스트레스로 보았다.

※ 반위(反胃) : 한의학적 위암의 명칭으로 음식물이 들어가면 토하는 병으로 식후에 완복(脘腹)이 창만하고(부르고), 소화되지 않은 음식물을 토출(吐出)하고(토하고) 정신이 피로하여 힘이 없으며 혀의 색깔이 맥세무력(脈細無力, 맥이 가늘고 힘이 없다)하다. 즉 음식을 먹은 후 일정 시간이 지난 후에 토해내는 증상이다.
- 치료법 : 한의학에서는 증상별로 나눠 치료하는데, 증상에 따라, 체질에 따라 각각 치료방법이 다르고, 한약물치료와 침구요법 등을 병행해서 치료한다.

(3) 위암의 종류와 증상
◎ 위암의 종류
위암은 점막층에 발생하면 선암, 점막하층은 육종, 림프조직은 림프종이라 함.

- 조기위암 : 점막층과 점막하층에 국한된 초기 단계에 해당하는 위암.
- 진행위암 : 점막하층을 지나 근육층 및 그 이상의 단계로 진행한 위암. 조기위암에 비하여 병변의 크기가 크고, 출혈 등의 합병증이 동반될 수 있다.
- 위선암 : 점막에서 성장하기 시작하여 혹의 형태로 커지면서 위벽을 침범하며, 위 주위의 림프절에 암세포들이 옮겨가서 성장하는 암으로 간, 췌장, 십이지장, 식도 등으로 직접 침범하거나, 암세포가 혈관이나 림프관을 타고 간, 폐, 복막 등 멀리 떨어진 장기로 옮겨가는 형태의 암.

◎ **위암의 증상**

※ 위암이 무서운 이유는 초기에는 별다른 증상이 나타나지 않기 때문이다. 위암의 초기증상은 상복부(윗배)의 불쾌감과 통증, 소화불량 등이 대표적이다.

- 잦은 소화불량 : 위암의 초기 증상은 배탈이나 속쓰림 같은 일반적인 위장 질환과 증상이 비슷하다. 암세포는 위 기능을 저하시켜 특별한 이유 없이 배탈이나 소화불량이 장시간 지속된다.
- 극심한 복부 통증 : 위암일 경우, 위 주변 체액이 늘어나 배가 붓게 되고, 동시에 큰 통증을 수반한다.
- 잦은 속 쓰림 : 위산 역류 현상인 속 쓰림은 약을 복용할 경우 금방 좋아지지만, 약을 복용한 후에도 지속적으로 속 쓰림이 반복된다면 이는 단순한 속 쓰림이 아닌 암의 증상일 수 있다.
- 잦은 구토 : 구토의 원인은 다양하나, 기본적으로 위 기능 저하로 인해 식도에서 넘어온 음식물들이 장으로 내려가지 못하고, 식도로 다시 되돌아오는 것인데, 한 달에 1~2번씩 주기적으로 구토를 한다면 암의 증상일 수 있다.
- 이른 포만감 : 위암이 진행될 경우, 위의 기능이 급격히 떨어져 조금만 먹어도 뇌는 포만감을 느끼게 되고, 영양 흡수율도 떨어져 체중이 급속히 감소한다.
- 진행성 위암의 증상 : 상복부 불쾌감, 팽만감, 동통, 소화불량, 식욕부진, 체중감소, 빈혈 등이 있고, 암이 진행됨에 따라 유문부 폐색에 의한 구토, 출혈로 인한 토혈이나 혈변, 분문부 침범에 따른 연하곤란,

복부 종괴, 복강 내 림프절이 손으로 만져지거나 간 비대가 발생된다. 초기에 증상을 자각하기 어려운 위암. 3개 이상이 해당된다면 검진을 꼭 해야 한다.

(4) 위암도 치료와 관리
위암은 완치율이 다른 암에 비해서 양호하다.

※ 완치율 : 5년 생존율이라고도 하는데 수술 후 5년 동안 재발의 증거가 없으면 완치되었다고 간주하며, 1기 위암 완치율(5년 생존율) 95%는 동일한 1기 위암 환자 10명을 수술했을 때 9명이 5년 이상 생존한다는 뜻이다.

◎ **위암의 치료 방법**
- 수술 요법
  위암은 수술이 가장 기본적인 치료방법으로, 암이 다른 곳으로 퍼지지 않고 위장과 위장 주위의 국소 림프절에만 전이가 되었을 경우에 한다.
- 방사선요법
  * 진행성 위암에서 수술 후 남아 있는 암세포를 제거
  * 재발한 위암의 통증을 줄이는 목적일 때
  * 암으로 인한 출혈을 줄일 목적일 때
  * 좁아진 내강을 넓히는 목적일 때

- 항암화학 요법
    * 수술로 암세포를 제거한 후에 시행
    * 재발을 예방하기 위해 보조적으로 사용
    * 항암제에 의해 암의 크기를 작게 만든 후에 수술로 암세포를 제거하기 위해
    * 수술이 불가능한 경우

◎ **위암치료 후 관리**
우선적으로 안정, 휴식, 건강한 식생활이다.

※ 위 수술 후 조심해야 하는 음식
- 현미, 팥, 조, 보리, 수수 등의 너무 거친 잡곡류
- 기름진 육류 부위, 훈제육류, 햄, 소시지
- 섬유질이 너무 많은 채소(더덕, 도라지, 미나리, 고구마순, 토란대 등)
- 생채소(상추, 양상추 제외), 말린 채소(무말랭이, 건고사리 등)
- 땅콩, 호두 등 견과류, 튀김이나 전, 샐러드유
- 과일통조림, 덜 익은 과일, 건조과일(대추, 건포도, 곶감, 무화과)
- 말린 어육류(육포, 건오징어, 멸치, 북어 등)
- 가당 우유
- 맵고 짠 음식(젓갈, 장아찌, 진한 찌개, 매운탕 등)
- 술, 담배, 카페인 음료(커피, 홍차 등)

- 생활습관
    * 식사는 항상 천천히 한다.
    수술 후 식사법은 소량씩 자주 천천히 씹어 먹고, 식사 후 20~30분 정도 비스듬히 기댄 자세로 쉬며 섬유질이나 단 음식 등을 주의해야 한다.
    * 식후 30분 후에 걷는 운동을 많이 하는 것이 좋다.
    수술 후 30일까지는 산책이나, 걷기 운동이 좋고, 60일까지는 무거운 물건을 들거나 배에 힘이 들어가는 줄넘기·수영·등산·골프 등은 삼가는 것이 좋다.

※ 위암 수술 후 나타나는 '덤핑 증후군'은 음식이 정상적인 소화과정을 거치지 못하고 소장으로 빨리 넘어가면서 생기는 반응으로 식후 30분 이내에 속이 울렁거리고 어지럽거나 두근거리고 멀미를 할 것 같은 증상이 나타난다. 이런 증상이 생기면 즉시 편한 자세로 앉아 증상이 없어질 때까지 기다려야 한다.

(5) 위암 예방과 사전관리
◎ 일차적 예방
건강한 생활 습관 유지가 필수적이다. 흡연은 위암의 위험도를 2~3배 증가시키므로 절대적으로 금연해야 하고, 저염식이나 신선한 음식을 섭취해야 한다.

◎ 암 예방을 위한 식생활 수칙

- 편식하지 말고 영양소를 골고루 균형 있게 섭취한다.
- 녹황색 채소와 과일 및 곡물 등 섬유질을 많이 섭취한다.
- 우유와 된장의 섭취를 한다.
- 비타민 A, C, E를 적당량 섭취한다.
- 정상 체중을 유지하기 위하여 과식하지 않는다.
- 너무 짜고 매운 음식과 너무 뜨거운 음식은 피한다.
- 염분은 위암유발의 중요한 인자임을 명심하자.
- 불에 직접 태우거나 훈제한 생선이나 고기는 삼간다. 육류를 태울 때 생기는 성분은 위암을 유발하는 인자가 될 수 있다.
- 곰팡이가 생기거나 부패한 음식은 먹지 않는다.
- 금연과 술은 과음하거나 자주 마시지 않는다.
- 태양광선, 특히 자외선에 과다하게 노출하지 않는다.
- 땀이 날 정도의 적당한 운동을 하되 과로는 피한다.
- 스트레스를 피하고 기쁜 마음으로 생활한다.
- 목욕이나 샤워를 자주 하여 몸을 청결하게 한다.
- 항상 감사한 마음을 갖는다.
- 취침 2시간 전부터는 먹지 말자.
- 아침은 가능하면 챙겨먹자.

※ 2차적 예방 : 위암의 조기 진단은 예방만큼이나 중요하다. 조기 위암의 경우 수술만으로도 90% 이상의 생존율을 보이므로 이상이 느껴지면 검진을 해야 한다.

(6) 위에 좋은 한약재와 차 종류

많은 좋은 약재가 있으며 환자의 몸에 따른 치료를 하여 최선의 결과를 얻을 수 있다.

◎ 위암에 작용하는 좋은 약재

무화과, 괴전우, 반지련, 용규, 패장, 호두, 아혈, 오가피, 단삼, 계내금, 매실, 대추, 산사, 반하, 오공, 백반, 삼릉, 봉출, 백출, 찰출, 인삼, 당귀 등

◎ 위에 좋은 한약 차

- 황기, 율무차 : 몸의 기운을 북돋고 장 기능을 건강하게 하며 암세포를 억제한다.

  구성 : 황기 15g, 율무 15g, 물 500리터 (1일 분량)

  방법 : 약재를 잘 씻어, 물과 함께 센 불로 끓인 후 약한 불로 30분간 더 끓여 따뜻하게 마시면 된다.

  복용 방법 : 1일 기준 3-4회

- 백출 차 : 소화불량, 더부룩한 증세, 식욕부진에 좋은 약초로 위, 비장을 튼튼하게 해준다.

  구성 : 백출 15g, 감초 5g, 물 500리터 (1일 분량)

  방법 : 약재를 잘 씻어, 물과 함께 센 불로 끓인 후 약한 불로 30분간 더 끓여 따뜻하게 마시면 된다.

  복용 방법 : 1일 기준 3-4회

- 대추차 : 베타카로틴이 풍부하게 함유되어 있어 항암효과가 있고, 심신을 안정시켜 스트레스나 불면증 완화에 좋다.

구성 : 대추 15g, 감초 3g, 물 500리터 (1일 분량)

방법 : 약재를 잘 씻어, 물과 함께 센 불로 끓인 후 약한 불로 30분간 더 끓여 따뜻하게 마시면 된다.

복용 방법 : 1일 기준 2-3회

- 산사 차 : 육류를 빨리 소화시켜주고, 복통, 설사, 구토, 소화불량에 두루 사용할 수 있다.

구성 : 산사 20g, 물 600리터(1일 분량)

방법 : 약재를 잘 씻어, 물과 함께 센 불로 끓인 후 약한 불로 30분간 더 끓여 따뜻하게 마시면 된다.

복용 방법 : 1일 기준 2-3회

※ 위에는 채소와 과일을 많이 섭취하고 싱겁게 먹어야 한다.
※ 미국에서는 1991년부터 하루에 채소와 과일을 다섯 차례 이상 섭취함으로써 암은 물론 각종 성인병을 예방하자는 'Five-A-Day for Better Health'라는 캠페인을 꾸준히 벌이고 있다.

◎ 위암 예방에 좋은 대표음식

- 마늘 : 마늘은 대표적인 항암식품이다.

마늘의 주요 효과 : 위암의 원인인 헬리코박터 파일로리균의 증식을 억제한다.

2002년 미국 시사주간지 타임이 선정한 10가지 건강식품에 포함. 미국 국립암연구소와 중국 북경암연구소는 역학조사를 통해 1년간 마늘을 1.5kg 이상 먹은 사람이 거의 먹지 않은(0.1kg 미만) 사람에 비해 위암 발생률이 약 절반으로 감소되었다는 연구 결과를 발표했다. 또 다른 연구에서도 매일 6쪽가량 먹는다면 약 30~50% 위암 발생을 막을 수 있다는 연구 결과를 발표한 바 있다.
- 양배추 : 양배추는 위암예방에 좋은 식품이다.

  양배추의 효과 : 항암물질을 생성한다. (양배추의 글루코시놀레이트라는 성분은 소화 과정 중 ITC, 설포라판 생성)
  → ITC : ITC는 발암물질 대사 활성화에 관여하는 효소의 활성을 억제하거나, 해독화 효소의 활성을 증가시킴으로써 발암물질이 몸 밖으로 쉽게 빠져나가도록 한다.
  → 설포라판 : 강력한 항산화 효과를 갖는 것으로 알려진 물질이다 (1992년 미국 존스 홉킨스대학의 연구). 헬리코박터 파이로리균의 활성을 억제, 동물실험에서도 발암물질에 의해 유발된 위암의 생성을 저해하였다.
- 브로콜리 : 위궤양과 위암 예방에 좋다. 항산화 효과, 활성산소를 제거한다. 섭취 방법은 브로콜리 싹을 먹는 것이 더욱 효과적이며 샐러드로 먹는다.

⑦ 대장암

(1) 대장암이 뭔가요?

대장암은 1980년대 이후 현재까지 꾸준히 증가하고 있는 암이다.
대장 내부 점막에 생긴 종양성 용종이나 선종은 시간이 지남에 따라 점점 자라다가, 악성세포로 변화하여 큰 혹이 되어 표면에 궤양이 생기고, 출혈이 되며, 장벽 속으로 깊이 파고 들어가는데, 이러한 질환을 대장암이라고 하고 암이 발생하는 위치에 따라 결장에 생기는 암을 결장암, 직장에 생기는 암을 직장암이라고 한다.

※ 대장은 소화기관에 속하며 소장과 항문 사이에 위치하는 장기로, 대장은 전체 길이가 평균 약 1.5미터 정도 되고 우측에서부터 맹장, 상행결장, 횡행결장, 하행결장, S자결장, 직장으로 나누어 분류된다.

※ 용종(폴립)은 대장 점막에 생긴 작은 혹을 말하는 것이다. 모든 용종이 대장암으로 발전하는 것은 아니며, 암으로 발전할 가능성이 있는 신생물성 용종(선종)과 암과는 관련이 적은 염증성 용종, 증식성 용종, 과오종 등으로 나눌 수 있다.

(2) 대장암의 원인과 한의학적 치료
대장암의 원인으로는 크게 환경적 요인과 유전적 요인으로 나뉜다.

◎ 유전적 요인
20~30대에 수백 개에서 수천 개의 선종(혹)이 대장에 발생하여 설사, 복통, 직장 출혈 등의 증상을 나타내며, 45세까지 95%의 환자에서 암이 발생하는 가족성 용종증과 유전성 비용종증 대장암이 있다.

◎ 환경적 요인
식이법 및 생활습관이 가장 중요한 역할을 하는데, 과다한 동물성 지방 섭취 및 육류 소비(붉은 고기)는 대장암의 발생을 촉진하는 인자로 작용하며, 비만 환자는 인슐린 저항성과 IGF-1이 증가하여 장점막을 자극함으로써 대장암 발생을 증가시킬 수 있다.

◎ 대장암이 발병하기 쉬운 조건
- 대장암의 가족력 : 대장암은 가족력이 높다. 부모 중에 대장암 환자가 있으면 그 자손에서 대장암 발생률이 2~3배 증가하고 약 5%의 대장암 환자는 선천적 유전자 돌연변이로 인해 암이 발생하는 유전성 대장암이다. 이런 경우는 그 직계 가족의 약 50%에서 대장암이 발생할 수 있다.
- 대장암의 과거력 : 한 번 대장암이 발생한 사람이라면 암 발생률이 정상인보다 높다. 그래서 대장암이 진단되는 순간, 한 곳 이상의 대장 부위에서 암이 동시에 발견되는 경우가 2~3%이며, 성공적으로 대장암 절제 수술을 받은 후에도, 10~15년 후에 남은 대장 부위에 새로운 암이 발생하는 경우가 3~5%이다.
특히 과거에 선종성 용종이 발생된 사람은 선종이 전혀 없는 사람에 비해서 대장암이 발생할 위험성도 더 높아, 추적 대장내시경을 받아야 한다.
- 염증성 장질환(궤양성 대장염, 크론병) 환자 : 궤양성 대장염이라 하여 대장 점막이 만성적으로 헐고, 염증이 지속되는 병으로, 이 질환에 걸린 후 10-20년이 경과하게 되면 대장암이 발생하는 확률이 높다.
- 육류 섭취가 많고 섬유질 섭취가 적은 사람, 비만하고 운동을 하지 않는 사람 : 대장암은 육류 섭취가 많고, 영양 상태가 과도하게 좋은

사람들에게서 많이 발생되고, 섬유질 섭취가 적거나, 운동을 전혀 하지 않고, 집에서 누워 지내기만 좋아하는 사람들도 대장암 발병률이 높다.
- 50세 이상 : 암은 대부분 중년 이후에 발생하는데, 대장암 역시 50세 이상부터 발생률이 크게 증가한다. 그러므로 50세가 되면 대장암 검진을 받아야 한다.
- 한의학적 대장암 : 한의학문헌에서는 대장암이라는 명칭은 없으나, 대장암의 대표적인 특징인 변혈, 점액변, 통증, 배변이상 등에 근거하여 하초습열(下焦濕熱), 장풍(腸風), 장담(腸覃), 장벽(腸癖), 적취(積聚), 변혈(便血), 하리(下痢), 장옹저(腸癰疽) 등을 대장암의 형태로 보며, 대장암의 대표적인 원인을 습열(濕熱)로 손꼽고 있다. 과다한 동물성 지방과 육류(붉은 고기)를 과다하게 섭취하는 것이 가장 주요한 원인이다.

◎ 한의학적 치료
한방치료는 암을 지니고 있는 몸 전체를 중요시하는 경우가 많다. 그러기에 동일한 약물처방을 강조하는 서양의학적 접근과는 달리 개개인의 특성에 따라 먼저, 진단으로 대장암환자를 종합적으로 파악한 후에 전혀 다른 처방적 접근으로 치료가 된다.

(3) 대장암의 종류와 관리
발생하는 위치, 모양, 진행 정도에 따라서 구분된다.
※ 황행결장(10%), 하행결장(3%), 에스결장(29%), 직장(38%), 맹장(15%), 상행결장(5%), 대장암이 발생 부위

◎ 우측 대장암 : 빈혈, 복부의 종괴, 복통, 피로감, 무기력함이다. 조기 발견이 늦어지는 경우가 많고 환자 스스로가 배를 눌러 보아 덩어리가 있음을 알아차리는 경우도 있다.
- 대변의 형태 : 혈변임을 쉽게 알아 볼 수 없는 거무스름한 변을 보거나, 정상으로 보이는 대변을 볼지라도 눈에 보이지 않을 정도의 미량의 출혈이 계속되어 빈혈이 발생하기도 한다.

◎ 좌측 대장암 : 대변의 굵기가 가늘어짐, 복통, 변비나 설사가 생기는 **배변습관의 변화**
- 대변의 형태 :내부에 피나 점액이 변에 섞여 나온다.

◎ 직장암 : 항문출혈, 묵직한 느낌(배변 후 시원하지 않고 변을 보고 싶은 느낌이 듬), 배변 후 불쾌감이 있다. 변을 보기 힘들거나 대변이 가늘어지는 경우
- 대변의 형태 : 대변 바깥쪽으로 피가 묻어 나오는 경우가 많다.

◎ 대장암의 주요 증상

변비나 설사가 있다고 해서 대장암이라고 판단할 수 없다. 대장암이라고 특별한 증상은 없는 경우가 많으나 이런 증상이 3개 이상 있다면 내장 내시경 검사를 반드시 받아보아야 한다.

- 갑자기 변을 보기 힘들어지거나 변보는 횟수가 바뀌는 등 배변 습관의 변화

- 예전보다 가늘어진 변
- 설사, 변비 또는 배변 후 후중기(변이 남은 듯 무지근한 느낌)
- 혈변(선홍색이나 검붉은색) 또는 끈적한 점액변
- 복부 불편감(복통, 복부 팽만)
- 체중이나 근력의 감소
- 피로감, 식욕 부진, 소화 불량, 오심과 구토
- 복부에서 덩어리 같은 것이 만져짐

※ 만약 위의 증상 중 3가지 이상이 해당된다면 검사를 받아야 한다.

(4) 대장암도 치료와 관리

대장암의 치료는 크게 내시경적 치료, 외과적 절제, 항암 약물치료, 방사선 치료로 나눈다.

◎ 내시경적 치료

대장암의 전단계인 용종이나 용종에 국한된 초기의 대장 직장암, 암이 점막 내에 국한되어 있는 경우에는 용종절제술이나 내시경점막하박리술 등의 기법을 이용하여 대장 내시경으로도 치료가 가능하다. 전신 마취를 하지 않는 점, 복부에 상처를 내지 않는다는 점이 큰 장점이고, 점막암이나 점막하층을 1mm 이내로 침범한 암의 경우에는 내시경 치료로도 완치율이 99%를 넘는다.

◎ 외과적 수술

암조직과 그 부근의 임파선을 넓게 완전히 도려내어, 재발을 최소화하고, 가능한 한 항문 괄약근을 보존하고, 배뇨기능과 성기능을 보존하기 위해서 시행되며 레이저나 복강경을 이용하는 수술도 활발히 행해지고 있다.

◎ 항암 치료
수술 후 항암화학요법과 방사선치료는 재발을 줄여 완치율을 올리고자 시행한다. 수술로 눈에 보이는 암을 완전히 제거하더라도 암세포가 미세하게 남아 있어 시간이 지나면서 재발을 일으킬 위험이 있기 때문에 수술 후 추가되는 보조적인 치료로 재발을 35%, 사망을 25% 정도 줄일 수 있다고 알려져 있다.

◎ 대장암 치료 후 관리
대장암의 예후는 다른 소화기 암에 비해 좋은 편이다
조기에 발견하여 1기로 판정되면 90%, 2기는 70%, 3기는 50% 정도에서 완치를 기대할 수 있으나, 4기에서는 1~2%에서만 완치를 기대할 수 있다.

- 대장암 치료 후 일상생활에서 지켜야 할 일
  * 편식하지 말고 음식을 골고루 섭취한다.
  * 충분한 양의 신선한 야채와 과일을 섭취한다.
  * 적정 체중을 유지하고 규칙적인 운동을 한다.
  * 지방 섭취를 줄이고 과음 흡연을 피한다.
  * 음식은 싱겁게 먹도록 한다.

* 장에 자극을 주는 찬 음식은 피한다.
* 정기 검진을 하는 것이 가장 중요하다.

(5) 대장암의 예방과 관리

◎ 대장암 예방 수칙

- 육류, 계란, 우유 제품, 샐러드에 넣는 드레싱, 기름 등의 음식물을 제한한다.
- 과일, 채소, 곡류 등과 같이 섬유질이 많은 음식을 섭취한다.
- 항암식품을 자주 먹는다. (마늘, 브로콜리, 표고버섯 등)
- 물을 2리터 이상 충분히 마신다.
- 꾸준한 운동을 한다. (1회 40분 이상, 주 3회 이상)
- 비만이 있는 환자의 경우 체중 조절하여 적정체중을 유지한다.
- 50세 이후에는 정기검진을 받는다.

(6) 대장에 좋은 한약 차와 음식

◎ 대장에 좋은 한약재

유근피, 겨우살이, 하고초, 와송, 산약, 마, 조릿대, 차전자, 우엉 등

◎ 한약 차

- 차전자 차 : 장관 벽에 작용해 연동운동을 촉진하고 부드럽게 변의 양을 늘려주는 작용을 한다.

  구성 : 차전자 10g, 물 300리터 (1일 분량)

  방법 : 약재를 잘 씻어 물과 함께 센 불로 끓인 후 약한 불로 30분

간 더 끓여 따뜻하게 마시면 된다.

복용 방법 : 1일 기준 2-3회

- 결명자 차 : 숙변을 제거해 주고 변비도 개선한다.

구성 : 결명자 10g, 물 300리터 (1일 분량)

방법 : 약재를 잘 씻어, 물과 함께 센 불로 끓인 후 약한 불로 30분 간 더 끓여 따뜻하게 마시면 된다.

복용 방법 : 1일 기준 2-3회

- 삼백초 차 : 숙변을 제거한다.

구성 : 삼백초 15g, 물 600리터 (1일 분량)

방법 : 약재를 잘 씻어, 물과 함께 센 불로 끓인 후 약한 불로 30분 간 더 끓여 따뜻하게 마시면 된다.

복용 방법 : 1일 기준 2-3회

- 함초 차 : 숙변을 제거하고 장운동을 촉진시킨다.

구성 : 함초 15g, 현미 5g, 물 500리터 (1일 분량)

방법 : 약재를 잘 씻어, 물과 함께 센 불로 끓인 후 약한 불로 30분 간 더 끓여 따뜻하게 마시면 된다.

복용 방법 : 1일 기준 2- 3회

- 백리향 차 : 장내 부패 성분을 막고 염증과 독소, 세균을 제거한다.

구성 : 백리향 15g, 물 500리터 (1일 분량)

방법 : 약재를 잘 씻어, 물과 함께 센 불로 끓인 후 약한 불로 30분 간 더 끓여 따뜻하게 마시면 된다.

복용 방법 : 1일 기준 2-3회

◎ 대장에 좋은 음식

대장을 이롭게 하는 식품 중 식이섬유는 필수적이다.

- 이로운 식품 : 율무, 보리, 현미, 통밀, 감자, 근대, 브로콜리, 우엉, 도라지, 양배추, 샐러리, 오렌지, 키위, 미역, 다시마, 토마토, 양파, 무, 등 푸른 생선, 사과, 부추, 고구마, 파프리카, 당근, 바나나, 청국장, 우유, 요구르트 등이다.

⑧ 간경변(간경화)

(1) 간경변이 뭔가요?

간경변은 간경화, 간섬유증이라고도 한다.

우리 몸에서 해독을 담당하고 있는 간은 재생이 가장 잘 되는 장기로 반복적인 염증이 생겨도 쉽게 회복한다. 간세포가 죽고 섬유화가 일어나게 되면 섬유가 흡수되고 간세포가 다시 재생된다. 그러나 재생 능력이 뛰어난 간이라고 해도 짧은 시간에 죽음-섬유화-재생의 과정을 반복하게 되면 재생속도가 섬유화를 따라가지 못하고 간이 굳어지며 오므라들고 간 표면이 우둘투둘해지면서 혹이 생기고 간의 기능이 떨어져서 문제가 발생하는데 이것을 간경화 또는 간경변이라고 한다. 간경변증은 간암 발생 위험이 매우 높다.

※ 섬유화 : 장기의 일부가 굳는 현상이다.

(2) 간경변의 주요 증상과 원인

간경변증은 상태에 따라 증상이 다양하다.

주로, 전신 쇠약, 만성피로, 식욕부진, 소화불량, 복부 불쾌감, 얼굴이 거무스름하면서 칙칙해지고, 거미줄 같은 혈관들이 어깨, 가슴 등에 보이며, 손바닥은 정상인보다 유난히 빨개질 수 있다.

간경변증이 심해지면 위와 식도정맥류 발생, 간성뇌증(혼수), 복수, 호흡곤란, 하지부종, 월경불순 등이다.

◎ 간경변

B형 간염 바이러스(환자의 70~80%), C형 간염 바이러스(환자의 10~15%)에 의해 발생하고, 10~15%는 알코올의 과다섭취와 여러 질환에 의해 발생한다.

◎ 한의학

간경변은 간염 바이러스뿐 아니라 위장에서 간장으로 공급되는 혈액의 독성과 오염 상태에 영향을 받기 때문에 간적(肝積), 간옹(肝癰), 적취(積聚) 등의 병증에 해당되고, 잘못된 식습관, 분노, 과로, 과음이 겹쳤을 때 발생하며, 식탐이 많거나 불규칙한 식생활을 하는 경우 체내에 식적이 쌓이게 되어, 이것이 담 독소로 변해 간에 영향을 끼쳐서 발생한다.

- 간적 : 간염이 진행되어 간경화가 된 상태를 말한다.

  증상 : 좌측 옆구리 아래가 붓고 딸꾹질을 하며, 옆구리가 아프다. 추웠다 더웠다 하면서 열이 오르고 내림을 반복한다.

- 간옹 : 간의 염증이 고름성으로 진행된 간농양을 말한다.
  증상 : 갈비뼈 끝부분이 아프거나 부어오르며 양측의 겨드랑이가 그득한 느낌이 들면서 불편하고 누워 있으면 불안해지고 소변을 보기가 힘들어진다.
- 적취 : 쌓이고 모인다는 뜻으로 몸 안에 쌓인 기로 인하여 덩어리가 생겨서 아픈 병. 적(積)은 오장에 생겨서 일정한 부위에 있는 덩어리이고, 취(聚)는 육부에 생겨서 일정한 형태가 없이 이리저리 옮겨 다니는 덩어리를 말한다. 현대 암의 원인이 되기도 한다.

(3) 한의학적 치료

한의학에서는 모든 인체 질병의 시작은 기와 혈의 흐름이 좋지 않아 오장육부의 생리기능에 영향을 주어 질환이 생기는 것이다.

간경변도 기와 혈의 순환장애 문제로 간에 염증이 생기고 굳어진다고 보았다.

→ 암 환자의 대부분이 혈액농도가 높다. (현대 과학적 분석방법으로 증명되었다.)

서양의학은 염증의 유발을 막는 치료법이라면 한의학은 염증을 체외로 직접 배출하는 방식 즉, 염증을 제거하는 방법이다. 서양의학에서는 암이나 종양의 원인은 각종 발암물질, 유전요인, 환경요인, 면역기능 이상으로 보지만 한의학에서 원인을 피가 탁해져서 오는 어혈로 보고 있기 때문이다.

※ 체즉혈체(氣滯卽血滯) : 기가 체하면 혈이 체한다는 뜻이다.

◎ 한의학에서 혈(혈액)은 면역력(자연치유력)이다

혈을 맑게 하고, 탁한 혈을 외부로 배출시키며 새로운 혈을 생성하는 것이 중요하다.

한의학에서 혈은 간장, 심장, 비장에 의해 조절된다. 간은 목(木), 심장은 화(火), 비, 위장은 토(土)의 상생 관계로 균형과 3 장부의 조화와 역할의 기능이 중요하다. 간은 혈을 저장하고 심장은 혈을 순환시키며, 비, 위장은 음식물을 통해 혈을 생성한다. 그래서 간경변을 심리적 요인에서도 그 원인을 찾는 것이다. 심리가 불안정하고 스트레스를 받으면 간이 울체되어 혈은 끈적거려진다. 이것은 순환의 문제가 되고 결국은 몸에 혈의 순환이 이루어지지 않아 체온도 떨어지면서 면역력이 약해지는 것이다.

- 혈액의 기능 : 혈관을 쉬지 않고 돌면서 온몸의 세포에 산소와 영양소를 공급하고 세포에서 만들어진 탄산가스나 노폐물은 몸 밖으로 배출하고, 우리 몸의 면역체계를 담당하는 백혈구와 면역세포들이 혈액 속에서 각종 세균과 바이러스를 제거하는 역할을 하고 있다.

혈액이 탁해져 영양분과 산소운반이 되지 않으면 에너지를 생산하지 못하게 되고 혈액이 탁하게 되면 혈액순환이 더디게 되고 백혈구의 기능이 떨어지고 체온도 같이 떨어져 저체온 현상이 나타나게 되고 우리 몸에 갖가지 질병을 일으키는 것이다.

대표적인 치료한약재는 목향, 백출, 복령, 황기, 목단피, 사삼, 단삼, 삼릉, 봉출, 진피, 도인, 홍화 등이 있다. 장기 복용했을 때 백혈구와 림프구의 수치가 상승하고, 항암제나 방사선 치료의 후유증이 개선되었으며, 동물실험에서도 항암 효과가 뛰어남이 증명되었다.

(4) 간경변증에 좋은 한약 차
- 용담초 차 : 간장의 습열(濕熱)을 다스리고 간염이나 간경화 등 간 질환에 좋다
구성 : 용담초 10g, 감초 5g, 물 500리터 (1일 분량)
방법 : 약재를 잘 씻어, 센 불로 끓인 후 약한 불로 다시 30분간 더 끓여 따뜻하게 마시면 된다.
복용 방법 : 1일 기준 3-4회
- 결명자 차 : 간열(肝熱)을 없애고, 간기(肝氣)를 도우며 간의 독열(毒熱)에 좋다.
구성 : 결명자 10g, 육계 2g, 진피 3g, 물 300리터
방법 : 약재를 잘 씻어, 결명자를 살짝 볶아 센 불로 끓인 후 약한 불로 30분간 더 끓여 따뜻하게 마시면 된다.
복용 방법 : 1일 기준 3-4회
- 차전자 차 : 간을 보양하고, 이뇨(利尿)작용과 통변(通便)작용, 노인성 변비, 소변불리(小便不利)에 좋다
구성 : 차전자 10g, 감초 5g, 물 300리터 (1일 분량)
방법 : 약재를 잘 씻어, 센 불로 끓인 후 약한 불로 30분간 더 끓여 따뜻하게 마시면 된다.
복용 방법 : 1일 기준 3-4회
- 복분자 차 : 간을 보하고 눈을 맑게 한다.

구성 : 복분자 10g, 감초 5g, 물 300리터 (1일 분량)

방법 : 약재를 잘 씻어, 센 불로 끓인 후 약한 불로 30분간 더 끓여 따뜻하게 마시면 된다.

복용 방법 : 1일 기준 3-4회

◎ 간경변에 좋은 음식

- 쑥 : 손상된 간 기능 회복과 활성화, 해독, 알코올 분해 작용, 황달, 간염 치료에 좋다.
- 부추 : 해독 과정을 돕고, 기능을 강화, 활성산소를 억제(73%) 하체를 따뜻하게 한다.
- 양송이버섯 : 간의 재생에 필요한 단백질을 공급, 면역 강화와 양송이추출물인 AHCC는 간암 예방 효과가 탁월하다.
- 결명자 : 환경호르몬으로부터 간을 보호하는 효과가 있다.
- 칡 : 간을 튼튼하게 하며, 알코올로 인한 간 손상을 완화하여 간 기능을 높여준다.
- 배추 : 간암을 예방한다.
- 마늘 : 마늘의 유황성분은 간암 억제, 활성산소를 제거, 몸의 해독작용과 면역기능을 높인다.
- 헛개나무 : 간에 쌓인 숙취와 주독을 해소, 간 해독, 변비, 간 기능 개선, 피로해소에 효과적이다.
- 모시조개 : 간 기능 향상과 피로 해소에 좋고 담즙의 대사를 활발하게 한다.
- 올리브유 : 서양의 3대 장수 식품인 올리브유는 간의 담즙 분비를 촉진한다.

《간경화 자가검진 항목》

증상	그렇다	아니다
언제나 피곤하다		
어깨나 목이 뻐근하다		
모든 일이 귀찮다		
눈이 피로하고 시력이 떨어졌다		
배도 부글거리고 변비가 있다		
술은 폭음을 한다		
소변색이 누렇고 냄새가 난다		
방귀도 냄새가 심하다		
기운이 없고 몸이 무겁다		
얼굴에 기미가 많고 실핏줄도 보인다		
두드러기와 피부가 가렵다		
빈혈이 있다		
머리카락이 많이 빠진다		
감기를 달고 산다		
사소한 일에도 짜증이 난다		
팔, 다리가 시리고 저리다		
몸에 두드러기가 잘 난다		
코나 잇몸에 피가 자주 난다		
구역질이 난다		
가슴과 등에 작은 붉은 반점이 있다		
정신이 몽롱하고 기억력이 떨어진다		
손의 중앙이 유난히 붉은색이다		
아침에 잘 일어나지 못한다		

※ 위의 항목 중 10개 이상이 해당된다면 전문의와 상담

⑨ 간암(肝癌)

(1) 간암이 뭔가요?

간암은 말 그대로 간에 생기는 암으로 간세포가 지속적인 자극에 의해 기능을 상실하고 정상세포가 암세포로 변하여 무한자기 증식을 이루면서 간과 주변 장기로 전이되는 특징을 갖는 종양을 말한다.

간암은 정상인에게는 거의 발생하지 않고 만성간염, 간경변증 같은 간 질환을 오래 앓은 사람들에게서 주로 생긴다. 간은 통증을 잘 느끼지 못하기 때문에 증상만으로는 일찍 발견하기 어렵고, 증상이 나타나서 발견된 간암은 대부분 매우 진행되어 치료도 어렵고 예후가 안 좋다. 따라서 간 질환이 있는 사람은 정기적인 검사를 받아야 조기발견이 가능하고, 완치와 좋은 예후를 기대할 수 있다.

※ 간에 병이 생기면 : 정상 간 → 간경변증 → 간(세포)암

(2) 간암의 원인과 치료

간은 신체의 대사과정에 관여하는 장기로 섭취한 음식물들을 여러 조직에서 필요한 영양소의 형태로 적절하게 변화시키고, 조직에서 이용하고 남은 노폐물들을 다시 간으로 운반하여 처리하는 기능을 한다.
간은 두 가지의 방법으로 혈액 공급을 받는데, 간동맥으로부터 산소 함량이 높은 동맥혈을 공급받고, 간문맥으로부터 위와 장에서 얻은 영양이 풍부한 정맥혈을 공급받는다. 간은 하루에 약 2000L, 1분에 1.4L

정도의 혈액이 간을 통과한다.

간은 소화작용, 호르몬 대사, 해독작용, 살균작용 등 다양한 기능을 수행하므로 인체의 중요한 장기 중의 하나이다.

만성 B형 간염(간암환자의 65%), C형 간염(간암 환자의 17%), 간경병증(간암환자의 80%가 동반), 과도한 음주 등이다.

◎ 간의 대사작용

생명유지를 위해 일어나는 화학반응

- 탄수화물 대사 : 간은 포도당, 아미노산, 유산 등을 글리코겐 형태로 저장한다.
※ 글리코겐 : 포도당으로 전환되어 혈당을 유지하고 생체에 필요한 에너지를 만든다.
- 단백질 대사 : 알부민, 혈액응고에 관여하는 인자를 생성한다. 장을 통하여 흡수된 영양소들(탄수화물, 단백질, 지방, 비타민 등)을 저장하고, 지방을 소화시키는 담즙산을 만든다.
- 지방 대사 : 탄수화물을 과다 섭취 시 지방으로 전환하여 저장해 두었다가 탄수화물이 부족할 때 분해하여 에너지원으로 사용한다.
- 담즙 생성 및 배출 : 간은 하루 1L의 담즙을 생성하는데, 담낭에 저장되었다가 소장으로 배출된다.
- 합성기능 : 혈액 응고에 필요한 혈장 단백질, 몸의 부종에 관여하는 알부민 등 인체에서 필요한 영양소를 합성하여 저장하고 사용할 수 있도록 하면서 기본적인 신체기능을 유지시킨다.

- 비타민과 무기질 대사 : 비타민 A, D, B12, 철, 구리, 아연 등을 저장한다.
- 호르몬 대사 : 우리 몸의 호르몬들은 간에서 대사되기 때문에 간 기능에 문제가 생길 경우 호르몬 불균형이 발생할 수 있다.
- 해독기능 : 유해한 물질들이 체내에 침입하면 암모니아를 요소로 전환시켜 소변으로 배출하며 해로운 물질을 파괴하여 보호하고 독소를 해독하기도 하는 기능을 한다.
- 살균작용 : 간에 존재하는 쿠퍼 세포가 혈액 중의 이물질을 살균, 처리한다.
- 약물과 알코올 대사 : 각종 약물과 알코올은 간에서 분해된다.
- 혈액의 저장고 : 간에서는 신체에 공급되는 전체 혈액의 약 13%를 저장한다.

◎ 간암 치료

간암은 1기~4기까지 외과적인 수술 및 약물요법을 병행한다. 치료 후에는 간 기능의 빠른 회복을 위하여 건강인보다 탄수화물 및 양질의 단백질을 조금 더 섭취하도록 하며, 보통 체중 1kg 당 25-40kcal의 열량 섭취하여 체력을 유지하는 것이 가장 중요하다. 적절한 운동으로 근육량을 유지하고, 힘을 주며, 뼈를 지탱하는 근육의 탄력을 유지하고 긍정적인 마인드로 스트레스를 받지 않도록 한다.

음식물 섭취 시에는 환자의 소화 능력을 고려하여 탄수화물, 단백질 등 영양분을 고르게 섭취하고 신선한 채소와 과일을 충분히 먹도록 한다. 충분한 수분 섭취도 필요하다.

또한 체력유지가 중요한데 치료에 따라 발생되는 부작용을 쉽게 극복할 수 있다.

※ 한의학에서 간은 장군지관이라고 해서 장군이나 영웅에 비유된다. 즉, 간이 용기와 결단력을 주관한다. 우리가 흔히 사용하는 '대담하다'라는 말이 있는데, 여기에 쓰인 '담(쓸개)'은 간과 짝이 되는 장부다. '담'에서 결단이 나온다고 본 것이다. 사리분별능력이 부족한 사람에게 우린 '쓸개 빠진 놈'이라는 표현을 쓰는 이유다.
※ 와신상담(臥薪嘗膽) : 《사기(史記)》에 나오는 고사성어로 "장작 위에 누워서 쓰디쓴 쓸개를 맛본다"는 뜻으로 복수나 어떤 목표를 이루기 위해 다가오는 어떠한 고난도 참고 이겨낸다는 말이다. 여기서도 담이 결단을 의미하고 있다.

(3) 간의 기능
한의학에서는 간의 기능은 크게 소설과 저장의 기능으로 나눈다.

- 소설 기능 : 소는 소통의 뜻이고 설은 발설을 의미한다. 간은 우리 몸의 기운이 잘 퍼지도록 하는 기능으로 담즙의 분비와 배설, 비위의 소화 기능을 돕고, 우리 몸의 혈액이 잘 운행되도록 한다.
※ **소설작용 : 간의 혈액순환, 담즙분비, 호르몬과 자율신경계 조절**
- 저장 기능 : '간주혈'이라는 뜻은 간은 혈액을 저장하고 통제한다는 뜻이다. 이것은 소설작용과도 연관성이 있다. 서양의학의 혈액순환기능으로 보면 된다.

- 한의학적 기능 비교 : 한의학과 서양의학을 생리학적 부분으로 비교해 보자.
※ 자율신경계 : 우리의 의지에 의해서 조절할 수 있는 기능이 아니고 우리 몸 안에서 스스로 움직이는 신경을 말한다. 체온, 혈압, 소화, 심장 박동 등 자신의 의지와 상관없이 자율적으로 조절되는 신경계이다.
- 간 주혈 : 혈액의 저장고로 혈액을 저장하고 조절하는 기능
- 간의 근육 : 신체의 건과 인대. (콜라겐 형성등의 작용)
- 간과 눈 : 눈에 필요한 영양소로 비타민 A는 간에 저장이 되므로 간 기능상의 문제시에는 눈에도 영향이 있다고 한다.

(4) 간암의 종류
암은 크게 양성과 악성으로 나누며, 양성종양은 생명에 영향을 주지 않는다.

- 양성종양 : 간혈관종과 혈관종은 간에서 가장 흔히 발견되는 양성 종양이다. 주로 30-50대 여성에게서 잘 생긴다.
발병의 원인이 불명확하며 거의 증상을 일으키지 않아 치료할 필요는 없다. (크기에 따라서 출혈이나 주변 장기의 압박 시에는 수술이 필요하기도 하다.)
단순낭종은 남성보다 여성에서 흔하게 생기는 물혹으로 주로 건강검진에서 발견되는 경우가 많고, 증상이 없으면 치료하지 않는다.
- 악성종양 : 간세포 변이에 의해 발생되는 원발성 간암과, 간 이외의 장기에서 발생하여 간으로 전이된 전이성 간암으로 나뉜다.

- 원발성 간암 : 간세포의 이상으로 발생하는 암으로 약 90% 정도로 일반적으로 간암이라 하면 주로 간세포암종을 말한다.
- 전이성 간암 : 전이성 간암은 대개 혈액이나 림프선을 통해 간으로 전이되는데 대장암의 전이가 가장 흔하고, 위암, 폐암, 유방암, 췌장암 등이 간으로 전이를 잘 하는 암에 속한다.
  * 간암 초기에는 특별한 증상이 없어, 간암 위험군에 드는 사람은 3~6개월 간격으로 간암 조기진단을 하는 것이 바람직하다.
  * 간암 위험군인 B형 C형 간염 환자, 간 경변 환자, 간암 치료 경험이 있는 환자, 간암 가족력이 있는 환자, 30세 이상의 만성간질환 환자.

◎ **간암을 예방하는 생활습관**
- 지나친 음주와 금연 생활화
- 정기적인 검진을 통해 간 기능을 확인한다.
- B형 간염 바이러스에 대한 항체가 없는 사람은 백신을 접종한다.
- 만성 간 질환환자는 조기 검진을 받는다.
- 오른쪽 윗부분에 통증이 있거나, 체중의 감소, 피로감이 지속되면 검진을 한다.

(5) 간암에 좋은 한약 차와 음식

간의 기능, 면역력을 증진시키고 염증과 해독에 효과가 있다.

- 헛개열매차 : 혈액순환, 지방간, 간 보호작용, 알코올에 의한 간 해독 등에 좋다.

  구성 : 헛개나무 열매 20g, 감초 5g, 물 500리터 (1일 분량)

  방법 : 약재를 잘 씻어, 센 불로 끓인 후 약한 불로 30분간 더 끓여 따뜻하게 마시면 된다.

  복용 방법 : 1일 기준 3-4회

- 민들레(포공영)차 : 열독을 내리고 종기, 종창, 유방염, 인후염, 급성 간염, 황달 등 열로 인해 소변을 보지 못하는 증상과 간 기능 보호작용이 있다.

  구성 : 민들레 15g, 감초 5g, 물 500리터 (1일 분량)

  방법 : 약재를 잘 씻어, 센 불로 끓인 후 약한 불로 30분간 더 끓여 따뜻하게 마시면 된다.

  복용 방법 : 1일 기준 3-4회

- 오가피차 : 혈액순환을 돕고 간과 신장을 보호하여 기운을 회복해주는 효능이 있다.

  구성 : 오가피 20g, 감초 5g, 물 500리터 (1일 분량)

  방법 : 약재를 잘 씻어, 센 불로 끓인 후 약한 불로 30분간 더 끓여 따뜻하게 마시면 된다.

  복용 방법 : 1일 기준 3-4회

- 인진쑥 차 : 간을 이롭게 하고, 특히 황달에 좋고 항암효과가 있다.

  구성 : 인진쑥 10g, 감초 5g, 대조 5g, 육계 3g, 물 500리터 (1일 분량)

  방법 : 약재를 잘 씻어, 센 불로 끓인 후 약한 불로 30분간 더 끓여 따뜻하게 마시면 된다.

  복용 방법 : 1일 기준 3-4회

- 구기자 차 : 간 괴사 염증이나 간장병과 같은 간 질환 예방에 효과가 있다.

  구성 : 구기자 10g, 감초 5g, 물 500리터 (1일 분량)

  방법 : 약재를 잘 씻어, 센 불로 끓인 후 약한 불로 30분간 더 끓여 따뜻하게 마시면 된다.

  복용 방법 : 1일 기준 3-4회

◎ **간에 좋은 음식**

- 간에 좋은 한약재 : 구기자, 감초, 헛개열매, 헛개나무, 구기자, 벌나무, 인진쑥, 칡(갈근), 겨우살이(상기생), 인동초, 하수오, 오미자, 결명자, 인진쑥 등
- 간에 좋은 음식 : 등 푸른 생선, 냉이, 부추, 매실, 복숭아, 유자, 모과, 미나리, 모시조개, 다슬기, 버섯류, 비트 등

《간 질환 자가 검진 항목》

증상	그렇다	아니다
가족 중에 간 질환 환자가 있다		
B형 간염 보균자이다		
당뇨가 있다		
고혈압이 있다		
과체중이다		
배에 가스가 차고 소화가 잘 안 된다		
입에서 양치질을 해도 냄새가 난다		
눈의 흰자위가 노랗다		
피부가 노랗게 변한다		
피곤함이 지속된다		
여드름이 난다		
목, 가슴, 배에 붉은 혈관이 나타난다		
오른쪽 위의 배가 묵직하게 아프다		
헛구역질이 날 때도 있다		
잇몸 출혈이 자주 생긴다		
잘 먹어도 살이 빠진다		
다리가 붓고 배가 불러진다		
오른쪽 어깨가 불편하다		
여성이 몸에 털이 많아진다		
남성이 성기능이 저하, 유두가 커진다		
평상시에 과도한 음주를 즐긴다		
오른쪽으로 불편해 잠을 못 잔다		
수혈을 받은 적이 있다		

※ 위의 사항 중에 5가지 이상이 해당하면 간암 의심

⑩ 폐결핵

(1) 폐결핵이 뭔가요?

결핵이란 결핵균이 폐에 들어가 염증을 일으키는 만성소모성 질환이다. 결핵균의 특징은 산소를 좋아하기 때문에 다른 균과는 다르게 자연계에서는 살 수 없고 사람의 몸속에서만 살 수 있어 결핵 환자만 결핵균을 전염시키는 매개성 질환이다.

85% 정도의 결핵은 폐 내에서 발생하고 15% 정도만 폐 이외의 장기에서 결핵이 발생한다. 폐 외 결핵은 모든 장기에서 발생할 수 있다.

※ 공기 매개성(air-borne) 전염병 : 공기 중으로 배출된 균들에 의해서 공기로 숨을 쉴 때 폐로 들어가 전염이 일어나는 것을 말한다.
→ 결핵의 전염은 치료를 받지 않은 결핵 환자가 기침이나 재채기를 할 때 나오는 작은 입자를 흡입하여 감염되고, 환자와 긴밀한 접촉으로 한 경우의 감염은 25~50%이다.

※ 한의학적 폐혈핵 : 한의학에서는 폐결핵을 허로, 노채라고 하며 결핵균(노채균)이라고 한다. 즉, 폐결핵은 만성소모성 질병으로 인체에 기혈이 부족할 때 결핵균(노채충)이 폐에 침입하여 병이 생긴 것이다. 인체의 저항력, 즉, 면역력이 그 원인이다. 한의학의 치료 원칙은 인체의 기혈을 보호하고 폐와 신장을 보호하고 몸의 열을 내리며 기침과 가래를 다스리는 한약재로 몸의 저항력을 키운다.
폐는 오행으로 금(金)에 해당되며 토(土)는 금(金)을 이롭게 하는 상

생의 작용을 하여, 토(土)에서 흡수한 음식물을 폐에서는 혈액을 통하여 전신에 순환과 공급을 한다. 그러나 비정상적일 경우에는 그 기능을 다하지 못하여, 한의학에서는 폐, 비, 신 이 세 가지 장기를 면역력과 관계있는 장기로서, 먼저 기와혈, 균형을 맞추어 충족하게 하는 것이 치료법이다.

(2) 결핵의 원인 종류
◎ 결핵의 원인

결핵은 우리 몸 어디서나 발생할 수 있어서 림프절에서 발생하면 림프절결핵, 척추에서 발생하면 척추결핵이라고 부른다. 폐 이외의 장기에서 발생한 결핵을 폐외결핵(肺外結核)이라고 부른다. 증상은 감기와 비슷하며, 기침과 가래, 피로감, 미열, 전신 권태감, 식욕부진 등이 나타난다. 우리 몸은 결핵에 걸리면 바이러스를 치료하기 위해 백혈구가 증가하게 되어, 신체 에너지 소모가 많아지기 때문에 급격히 살이 빠지기도 한다. 반대로, 젊은 여성들이 무리한 다이어트 후 결핵에 걸리는 경우도 있다. (영양의 부족에서 오는 면연력의 저하) 감기 증상이 2주 이상 지속되거나 급격히 체중이 줄었는데 미열이 동반된다면 결핵을 의심해야 한다. 특히 당뇨병이나 간 질환 등 면역력이 떨어지는 만성 질환을 가진 사람은 폐결핵에 걸릴 확률이 높으니 더욱 주의해야 한다.

폐결핵의 주요한 원인은 결핵균 보균자의 전염에 의한 감염이다. 신체가 면역력이 떨어지거나 과로, 스트레스 등 불규칙한 식사와 생활습관도 원인이 된다.

결핵균이 폐로 들어오더라도 선천면역에 의해 결핵균이 제거되었을 경우 결핵감염이 발생하지 않는다.

※《동의보감》: 기침, 피 가래 외에 식은땀이 나고 흉통과 유정(성행위 없이 자기도 모르는 사이에 정액이 나오는 현상), 설사, 손 발바닥이 달아오르는 증상이 나타난다고 기록되어 있다.

◎ 결핵의 발생 시기와 종류

결핵은 발생하는 시기, 발병하는 부위로 나눈다.

결핵의 1차성 발생 시기는 결핵균은 가래, 침 등에 섞여 나오고 수 시간 동안 공기 중에 존재하여 건강한 사람의 폐에 들어가게 된다. 그렇게 폐에 들어온 결핵균이 바로 병을 일으키는 경우를 1차성 결핵-초감염-이라고 한다. 이후 2차성 결핵은 체내에 들어온 결핵균이 잠복해 있다가 몸의 면역력이 저하될 경우 발병하는데 이런 경우를 2차성 결핵-잠복감염-이라고 한다.

주요 발생 부위는 폐내의 발생되는 결핵으로 가장 많이 발생한다. 폐외 결핵은 골관절 결핵, 임파절결핵, 장결핵, 콩팥결핵, 부고환결핵, 난소결핵, 피부결핵 등이 있다.

◎ 슈퍼결핵(난치성)

슈퍼 결핵은 정식적인 의학적 용어가 아니다. 사람들에게 좀 더 쉬운 이해를 돕기 위해 나온 말로 일반적인 결핵 약제가 잘 치료되지 않는 내성 결핵을 말한다. 그래서 결핵약은 복용 중 중단하면 절대 안 된다. 끝까지 뿌리를 뽑을 때까지 복용해야 한다.

※ 내성 결핵 : 꾸준한 결핵 치료를 하지 않을 경우에 약에 내성이 생겨서 효과가 떨어지는 것을 말하며, 결과적으로 상태가 더 심해지는 것을 말한다. 가장 위험한 결핵이 광역내성 결핵으로 약의 효과도 많이 떨어져 치료가 잘 되지 않아 심각한 상태를 유발하기도 한다.

◎ 전염성
보편적으로 치료 후 수일 이내에 대부분의 결핵균이 사멸하여 전염성이 급격히 감소되며 전염력은 그리 높지 않다. 그리고 사람의 몸 밖에 나온 결핵균은 수 시간 이내에 죽기 때문에 식기나 이불, 칫솔, 장난감 등을 통해서 전염되지 않는다. 학교나 직장생활도 가능하다.
그러나 결핵의 정도가 심하고 내성결핵일 경우는 비말감염이 될 수 있으므로 조심해야 한다. (마스크를 착용하고 외출을 삼간다.) 특히, 어린이와 노약자, 면역성 질환의 병력이 있는 사람이 있다면 특히 주의하여야 한다. 즉, 일정 기간 동안 격리 생활을 하는 것도 바람직하다.

※ 비말감염 : 환자가 말하거나 기침할 때 결핵균이 묻어 있는 비말이 공기 중으로 퍼지면서 전염되는 것을 말한다.

◎ 결핵에 좋은 한약 차와 음식
- 사삼 : 위장과 폐 기운을 채우고 고름이나 종기를 없앤다.
  구성 : 사삼 10g, 감초 5g, 물 500리터 (1일 분량)
  방법 : 약재를 잘 씻어, 센 불로 끓인 후 약한 불로 30분간 더 끓여 따뜻하게 마시면 된다.

복용 방법 : 1일 기준 3-4회
- 맥문동 차 : 기침을 가라앉히고 가래를 제거하기 때문에 폐결핵, 만성 기관지염, 만성 인후염 등에 좋다.

구성 : 맥문동 10g, 감초 5g, 대조 5g, 물 500리터 (1일 분량)

방법 : 약재를 잘 씻어, 센 불로 끓인 후 약한 불로 30분간 더 끓여 따뜻하게 마시면 된다.

복용 방법 : 1일 기준 3-4회
- 황정 차 : 황정은 폐결핵에 특히 효과가 크다.

구성 : 황정 50g, 물 500리터 (1일 분량)

방법 : 약재를 잘 씻어, 센 불로 끓인 후 약한 불로 30분간 더 끓여 따뜻하게 마시면 된다.

복용 방법 : 1일 기준 3-4회

◎ 폐결핵에 좋은 음식
- 폐결핵에 좋은 한약재 : 배과, 행인, 황백, 하고초, 상백피, 대조, 사삼, 길경, 백급, 고삼, 의이인, 산약, 모려, 백강잠, 당삼 등
- 폐결핵에 좋은 음식 : 굴, 다시마, 김, 성게, 다슬기, 해파리, 연근, 당근, 마늘, 박하, 모과, 생강, 토마토, 바나나 등

⑪ 폐암(肺癌)

(1) 폐암이 뭔가요?

폐암(肺癌)이란 단어 그대로 폐나, 기관지에서 생기는 비정상적인 암세포가 증식하여 만들어진 덩어리로 악성종양을 말한다. 일반적으로 폐나 기관지 내에 발견되지만, 진행되면 빠른 속도로 반대쪽 폐뿐만 아니라 임파선이나 혈액을 통하여 온몸으로 전이되는데, 가장 쉬운 장기는 뇌, 전신 뼈, 간, 부신 등의 순서이다. (뼈, 간, 부신, 신장, 뇌, 척수 등) 폐는 호흡작용을 하는 것이 주요한 작용이며, 호흡에 의해 몸속의 열을 발산시켜 체온조절을 하는 기능이 있고, 몸속의 산과 염기의 평형을 유지하는 기능을 한다.

(2) 폐암의 원인

폐암의 가장 큰 대표적 원인은 흡연이다. 환자의 약 85%는 흡연으로 인해 발병한다고 보고되고 있다. 그밖에 유전적 원인과 환경적 요인은 아래와 같다. 흡연은 폐암 발생의 가장 중요한 위험 원인이다(담배에는 60종 이상의 발암 물질이 포함). 흡연자는 비흡연자보다 폐암 발생률이 평균적으로 13배가량 증가하고 같은 흡연양일 경우 여성이 더 폐암의 확률이 높다.

- 간접흡연 : 간접흡연은 담배연기를 흡입하는 경우로 직접흡연과 마찬가지로 폐암을 유발한다.
- 사회 환경의 오염문제 : 공기 중의 발암물질이 있으며, (라돈과 같은

방사선 물질, 비산화물질, 크롬 및 니켈 혼합물) 특히 석면 노출 시 폐암의 위험은 4~5배 증가한다.

※ 석면 : 석면(Asbestos)은 그리스어로 '불멸의 물건'이라는 의미로 화산활동에 의해 발생된 화성암의 일종이다. 석면(石綿)은 내구성, 내열성, 내약품성, 전기 절연성 등이 뛰어나고 값이 싸서 건설 자재, 전기제품, 가정용품 등 여러 용도로 널리 사용되고 있다.

- 기존의 폐 질환 : 개인의 만성폐쇄성폐질환, 결핵, 규폐증, 천식 등과 같은 폐질환도 폐암 발병의 위험 원인이다.
- 유전적 요인 : 폐암은 직접적으로 유전되는 질환은 아니다. 그러나 가족 중에 폐암 환자가 있는 경우 폐암 발병의 위험은 2~3배 증가할 가능성이 많고 폐암 관련 유전자의 존재에 의해 폐암이 유전되는 사례도 있다.
- 한의학적 폐암 : 한의학에서 폐(肺)는 오행으로 금(金)에 해당하며 색은 백색에 속한다. 폐는 청숙(淸肅)이라고 하여 맑은 공기를 받아들이고, 교장(嬌臟)이라 하여 외부환경에 손상받기 매우 쉬운 예민한 특성이 있다. 또한, 폐순환의 기능을 폐조백맥(肺朝百脈)이라고 하며, 한의학에서 폐암은 폐적(肺積), 폐저(肺疽)에 해당하는데 발생 원인을 환경 및 외부요인인 육음(六淫)과 정신적 요인 및 음식, 음주 등의 칠정내상(七情內傷)으로 규정한다. 이러한 원인들은 폐의 기능과 진액의 운행이 원활하지 못하게 되고 그 결과로 오래 쌓여 뭉치게 되면 폐에 종괴(암)를 형성하게 된다.

※ 폐조백맥(肺朝百脈) : 전신의 혈액이 통하여 폐에 모이고 전신을 순환하게 되는 것을 말한다. 우리 몸의 음식물 섭취가 호흡을 이용해 전신으로 순환되는 것이다. (한의학에서 폐는 전신의 기를 조절, 통제한다.)

(3) 폐암의 종류와 증상
- 소세포폐암 : 폐암 환자의 15% 정도이고 현미경으로 관찰 시에 암세포가 작지 않고 대부분 진단 시에 수술적 절제가 어려울 정도로 진행되어 있는 경우가 많다. 항암 화학요법이나 방사선 치료를 주로 하며 급속히 진행하여 전신 전이가 빠른 특징이 있다.
- 비소세포폐암: 폐암 환자의 약 80~85%에서 발생하고, 현미경으로 관찰 시에 암세포가 작은 폐암을 말한다. 조기에 진단하여 수술적 치료를 함으로써 완치를 기대할 수 있다.

◎ 기관지 혹은 폐와 연관된 증상
- 만성기침 : 특별한 이유가 없이 기침과 가래가 1~2주 이상 계속된다. (마른 잔기침도 해당된다.)
- 피 섞인 가래 혹은 객혈 : 기침할 때 가래와 피가 섞인 가래가 나오는 경우가 많다.
- 호흡곤란 : 움직이면 숨이 차고 흉통, 두통, 요통, 어깨 결림의 증상이 심하다. (주로 몸의 윗부분)

(4) 폐암 치료

폐암 환자의 5년 생존율은 26.7%이다. 증상이 특이하지 않아 위험도가 높다. 그러나 조기발견하면 얼마든지 가능하다.

특별히 매우 위험한 암이라고 단정 지을 수는 없으나 사망률이 높은 이유는 아래와 같다.

- 폐암은 초기에 특이한 증상이 없어 치료 시기가 늦다. (다른 암과 비교 시)
- 급성 호흡기 질환이나 감기와 비슷한 증상이다. 일반적으로 기침 시에는 약이나 휴식 등으로 보내는 경우가 많아 정확한 진단을 받지 못하기 때문이다.
- 폐는 다른 장기로의 전이가 빠르다.

※ 폐암은 후유증이나 부작용이 쉽게 발생되므로 특별히 관리에 집중해야 한다.

◎ 폐암 치료 후 권장 사항

- 운동요법 : 규칙적으로 짧은 시간의 운동이나 가벼운 활동

  폐의 기능 활성화를 위한 지속적인 심호흡 운동 상체를 이용한 운동 (수술한 쪽 어깨 돌리기 운동, 손가락 깍지 껴서 머리 위로 손 올리기, 한 손으로 반대편 귀 잡기, 빗질하기 등)

  가래에 피가 섞여 나오거나 피가 넘어오는 경우에는 운동을 해서는 안 된다. 출혈이 지속적으로 일어나는 경우에는 운동으로 에너지 소모가 많아지면 증상이 더 악화된다.

- 생활습관 : 금주, 금연, 기침을 유발하는 향수, 먼지, 헤어용품 등은 가급적 사용을 자제한다.

밀폐된 장소는 피하고 금연 지정 구역을 이용한다.

긍정적이고 적극적인 마인드를 가진다.

음식을 만드는 경우 오랜 시간 요리를 하거나 요리하는 장소에 있지 않는다. 집 안에는 싱싱한 나무를 둔다.

집안부터 먼지나 유해공기를 차단한다. (자주 환기를 시키고 청소를 한다.)

- 식이요법 : 체력유지에 필요한 열량 음식을 골고루 섭취한다. (균형 있는 영양을 한다.)

단백질은 생선류 등의 식품 및 채소 등을 섭취한다. (생선 조리 시에는 가급적 기름을 적게 사용한다.)

- 정기적인 검진 : 치료(수술) 후 2년 동안은 약 3-4개월, 2년이 경과된 후부터는 약 6개월, 5년까지 정기적인 검진이 필요하고 1년마다 정기적인 추적 관찰이 필요하다. (환자에 따라 차이가 남.)

(5) 폐암에 좋은 한약 차와 음식

한의학에선 폐 기능과 면역력을 증가시키는 약재를 사용한다.

◎ 폐에 이로운 한약 차

- 상백피 차 : 실험상에도 상백피는 암세포를 억제할 수 있다고 나왔으며 폐암에 유효한 항암약이다.

(음용 시 주의점 : 이뇨 작용이 있으므로 혈압이 낮은 암 환자 주의)

구성 : 상백피 10g, 감초 5g, 물 500리터 (1일 분량)

방법 : 약재를 잘 씻어, 센 불로 끓인 후 약한 불로 30분간 더 끓여 따뜻하게 마시면 된다.

복용 방법 : 1일 기준 3-4회

- 맥문동 차 : 맥문동은 폐를 건조하지 않도록 도와주며 면역력에도 도움이 된다.

구성 : 맥문동 10g, 오미자 3g, 감초 5g, 육계 3g, 물 500리터 (1일 분량)

방법 : 약재를 잘 씻어, 센 불로 끓인 후 약한 불로 30분간 더 끓여 따뜻하게 마시면 된다. (오미자는 같이 끓여도 되고, 다 끓인 약차물에 넣은 후 1시간 정도 있다가 마셔도 된다.)

복용 방법 : 1일 기준 3-4회

- 황백차 : 황기와 백출로 구성된 이 차는 위와 폐의 균형을 맞춰주며 소화흡수를 도와 몸의 영양과 폐의 원활한 기능에 도움을 준다.

구성 : 황기 20g, 백출 10g, 감초 5g, 진피 5g, 물 800리터 (1일 분량)

방법 : 약재를 잘 씻어, 센 불로 끓인 후 약한 불로 30분간 더 끓여 따뜻하게 마시면 된다.

복용 방법 : 1일 기준 3-4회

- 길경차 : 길경, 사삼과 오미자로 구성된 이 차는 폐의 기능과 심신의 안정, 면역력을 높여주고 항암에도 좋다.

구성 : 길경 10g, 사삼 10g, 오미자 3g, 감초 2g, 대추 4g, 물 500리터 (1일 분량)

방법 : 약재를 잘 씻어, 센 불로 끓인 후 약한 불로 30분간 더 끓여

따뜻하게 마시면 된다. (오미자는 같이 끓여도 되고, 다 끓인 약차 물에 넣은 후 1시간 정도 있다가 마셔도 된다.)
복용 방법 : 1일 기준 3-4회

◎ **폐암에 이로운 음식과 해로운 음식**
- 폐에 이로운 한약재 : 황기, 사삼, 맥문동, 감초, 복신, 백화, 사설초, 천문동, 도인, 삼칠근, 반지련, 선학초, 어성초, 도인, 길경, 차가버섯, 남성, 행인 등
- 폐에 이로운 음식 : 마늘, 양배추, 부추, 생강, 시금치, 레몬, 토마토, 버섯, 미역, 양배추, 더덕, 브로콜리, 가지, 사과, 상황버섯, 알로에 베라, 등 푸른 생선(고등어, 꽁치) 등
- 폐에 해로운 음식 : 설탕, 흰 소금 밀가루, 흰쌀, 육류, 튀김류, 알코올, 커피, 과자, 빵, 인스턴트 푸드, 버터, 동물성 지방, 캔 제품, 훈제된 생선류, 트랜스 지방이 많은 식품류 등

◐ 음양오행과 한의학을 마치면서…

사주와 한의학(韓醫學)은 매우 밀접한 연관관계를 가지고 있습니다. 이는 사주와 한의학(韓醫學)의 공통분모가 같기 때문입니다. 그것은 음양오행(陰陽五行)의 생극제화(生剋制化)입니다.

모든 철학과 사상 심지어 과학까지도 음양오행(陰陽五行)이 기반되어 나온 파생상품이기 때문입니다.

따라서 음양오행(陰陽五行)의 이치를 알면 한의학의 근본 원리는 물론 우리의 운명 생명 건강까지도 모두 예측 대비할 수 있다는 결론에 도달합니다.

오랜 임상 경험과 학문적 소신을 바탕으로 사주와 건강한의학에 대해 새로운 패러다임을 제공한 이번 책은 건강과 운명이란 두 마리 토끼를 함께 잡을 수 있다고 확신합니다.

다소 한의학적 전문용어가 어렵게 느껴질 수 있으나 최대한 쉽게 풀어 썼으니 반복하여 읽는다면 충분히 이해될 것입니다.

끝으로 이 책을 위해 도움을 주신 한의학 공동저자 김동은 선생, 편집과 수정 김민경 선생, 표지 디자인 김지유 선생께 감사드립니다. 앞으로도 더 좋은 책으로 찾아뵙겠습니다.

감사합니다.

경자(庚子)년 **최 제 현**